SESGOS
INCONSCIENTES

PAMELA FULLER

ANNE CHOW · MARK MURPHY

SESGOS INCONSCIENTES

CÓMO REFORMULARLOS, CULTIVAR CONEXIONES Y CREAR EQUIPOS DE ALTO RENDIMIENTO

CONECTA

El papel utilizado para la impresión de este libro ha sido fabricado a partir de madera procedente de bosques y plantaciones gestionadas con los más altos estándares ambientales, garantizando una explotación de los recursos sostenible con el medio ambiente y beneficiosa para las personas.

Penguin
Random House
Grupo Editorial

Sesgos inconscientes
Cómo reformularlos, cultivar conexiones y crear equipos de alto rendimiento

Título original: *The Leader's Guide to Unconscious Bias. How to Reframe Bias, Cultivate Connection, and Create High-Performing Teams*

Primera edición: agosto, 2023

D. R. © 2020 by Franklin Covey Co.
D. R. © 2020, Pamela Fuller
D. R. © 2020, Mark Murphy
D. R. © 2020, Anne Chow

Esta edición es publicada en acuerdo con Simon & Schuster, Inc.

D. R. © 2023, derechos de edición mundiales en lengua castellana:
Penguin Random House Grupo Editorial, S. A. de C. V.
Blvd. Miguel de Cervantes Saavedra núm. 301, 1er piso,
colonia Granada, alcaldía Miguel Hidalgo, C. P. 11520,
Ciudad de México

penguinlibros.com

D. R. © 2023, Marta Escartín Labarta, por la traducción

ISBN: 978-607-383-404-9

Impreso en México – *Printed in Mexico*

Índice

Prólogo a la traducción 9

Prefacio 13

Prólogo. 17

Introducción 21

Parte 1: Identificar los sesgos

CAPÍTULO 1: Análisis de la identidad. 47

CAPÍTULO 2: Comprensión de la neurociencia 65

CAPÍTULO 3: Reconocer las trampas de los sesgos 81

CAPÍTULO 4: Aprovecha el *mindfulness*. 99

Parte 2: Trabajar la conexión

CAPÍTULO 5: Céntrate en el sentido de pertenencia. 117

CAPÍTULO 6: Despliega curiosidad y empatía 141

CAPÍTULO 7: Saca provecho del poder de las redes
de contactos 155

CAPÍTULO 8: Cómo afrontar las conversaciones difíciles. 171

Parte 3: Promover la valentía

CAPÍTULO 9: ¿Qué es la valentía?. . . . . , ... 197

CAPÍTULO 10: Valentía para identificar 209

CAPÍTULO 11: Valentía para salir adelante 223

CAPÍTULO 12: Valentía para establecer alianzas 241

CAPÍTULO 13: Valentía para defender. 257

Parte 4: Aplicar el ciclo de vida del talento

CAPÍTULO 14: Proceso de contratación 283

CAPÍTULO 15: Contribuir y comprometerse 303

CAPÍTULO 16: Ascender 317

Conclusión. 331

Agradecimientos 341

Sobre FranklinCovey 343

Sobre quien escribe esta obra 345

Prólogo a la traducción

Esta traducción supuso todo un reto y a la vez fue muy gratificante.

El creciente interés por el tema de los sesgos queda perfectamente reflejado en este libro de Pamela Fuller, Mark Murphy y Anne Chow, así como la importancia que este adquiere en el ámbito laboral en relación con la diversidad, el respeto y la inclusión. En sus palabras, los sesgos "son una parte natural de la condición humana, […] pero tienen una repercusión en nuestra conducta"; aparecen en nuestras actitudes y nuestra forma de expresarnos, y por eso es muy importante que el respeto, la diversidad y la inclusión también se vean reflejados en esos ámbitos.

Sin embargo, este tema no es nuevo. A finales de la década de 1970 hubo un auge de los movimientos que abogaban por un lenguaje no sexista que reflejara los cambios en la sociedad. Ya entonces se propuso en la lengua española el uso de la "e" final, como desinencia de género no marcado, aunque no se extendió su uso hasta décadas más tarde en determinados ámbitos y países como alternativa al uso del masculino genérico o del desdoblamiento de géneros. Sin embargo, este uso no ha permeado de momento en la mayor parte de la sociedad. No ocurre lo mismo con la opción que se tomó en la lengua inglesa, desde mucho antes, con el uso de "*they*" para designar el género no marcado.

Cada vez hay más profesionales que deciden asumir el desafío de traducir sus textos con el reto adicional de evitar la marca de género. En el caso de *The Leader's Guide to Unconscious Bias*, además, al tratarse de un texto sobre los sesgos, la inclusión, la equidad y la igualdad, es aún más importante mantener ese tono en la traducción.

En la obra original se usa conscientemente un lenguaje inclusivo. Se emplea *"they"* como pronombre no marcado y algunos términos, como "actor", para referirse tanto a actores como a actrices, que es lo usual para un término de género no marcado en lengua inglesa.

En el proceso de traducción traté de no usar un lenguaje políticamente correcto, pero sí actual y respetuoso con todo el mundo. Traté de buscar recursos que estuvieran dentro de la norma —o en los límites— para emplear el lenguaje de forma inclusiva.

Decidí no usar la "e" como desinencia final para designar el género no marcado, a menos que fuera estrictamente necesario. Como ya dije, ese recurso no está muy extendido, pero sí se emplea en determinados ámbitos, por ejemplo, entre las personas de género no binario. Así, elegí emplear el apelativo "elle" en un caso de la traducción en el que la persona aludida se define como tal. También opté por ponerlo en cursivas, precisamente por su uso no normativo. Ocurre algo parecido con "Latinx", que decidí respetar por su frecuencia de uso, tanto entre la comunidad hispanohablante como anglohablante.

Otro recurso que empleé es el desdoblamiento de géneros. Aunque no es muy deseable, porque puede llegar a hacer pesada la lectura y va en contra de una de las premisas de la lengua, que es la economía del lenguaje, consideré que en ocasiones era necesario. Un ejemplo es la sustitución del término genérico "padres", que tiene una carga masculina, por "padre y madre" (alternando entre femenino y masculino). Soy consciente de que existen muchos tipos de familias (monoparentales, homoparentales y heteroparentales), pero con ese plural hago referencia al colectivo de padres y madres en general. Cuando se menciona en singular no encontré ningún caso que hiciera referencia a familias homoparentales, y por eso me decidí por la opción madre y padre, o viceversa.

Durante la lectura se observará que el recurso más utilizado es el de la sustitución de lo particular por lo general, ya que ofrece una gran versatilidad. Aunque en el habla cotidiana aún nos cuesta adoptar el uso de genéricos para referirnos a determinados colectivos, consideré que en este caso resultaba muy útil. Así, el uso de "clientela" por "clientes" puede chocar un poco al principio, ya que el primer término se suele usar en contextos muy específicos, que probablemente no coincidan con los que aparecen en este libro.

Cuando en el original queda claro que se está hablando de un hombre o una mujer en particular, utilicé el género correspondiente. Es cierto que esto excluye al colectivo de personas de género no binario, pero a menos que en la contextualización de los protagonistas de las historias apareciera explícitamente su preferencia a que se les nombrara como "*they*", opté por obviar el término más empleado en español para este colectivo: "elle".

Si no era posible usar un término genérico para poder lograr un lenguaje inclusivo, decidí recurrir a las perífrasis verbales. Un ejemplo sería sustituir "los directores" por "quienes dirigen". En ocasiones, si el sustantivo termina en "e" y no va acompañado de artículo, sí opté por emplearlo como genérico inclusivo; así es el caso de: "a una clase de estudiantes en el ejército a mitad de la carrera […]". En este caso no hay marca de género y está claro que "estudiantes" hace referencia a los estudiantes de sexo femenino y de sexo masculino.

En el caso de los cuestionarios que aparecen a lo largo de toda la obra, decidí emplear el masculino genérico acompañado de la variación femenina entre paréntesis, puesto que es un recurso que se emplea con frecuencia en situaciones reales y no interrumpe la lectura, como ocurriría en otra parte del texto que necesitara más fluidez.

Como ya mencioné, la obra original es muy consciente del uso del lenguaje inclusivo, ya que, cuando le interesa, sí hace referencia al sexo biológico de la persona de la que está hablando, mientras que otras veces se refiere a esa persona de una forma neutra, como "*my colleage*", "*a co-worker*", etcétera, y usa estrategias para no indicar su sexo, y en la traducción he tratado de respetar esa misma opción.

La sociedad está cambiando y es importante que el lenguaje evolucione con ella. La lengua española está plagada de recursos que nos permiten lograr un lenguaje inclusivo con las herramientas de las que ya disponemos. La traducción de textos ha permitido que se rompan barreras culturales para unificar diferentes modos de pensamiento. Nos corresponde a los traductores aplicar esos recursos para, en este caso, romper la barrera en favor de la diversidad, el respeto y la inclusión.

Marta Escartín Labarta

Prefacio

15 de junio de 2020

Desde el momento en el que este manuscrito se envió al equipo editor de Simon & Schuster, el 15 de mayo de 2020, hasta que lo recibimos de regreso para revisarlo dos semanas después el mundo había cambiado. O, mejor dicho, quizás las luchas cotidianas de la pandemia por covid-19 se vieron eclipsadas en medio de las protestas mundiales que se desataron por los trágicos e inaceptables asesinatos de Ahmaud Arbery, Breonna Taylor y George Floyd. Estas últimas muertes sin sentido se unieron a la larga lista de injusticias cometidas contra las personas de raza negra a lo largo de la historia y dieron lugar a un punto de inflexión social. El hecho de que reivindiquemos la vida de las personas afroamericanas no significa que este libro trate sobre la injusticia racial ni de las políticas públicas, ni que nos limitemos a hablar de los sesgos relacionados con la raza. Este libro es nuestra aportación para ayudar a avanzar hacia un mundo más inclusivo, donde podamos nombrar nuestros propios sesgos y responsabilizarnos de ellos, emplear la empatía y la curiosidad para conectarnos con mayor eficacia con los demás, y escoger la valentía para implantar cambios positivos en el trabajo. La discriminación, la injusticia racial y la injusticia de cualquier tipo —por ejemplo, basada en la raza, el color, la orientación sexual, la identidad de género, el país de origen, la discapacidad, la edad, la antigüedad, el estado familiar o civil, el aspecto físico, la educación o la ubicación geográfica— no tienen cabida en el lugar de trabajo ni en la sociedad a largo plazo.

Con eso en mente, es posible que te preguntes cuál es la conexión entre la injusticia y los sesgos. Estos últimos son una parte natural de la condición humana y de la forma en la que funciona nuestro cerebro. Ser persona significa tener sesgos, y dichos sesgos (o preferencias, como describiremos en este libro) no tienen un valor por sí mismos, aunque sí tienen una repercusión en nuestra conducta, y dicha conducta puede tener consecuencias benignas, negativas o positivas. Descubrir y comprender nuestros sesgos son los primeros pasos para asegurarnos de que nuestra conducta no limite nuestras posibilidades ni las de aquellos con quienes trabajamos. La injusticia es la máxima limitación y causa un daño real a la parte directa o indirectamente afectada por ella.

La necesidad de un libro como este existe desde hace mucho tiempo, pero en la actualidad abordar los sesgos ha pasado a ser uno de los temas más importantes a los que deben enfrentarse las personas, las comunidades y las organizaciones, con sentido, con determinación y con deseos de escuchar, aprender, comprometerse y mejorar. Lo que sigue es un modelo para líderes de todos los niveles y en cualquier cargo para que mejoren el rendimiento propio, el de sus equipos y sus organizaciones al comprender la naturaleza de los sesgos. En este libro animamos a todo el mundo a que explore su vulnerabilidad, curiosee y fomente la empatía para superar los sesgos negativos y escoja la valentía; todo ello mientras pone en práctica las mejores estrategias y tácticas del ciclo de vida del talento. Creemos que estos consejos útiles ayudarán a formar personas, equipos y culturas de alto rendimiento en cualquier organización y en cualquier ambiente. Presentamos con orgullo el contenido de estas páginas y te invitamos a que te involucres en esta obra. Nuestra intención es que todo el mundo en el entorno laboral pueda desarrollarse y formar parte de los diálogos constructivos sobre los sesgos y la inclusión, y al mismo tiempo ponga en práctica medidas que impulsen tanto el progreso como el rendimiento.

En un congreso mundial de FranklinCovey en 2011, su presidente y director ejecutivo, Bob Whitman, dio un inspirador discurso en el que compartió una lista de sencillos preceptos que había aprendido y seguido durante toda su carrera. En ese discurso dijo: "Se debe hacer el trabajo que exigen sus objetivos". Uno de nuestros objetivos es un mundo más inclusivo, para quienes escribimos este texto, para nuestra clientela y para la próxima generación de líderes. Estamos haciendo el trabajo para lograr dicho objetivo y espero que te unas en ese camino.

PAMELA FULLER   MARK MURPHY   ANNE CHOW

Prólogo

En FranklinCovey reconocemos que el liderazgo no puede ser excelente si no es incluyente, si deja a alguien en el camino. Creemos que para poder lograr resultados quienes lideran deben asegurarse de que cada integrante de su equipo pueda afirmar con seguridad: "Soy parte valiosa de un equipo ganador que hace un trabajo importante en un ambiente de confianza". Sin inclusión y sin el propósito sincero de investigar los sesgos que podrían estar excluyendo de manera involuntaria a alguien, y por tanto limitando el rendimiento, esta afirmación, sencillamente, no puede ser cierta.

Como jefe de personal de FranklinCovey, soy a quien recurre cada persona del equipo cuando busca una opinión o un consejo "no sesgado", y mi responsabilidad es respaldar una organización incluyente y de alto rendimiento. Y aun así he aprendido que ser totalmente imparcial es imposible, porque somos seres humanos y tenemos influencia de nuestro pasado. Lo que sí es posible es reconocer que todo el mundo tenemos sesgos, reflexionar con cuidado sobre cuáles pueden ser los nuestros y decidir si estos potencian las posibilidades o si se interponen en el camino del rendimiento. Después, podemos elegir cómo repercuten estos sesgos en nuestro comportamiento e intervenir con la mayor objetividad y precisión posibles. Aunque este sistema dista mucho de ser perfecto, es lo que trato de hacer en todos los ámbitos de mi vida.

Hace algunos años nuestro equipo de recursos humanos estaba trabajando con una persona que pertenecía a la alta directiva y que buscaba contratar a alguien para un puesto importante. Después de entrevistar a numerosas personas que optaban al cargo, eligió a una mujer que ya estaba dentro de nuestra organización, pero en otro puesto. Aunque se había usado información del mercado para determinar la remuneración adecuada para este puesto, esta persona de la alta gerencia quiso hablar conmigo para replanteárselo. Cuando le pregunté el motivo, me dijo:

—Teniendo en cuenta lo que [la candidata elegida] gana actualmente, este va a ser un gran salto para ella.

Le pregunté si tenía dudas sobre si cumplía con los requisitos o si cuestionaba la información salarial proporcionada, y me dijo que no.

—Pues ayúdame a entender qué es lo que te preocupa —le dije.

—Solo que parece demasiado aumento para ella y nunca he asignado un salto salarial así —respondió.

Este directivo tenía un sesgo. Tras una larga discusión, se dio cuenta de que su sesgo se basaba en su propia experiencia y en la sensación de que nadie debería recibir un aumento salarial mayor que cualquiera que él hubiera recibido. Añádele a eso todo lo que sabemos sobre la brecha salarial que existe en realidad entre hombres y mujeres en las empresas estadounidenses, y su decisión podría haber contribuido a una desigualdad salarial en nuestra empresa. FranklinCovey lleva a cabo una auditoría sobre la igualdad salarial cada trimestre para asegurarse de que esto no ocurra, pero las decisiones de gestión como esta pueden empezar a anular los resultados positivos de dichas auditorías. Ese es solo un ejemplo de entre muchos que he presenciado durante mi carrera en los que los sesgos inconscientes desempeñan un papel esencial en nuestro juicio, la toma de decisiones, posibilidades y rendimiento.

En FranklinCovey nos enfocamos de manera intensa y deliberada en la diversidad y la inclusión, y hemos apostado por las oportunidades que tenemos para mejorar. Reconocemos el papel fundamental que desempeñan nuestros sesgos inconscientes en ese proceso. Y aunque seguimos haciendo grandes progresos, al igual que muchas organizaciones, reconocemos que se trata de un esfuerzo continuo e interminable, y aún nos queda camino por recorrer. Durante el transcurso de mi carrera he visto que algunas personas que lideran se preocupan de forma implícita y con pasión sobre la inclusión, mientras que para otros no es tan prioritario. Tienen buenas intenciones, pero no pueden o no ven la conexión entre la inclusión y los resultados, o ni siquiera su responsabilidad personal para fomentar la inclusión de forma proactiva. Simplemente no hay forma de ser alguien con gran liderazgo si no te enfrentas a tus sesgos inconscientes negativos y conviertes la inclusión en un sello distintivo de tu estilo de liderazgo. Es posible que durante un tiempo puedas alcanzar tus objetivos y aproveches la fuerza de tu personalidad para conseguir que la gente haga lo que quieres; incluso puede que asciendas en el organigrama empresarial. Pero a la larga, la verdadera grandeza exige una mirada crítica y perspicaz hacia el interior. Quienes mejor lideran se retan sí mismos tanto como retan a las demás personas.

En *Sesgos inconscientes*, Pamela Fuller, Mark Murphy y Anne Chow hicieron un trabajo extraordinario para definir lo que son los sesgos, cómo dañan o ayudan al rendimiento y por qué son tan importantes para quienes lideran, para sus equipos y sus organizaciones. Pero con gran sabiduría y mucha atención también describen exactamente qué hacer con los sesgos inconscientes y cómo corregir el rumbo cuando ves o sientes lo que está ocurriendo.

Cuanto más leo y releo su esclarecedora obra, más consciente me vuelvo de los sesgos inconscientes que obstaculizan mi trabajo y mis aportaciones. Y estoy más concentrado en cómo influir con eficacia en quienes me rodean y que también se ven ralentizados por sesgos que los limitan.

Cuando leas este libro tan esclarecedor también encontrarás formas nuevas y mejores de liderar a los demás, y aprenderás a abordar los retos y oportunidades que presentan los sesgos en todas las áreas de tu vida de forma más eficaz.

Disfruta de la lectura.

C. TODD DAVIS
Vicepresidente ejecutivo
y jefe de personal de FranklinCovey

Introducción

Ser persona es tener sesgos. ¡Si dijeras: "Yo no tengo sesgos", sería como decir que tu cerebro no funciona de manera adecuada!

Básicamente, los sesgos inconscientes surgen por el problema de la capacidad cerebral. Cada segundo recibimos la asombrosa cifra de once millones de datos, pero solo podemos procesar conscientemente unos cuarenta.[1]

Para hacer frente a esa brecha nuestro cerebro construye atajos para que esa información tenga sentido. Nos centramos en la clientela enojada en lugar de en los cientos de personas apasionadas por nuestro producto (sesgo de negatividad). Prestamos una atención especial a los datos que demuestran que nuestra estrategia funciona y pasamos por alto aquellos que siembran dudas (sesgo de confirmación). De modo inconsciente preferimos a la primera persona que se postula para un puesto de trabajo (sesgo de prioridad). Y nos gustan quienes son como nosotras o nosotros (sesgo de afinidad).

Estos atajos pueden ser una bendición para el gremio de profesionales con poco margen de tiempo, porque nos permiten tomar decisiones rápidas sin necesidad de reflexionar sobre cada detalle. También pueden distorsionar los hechos, provocar juicios poco

---

[1] Jin Fan, "An Information Theory Account of Cognitive Control", *Frontiers in Human Neuroscience 8* (2 de septiembre de 2014): 680, <https://doi.org/10.3389/fnhum.2014.00680>.

precisos e inhibir nuestro rendimiento y nuestras posibilidades profesionales.

Por más lógica y justicia que queramos aplicar, casi siempre funcionamos con un grado de sesgos, sin siquiera ser conscientes de ello. Pero la sensación de que las personas con sesgos tienen malas intenciones o son moralmente débiles de forma innata es uno de los paradigmas que nos impide progresar en este aspecto.

No hay que avergonzarse por tener sesgos inconscientes; es una parte natural de la condición humana que aparece en nuestras decisiones, nuestras reacciones y en nuestras interacciones con los demás. Esto es válido para nuestras relaciones, nuestros equipos y nuestras organizaciones. Todo el mundo tiene sesgos, por lo que es mejor reconocerlo y comenzar a mejorar.

Empiezo yo.

Tengo varias responsabilidades en FranklinCovey, la empresa líder mundial encargada de ayudar a las organizaciones a alcanzar los resultados que exigen un cambio en el comportamiento humano. Doy asesoría a mi clientela sobre soluciones de liderazgo en general, y hago énfasis en la diversidad y la inclusión, dirijo algunas de nuestras cuentas más estratégicas y lidero un equipo que apoya a dicha clientela. Como la arquitecta jefa de las soluciones sobre *Sesgos inconscientes* de FranklinCovey, ayudo a fomentar las habilidades necesarias en quienes lideran para que se replanteen los sesgos, trabajen la conexión y creen equipos de alto rendimiento. También soy estadounidense de primera generación con raíces en República Dominicana y la comunidad Afrolatina, primogénita de ocho descendientes y esposa.[2] Corro como aficionada en triatlones y carreras de 10 km, y siempre me interesa una buena historia impresa o en pantalla, acompañada con un buen vaso de vino. También soy madre orgullosa de dos diminutos seres humanos, niños Morenos en Estados Unidos. Hablaremos más sobre los

---

[2] Ten en cuenta que en todo el libro hemos decidido poner en mayúsculas todas las identidades raciales y étnicas, como Afrolatina, Negra, Blanca y otras.

identificadores —los míos y los tuyos— conforme vayamos avanzando en el libro. Paso mucho tiempo pensando en los sesgos, tanto a nivel personal como profesional.

Pero nada de eso impide que tenga mis propios sesgos inconscientes.

Hace unos años conseguí un contrato muy importante, uno de los mayores en la compañía en ese momento. De repente nos enfrentamos a seis meses de trabajo que debían terminarse en la mitad de ese tiempo para poner en marcha un programa de alto nivel. Viajaba cada dos semanas por todo el mundo, haciendo malabares con un niño de dos años y otro en tercer grado en casa, y trabajando a contrarreloj para asegurarme de que este proyecto fuera todo un éxito. Necesitábamos más personal… ¡lo antes posible!

Comenzamos el proceso de contratación para la gerencia de proyectos, y tras varias rondas de entrevistas le ofrecimos el trabajo a Jordyn, una candidata fantástica con una amplísima experiencia con clientes. Parecía lista para un nuevo desafío y yo me identificaba mucho con su energía. Jordyn aceptó el trabajo de inmediato… y luego me preguntó sobre la política de baja por maternidad. Estaba embarazada.

¿Te sorprendiste al leerlo? ¡Tengo que admitir que yo sí!

Le dije que le enviaría por correo electrónico la información sobre los beneficios, di por terminada la conversación y enseguida fui con mi jefe, Preston, para descargar mi frustración. ¿Por qué no salió esa información en el proceso de entrevistas? ¿Deberíamos haberle ofrecido el trabajo a alguien más? Claro que no… eso habría sido ilegal, y Jordyn era la mejor candidata… pero ¿cómo se las arreglaría con un nuevo trabajo y un nuevo ser en su vida en los próximos meses? ¿Y la baja por maternidad? Ni siquiera había empezado aún y ya estaba entrando en pánico sobre cómo cubrir su ausencia.

Preston escuchó mi frustración y me recordó con amabilidad que acabábamos de pasar por una experiencia de baja por maternidad con otra integrante del equipo sin ningún contratiempo… ¡la mía! ¿Recuerdas que mencioné que tenía un niño de dos años en ese momento? Mi organización me había dado flexibilidad en los viajes y mi entorno laboral, y tuvo paciencia con los arrullos, balbuceos o llantos ocasionales que interrumpían las llamadas por videoconferencia (y francamente, la siguen teniendo. Esos sonidos han dado paso a imitación de sonidos de animales, batallas de ninjas y brincos en los sillones, ¡y mis hijos siguen invadiendo el despacho de la casa de vez en cuando!). A cambio, yo creé unos planes sólidos para cubrir mi ausencia, me aseguré de que no quedara nada pendiente, y regresé de la baja con energía para sobrepasar las expectativas.

"No hay nadie mejor que tú para superar esto con éxito", me dijo Preston, y luego me explicó el proceso que había usado él para prepararse para mi baja por maternidad. El hecho de tener un plan resolvió mucha de la tensión que sentía. Había tenido suerte de recibir empatía, confianza y apoyo de mis líderes. Y eso era lo que yo tenía que ofrecer a esta nueva empleada; Jordyn no se merecía menos.

Lo asombroso de esta experiencia fue que yo creo con firmeza que los lugares de trabajo alcanzan su mayor rendimiento cuando permiten que quienes trabajan allí sean personas completas, y eso incluye tomarse su tiempo para adaptarse a experiencias vitales como tener descendencia. Conozco numerosos estudios que conectan la baja por maternidad o paternidad y las políticas flexibles en el entorno laboral con mejores resultados para padres y madres, sus hijos o hijas y los resultados en el trabajo. Tengo la misión personal de formar a líderes con diversidad y crear lugares de trabajo incluyentes que les apoyen. ¡Conscientemente, soy una defensora de la maternidad y la paternidad en el lugar de trabajo!

Sin embargo, subconscientemente, a pesar de mi experiencia con la baja por maternidad y mis valores, tuve un sesgo negativo hacia la baja por maternidad, un hecho que no habría reconocido si no me hubiera encontrado en una circunstancia en la que afloraron estos sentimientos. Y cuando estamos en situaciones que llevan al subconsciente a un nivel de conciencia aumentado, a menudo descubrimos que nuestros sesgos inconscientes contradicen de manera directa nuestros valores establecidos.

En el momento en el que estoy escribiendo esto, el hijo de la integrante de mi equipo acaba de cumplir un año. ¿Eché de menos su aportación mientras estuvo de baja? ¡Por supuesto! ¿Acaso las numerosas conversaciones que tuvimos antes de su baja por maternidad me provocaron cierta ansiedad sobre cómo llenaríamos el vacío? ¡Claro que sí! Pero trabajé mucho para asegurarme de que mi sesgo negativo no entrara de puntitas, y establecimos un sólido plan para cubrir su ausencia. Mientras estuvo fuera, otras personas pertenecientes al equipo tuvieron la oportunidad de dar un paso al frente y actuar quizás fuera de su zona de confort. Como dice el viejo dicho: "La ausencia hace el cariño". ¡No te imaginas lo agradecida que estuve cuando regresó!

Desde nuestro papel de líderes, todo el mundo nos hemos encontrado con situaciones como esta. Hace poco hablé por teléfono con un directivo que tenía dos personas a su cargo con bajas por paternidad o maternidad que coincidieron, y compartía algunos de los mismos sentimientos iniciales. Pero al final apoyó a ambas personas y regresaron de la baja por completo comprometidas. Ningún líder es inmune a los efectos de los sesgos. Es una realidad constante, no algo que aprendemos y conquistamos para la eternidad, sino algo que debemos examinar y abordar siempre.

En pocas palabras, los sesgos son una parte natural de la condición humana y pueden tener una repercusión real en la forma en la que definimos nuestras posibilidades y las de los demás. El tema de los sesgos inconscientes puede ser controvertido, estar cargado de opiniones, política, suposiciones e interacciones complicadas. Pero nuestra experiencia y las investigaciones han demostrado que los sesgos están más extendidos de lo que podemos llegar a imaginar, y están repercutiendo en nuestros resultados organizativos: desde la cultura, la retención, la contratación, la innovación y la rentabilidad hasta los beneficios del colectivo de accionistas.

Lo que los líderes deben saber sobre los sesgos inconscientes

El sesgo lo definimos como una preferencia a favor o en contra de una cosa, persona o grupo en comparación con otra. Los sesgos pueden pertenecer a una persona, a un grupo o a una institución. A veces somos conscientes de estos sesgos y podemos declararlos directamente. Este es un ejemplo común: "Preferimos contratar a agentes de ventas de carácter extrovertido". ¡Lo interesante es que los datos muestran que la conexión entre la extroversión y el éxito en ventas es básicamente nula![3] Los sesgos conscientes suelen ser creencias que sencillamente hemos decidido que son hechos, con independencia de las pruebas.

En este libro nos enfocaremos en los sesgos inconscientes, también llamados *sesgos cognitivos* o *implícitos*. Las investigaciones muestran que tenemos sesgos inconscientes sobre el género, la raza, el puesto de trabajo, la personalidad, la edad o la generación, el estatus socioeconómico, la orientación sexual, la identidad de género, la situación familiar, la nacionalidad, la competencia lingüística, la antigüedad, la cultura, el peso, la altura, las aptitudes físicas, el atractivo, la afiliación política, el trabajo virtual o a distancia, el color de pelo… incluso por el desorden del escritorio o la postura de cualquier persona.

Estos sesgos inconscientes pueden tener un impacto positivo, benigno o negativo. Alguien que lidera un equipo puede tener un sesgo sobre la colaboración: cuando se le asigna un nuevo proyecto, por defecto suele buscar opiniones fuera de su equipo y poner a prueba sus hipótesis. Consigue mejores resultados gracias a este sesgo, por lo que en general tiene un impacto positivo sobre su persona, sus colegas y su organización. Otros sesgos son bastante benignos, como la preferencia por trabajar con o sin música.

---

[3] Murray R. Barrick, Michael K. Mount y Timothy A. Judge, "Personality and Performance at the Beginning of the New Millennium: What Do We Know and Where Do We Go Next?", *International Journal of Selection and Assessment 9*, núm. 1-2 (2001): 9-30.

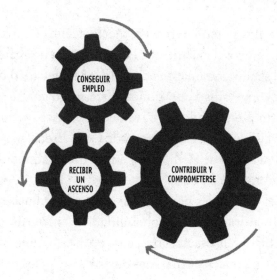

Sin embargo, muchos sesgos tienen un impacto negativo considerable. En consecuencia, estos sesgos inconscientes pueden limitar nuestras oportunidades profesionales y las de los demás en todo el ciclo de vida del talento. El ciclo de vida del talento es el proceso de tu trayectoria profesional: todas las decisiones que se toman, como conseguir empleo, recibir un ascenso o tener oportunidades de expandirte. También entran el tipo de beneficios que recibes. Hablaremos más a fondo del ciclo de vida del talento en la parte 4 de este libro.

Analiza los siguientes datos:

- En una encuesta reciente, cuando a 500 profesionales de la contratación se les mostraron candidatas de distintos pesos corporales, solo 18% de las personas entrevistadas dijo que la mujer de aspecto más corpulento tenía potencial de liderazgo.[4] ¿Pero existe una correlación entre el peso de una mujer y su capacidad de liderazgo? Por supuesto que no.

---

[4] FairyGodboss.com, "The Grim Reality of Being a Female Job Seeker", 2017, <https://d207ibygpg2z1x.cloudfront.net/raw/upload/v15 18462741/production/The_Grim_Reality_of_Being_A_Female_Job_Seeker.pdf>.

- Aquellas personas con un fuerte acento regional reciben 20% menos de salario que quienes tienen un acento tradicional, según una investigación de la Universidad de Chicago y la Universidad de Múnich. Este sesgo contra los acentos afecta a trabajadores y trabajadoras del sur de los Estados Unidos, a la clase obrera de Gran Bretaña, a determinadas regiones de Alemania y a los Afroestadounidenses, por nombrar unos pocos.[5]

- En el caso de las personas de color, cuanto más clara sea su piel tendrán mayor probabilidad de encontrar un trabajo, recibir ascensos, asesorías, convertirse en directores o directoras generales y ganar más dinero. Los socios o las socias de piel más clara tienen más posilidades de recibir invitaciones para actos sociales después del trabajo y de hacer amistad con sus colegas.[6]

- El 58% de las personas que ostentan el cargo de la dirección general de las compañías dentro de la lista Fortune 500 miden más de 1.80 metros, en comparación con 14.5% de todos los varones adultos estadounidenses.[7] ¿Existe una correlación entre la estatura y la capacidad de dirigir una compañía o se trata solo de una percepción? ¿Cómo pensamos inconscientemente que debe verse el poder? ¿Qué implica esto para las mujeres y otras personas que suelen ser de menor estatura?

Nadie publicaría de manera consciente una descripción de un puesto de trabajo solicitando directores generales altos(as), líderes de

---

[5] Jeffrey Grogger, Andreas Steinmayr y Joachim Winter, "The Wage Penalty of Regional Accents", NBER *Working Paper*, núm. 26719 (enero de 2020), <https://www.nber.org/papers/w26719>.

[6] Milagros Phillips, "Race: Inclusion and Colorism. How Understanding the History Can Help Us Transform", pódcast Forum on Workplace Inclusion, 18 de febrero de 2019, <https://forumworkplaceinclusion.org/articles/p9/>.

[7] Malcolm Gladwell, *Blink: The Power of Thinking Without Thinking*, Little, Brown, 2005.

constitución delgada con alto potencial, acento elegante o personas de color de piel clara; sin embargo, los datos muestran que estas preferencias inconscientes se manifiestan en nuestro comportamiento y están repercutiendo en las oportunidades de los demás de una forma muy real. Los sesgos que yo tenía contra la baja por maternidad —inconscientes al principio, pero que se volvieron conscientes gracias a mi experiencia al contratar a Jordyn— habrían impactado de modo negativo en mi forma de integrarla al equipo, de dirigirla y hacerla participar en su nuevo papel. No hay duda de que su rendimiento se habría visto afectado por ello.

Este libro se centrará en los sesgos inconscientes que tienen un impacto negativo en nuestras oportunidades y las de otras personas en el lugar de trabajo, y evaluaremos dicho impacto mediante el modelo de rendimiento de FranklinCovey.

En el modelo de rendimiento notarás que hay tres zonas separadas, cada una de ellas con distintas experiencias. Por supuesto, nuestro objetivo es estar en la zona de alto rendimiento, donde las personas contribuyen al máximo de sus capacidades.

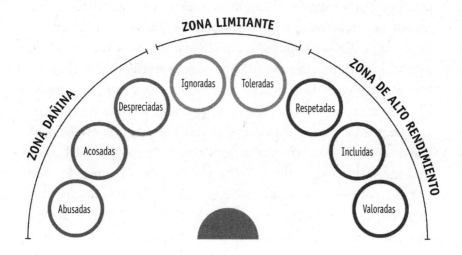

En la **zona de alto rendimiento** las personas se sienten respetadas, incluidas y valoradas, y pueden contribuir al máximo. Tradicionalmente, las conversaciones sobre la diversidad en el lugar de trabajo se centraban en la representación, o la composición del entorno laboral. La representación es importante, pero lo que se hace con ella también es esencial. ¿Esas personas se sienten incluidas? ¿Sienten que sus puntos de vista son bienvenidos, que tienen voz y voto en la mesa?

En la **zona limitante** las personas se sienten toleradas o ignoradas. La gran mayoría del trabajo sobre diversidad e inclusión ha hecho énfasis en que necesitamos ser tolerantes con quienes no son iguales a nosotras y nosotros. ¿Pero alguien quiere ser simplemente tolerado? No es una sensación agradable. Si mi esposo nada más me tolerara, nuestro matrimonio iría bastante mal. La tolerancia en el lugar de trabajo tampoco es la situación óptima. ¿Acaso planteas tus mejores ideas cuando te están tolerando o ignorando? ¿Te gusta hacerlo?

En el lugar de trabajo las personas saben cuándo se les está ignorando o tolerando; es una sensación muy distinta a cuando te respetan, te incluyen y te valoran. Como mujer de color que se desenvuelve en muchos entornos predominantemente Blancos, he sentido la punzada de esa zona limitante. Muchas veces, si entro con uno de mis colegas varones, Blancos o de más edad a la reunión con clientes, le hablan directo a mi colega, y a veces ni siquiera miran hacia donde yo estoy, como si no estuviera en la sala, a pesar de toda la experiencia que puedo aportar a esa conversación. Cuando algo así me ocurrió una vez, no le di la mayor importancia. Pero como pasaba una y otra vez, comencé a pensar: "¿Por qué me están ignorando? Me preparé para la reunión, me conecté antes de la cita para fijar las expectativas y respondí a las necesidades de la clientela. ¿Acaso hay algo más oculto?". Puede que tú también hayas experimentado la zona limitante. ¿Qué efecto tuvo en tu compromiso y tus resultados?

Pasemos a la **zona dañina**. Aunque ya hemos hablado de que los sesgos son una parte normal de la forma de funcionamiento del cerebro, queremos reconocer que los sesgos al extremo pueden ser increíblemente dañinos. En esta zona ese nivel de sesgos puede ir aún más allá, hasta alcanzar la ilegalidad: acoso o malos tratos.

Gran parte de la capacitación sobre diversidad e inclusión en el entorno laboral se centra en la zona dañina, la más atroz de las repercusiones. Según mi experiencia, la gente empieza a desconectar cuando las conversaciones sobre la inclusión pasan al acoso y a la discriminación. La mayoría no nos consideramos capaces de llegar tan lejos. La consecuencia es que una gran cantidad de personas tampoco podría imaginarse en la zona limitante, y eso es un error, porque todo el mundo funciona a veces a nivel inconsciente. Mi experiencia al contratar a una empleada embarazada me enseñó que cualquier persona puede colarse en la zona limitante si no ejercitamos de manera constante la autoconsciencia. Y una vez que entramos en la zona limitante podemos acabar en la zona dañina si la dinámica del equipo o la organización normaliza dicho comportamiento negativo. Y hemos visto que organizaciones de todo tipo se enfrentan a un nivel considerable de demandas por acoso y discriminación; desde personal de gerencia con buenas intenciones, pero quizás insensible o ignorante, que se encontró frente a demandas relacionadas con acoso y discriminación que acabaron con su carrera, hasta líderes que abusaron claramente de su poder.

Es probable que todos hayamos tenido experiencias en cada una de las zonas: momentos en los que sentimos respeto, inclusión y validación; momentos en los que sentimos tolerancia o indiferencia, y otros en los que sentimos menosprecio, acoso o incluso malos tratos. Nuestras acciones también han colocado a otras personas en cada una de estas zonas.

El hecho de tener experiencia en cada zona significa que sabemos lo que se siente dentro de cada una. Y una vez que podemos identificar cómo se siente, podemos reconocer cuándo está pasando y podemos avanzar positivamente sobre ello.

Nuestro esquema para progresar en el asunto de los sesgos inconscientes

La buena noticia es que nuestro cerebro está preparado no solo para los sesgos y las preferencias, sino también para el cambio y el crecimiento. Lleva tiempo y, lo que es más importante, un esfuerzo consciente para crear nuevas vías neuronales, formas de pensar y hábitos. No es sencillo, pero puede ocurrir.

Para lograr este cambio hemos creado un esquema, el modelo de progreso ante los sesgos, que va más allá de la toma de conciencia de los sesgos inconscientes para pasar a la acción concreta, y que consta de cuatro partes: identificar el sesgo, trabajar la conexión, escoger la valentía y aplicar el ciclo de vida del talento.

Nuestro objetivo con el modelo de progreso ante los sesgos en cuatro pasos de FranklinCovey no solo es definir los sesgos, sino también proporcionar una estructura para progresar ante ellos. En este esquema cada componente alimenta a los demás. Cuanto más ejercites cada músculo, más trabajarán juntos para que desarrolles tu autoconsciencia, tu apertura, tu potencial de crecimiento y más se adaptarán a tu propósito.

Identificar los sesgos

Para identificar los sesgos primero tenemos que saber qué son y qué relación guardan con nuestras identidades, comprender los aspectos básicos de la neurociencia que explican por qué se dan, conocer alguna terminología básica y aprender en qué momento somos más susceptibles a las trampas de los sesgos. Debemos emprender la búsqueda intelectual de la introspección y crear autoconsciencia para poder ver fuera de nuestras propias experiencias para tener en cuenta las de quienes nos rodean.

Trabajar la conexión

Algunas de nuestras más profundas necesidades humanas son sentir que pertenecemos, sentir que conectamos y sentir comprensión. El segundo componente del modelo de progreso ante los sesgos se basa en trabajar en una conexión significativa por medio de la empatía y la curiosidad. Estas dos cualidades son los dos lados de la misma moneda: el enfoque interpersonal y el intelectual para trabajar la conexión. Si podemos conectar con las demás personas de forma constructiva, a menudo nos sorprenderemos de lo que aprendemos, y eso supone una clara comprobación de los sesgos y las ideas preconcebidas. Trabajar la conexión nos abre camino entre los sesgos, ya que llegamos a conocer a las personas por quienes realmente son y no por quienes percibimos que son.

Promover la valentía

A menudo pensamos en la valentía como un acto intrépido y audaz. Pero esta no siempre es ruidosa y ostentosa; a veces es silenciosa y atenta. Mediante una combinación de valentía cuidadosa e intrépida podemos progresar ante los sesgos. Esta tercera parte del modelo de progreso ante los sesgos incluye cuatro formas de actuar con valentía: la valentía de identificar los sesgos, la valentía de salir adelante a pesar de ellos, la valentía de establecer alianzas y la valentía de defender.

Aplicar el ciclo de vida del talento

Como líder, aplicar el modelo de progreso ante los sesgos en tus relaciones y en tus equipos puede alimentar un cambio hacia el alto rendimiento. La capacidad de identificar los sesgos, trabajar la conexión y escoger la valentía como se experimenta a lo largo del ciclo de vida del talento puede transformar el rendimiento de la organización para mejor.

Cuando oímos hablar de la guerra de talentos, de retener a los mejores talentos y garantizar la colaboración y la innovación, la herramienta por medio de la cual una organización puede lograr todo eso es el ciclo de vida del talento. A menudo pensamos en él como una política del ámbito jurídico y de recursos humanos; sin embargo, garantizar un ciclo de vida del talento fuerte exige que todas las personas que lideran vayan más allá de las normas, las políticas y los procedimientos que se encuentran en el manual de la compañía. Este último componente del modelo de progreso ante los sesgos, la pieza circundante, garantiza que las políticas cobren vida más allá de las páginas y apoyen unos resultados organizativos reales.

Seguiremos desgranando y explorando el modelo de progreso ante los sesgos en las páginas de todo el libro. Esta obra está organizada en cuatro partes:

PARTE 1: Identificar los sesgos

PARTE 2: Trabajar la conexión

PARTE 3: Promover la valentía

PARTE 4: Aplicar el ciclo de vida del talento

El modelo de progreso ante los sesgos proviene de la sesión de trabajo en FranklinCovey titulada *Sesgos inconscientes: comprender los sesgos para liberar el potencial*, que ha sido probada sobre el terreno por miles de líderes de todos los niveles en muchos sectores, como la sanidad, la banca, la tecnología, el gas y el petróleo, las fuerzas de seguridad, el gobierno y el comercio minorista. Como la arquitecta principal de esta sesión de trabajo, tuve el privilegio de armar e impartir este programa a un gran número de público, y he trabajado con un equipo de asesoría brillante de todo el mundo para perfeccionar este material con base en sus comentarios tras poner en práctica su contenido. Descubrí que en todos los sectores y en todos los lugares hay personas líderes y organizaciones que se topan con sesgos que impiden el rendimiento, pero no están seguros de qué hacer al respecto. Escribimos esta guía para líderes para resolver ese problema.

¿Qué es un libro sobre sesgos e inclusión sin puntos de vista distintos? Me acompañan mis dos coautores, Mark Murphy y Anne Chow. Aunque mi voz es la que guía el texto principal para facilitar la lectura, formamos una auténtica colaboración. También verás ideas y experiencias en las voces de Mark y Anne en estas páginas. Mark Murphy, consultor experto de FranklinCovey desde hace 28 años, es el encargado de capacitar a personal de consultoría y a la clientela de FranklinCovey para que propaguen este contenido por todo el mundo. Oirás sus historias y su punto de vista a partir de su trabajo con clientela de numerosos sectores. Gracias a sus propias experiencias vitales y a sus muchos viajes por el mundo, Mark es un apasionado de la inclusión y los sesgos y ayuda a su clientela a crear culturas incluyentes. Como miembro de la comunidad LGBTQ+, Mark ha padecido de primera mano la repercusión que tienen estos principios en la capacidad de las personas para aportar todo su ser al trabajo.

Anne Chow, directora general de AT&T Negocios, un departamento que genera más de 30 000 millones de dólares en AT&T que, por sí solo, cumple los requisitos para estar dentro de la lista de compañías de la Fortune 50, aporta su experiencia liderando equipos mundiales y transformando negocios durante el transcurso de más de tres décadas en los sectores de las telecomunicaciones y la tecnología. Anne comenzó con AT&T como ingeniera y desde entonces ha desempeñado más de 12 cargos en la compañía, que han culminado con su nombramiento como la primera mujer directora general de AT&T Negocios y la primera mujer de color directora general en AT&T en sus más de 140 años de historia. Ofrece sus vastos conocimientos sobre liderazgo en todos los niveles, gestión del cambio organizativo, servicio a clientes e impulso del cambio cultural. Anne es una orgullosa Asiaticoestadounidense de segunda generación; su padre y su madre emigraron de Taiwán en busca del sueño americano, y le apasiona el poder de la autenticidad y la comunicación para formar organizaciones incluyentes y de alto rendimiento. También es una pianista formada en Juilliard y aporta un sentido de excelencia y propósito a todo lo que hace, incluidas sus aportaciones a este libro.

Qué esperar de este libro

Nuestro deseo es que al final de este libro te sientas con la capacidad suficiente para mostrar vulnerabilidad, empatía, curiosidad y valentía para progresar frente a los sesgos y formar una organización diversa, equitativa e incluyente. Si eres una persona dedicada a la diversidad, la equidad y la inclusión cuya función está orientada a esta búsqueda, esperamos que este libro revitalice tus esfuerzos, te proporcione una terminología adicional para crear alianzas e intereses e inspire acciones claras para progresar. Si se apodera de ti el escepticismo a la hora de ver la diversidad y la inclusión como una competencia esencial de liderazgo, esperamos que este libro te abra la mente a esas ideas, aunque sea un poco. Y para todo el mundo que se encuentra en medio, hemos trabajado para crear un conjunto de herramientas accesibles que amplíe su liderazgo de forma que siempre se tenga en cuenta la inclusión. Estas son dos buenas prácticas para sacarle el máximo partido a nuestro libro:

- **Haz las tareas.** Encontrarás un ejercicio o una herramienta al final de cada capítulo, divididos en reflexiones individuales y propuestas para líderes. Te animamos a que tomes una pluma y escribas las respuestas en el libro. Eso exige un poco de tiempo y esfuerzo, pero hacerlo supone la diferencia entre simplemente aprender sobre este contenido y ponerlo en práctica para lograr mejores resultados.

- **Investiga más allá.** Es posible que leas sobre algunas ideas que para ti no son intuitivas. Busca las respuestas a esas preguntas investigando más. Puede que eso signifique que tengas que relacionarte con alguien de tu red con un punto de vista o un trasfondo distinto, o que tengas que buscar puntos de vista disponibles en otros medios de comunicación (libros, pódcast o sitios web).

Teniendo en cuenta ese contexto, vamos a abordar algunas de las preguntas más candentes que puede que tengas sobre este material.

Si consideramos todas las responsabilidades propias de las personas que lideran, ¿realmente es tan importante el hecho de progresar sobre los sesgos inconscientes?

Hay mucha información que demuestra la conexión entre los sesgos y el rendimiento. Reducir los sesgos puede ayudar a tu equipo y a tu organización a lograr mejores resultados… y punto.

Los sesgos pueden frenar la toma de decisiones, el rendimiento, la innovación y los resultados en el entorno laboral. Y una gran parte de nuestro cometido con este libro es pensar de qué forma los sesgos pueden frenar o acelerar el rendimiento. Los trabajadores y trabajadoras que se consideran objetivo de sesgos tienen tres veces más probabilidades de abstenerse de dar sus ideas, desvincularse y dejar la empresa en el plazo de un año.[8] Si te ha tocado ser víctima de un sesgo, esto tiene mucho sentido. Si no te ha ocurrido, puede resultar impactante pensar que has contribuido sin saberlo a esas percepciones o resultados.

---

[8] *Disrupt Bias, Drive Value. Center for Talent Innovation*, 2017, <https://www.talent innovation.org/_private/assets/DisruptBias-DriveValue_Infographic-CTI.pdf>.

No hay ninguna idea más fundamental para el rendimiento que la forma en la que vemos y nos tratamos como seres humanos. Por ese motivo es importante comprender y, a veces, desafiar, los sesgos.

¿Este tema no es sencillamente una moda pasajera?

Los datos demográficos son clarísimos. Estamos viviendo en un mundo globalizado que nos exige colaborar y asociarnos en muchas facetas de la identidad.

El abordar los sesgos inconscientes está tan de moda como la innovación, el cambio y las habilidades de liderazgo... Espera... ¡Exacto, no es así! Su rentabilidad no es siempre tan visible en un estado de cuentas como los ingresos y los costos, pero estas competencias estratégicas suponen la diferencia en la capacidad de una organización para lograr resultados. Mientras haya organizaciones que dirigir, tendremos que lidiar con los sesgos y sus efectos en el rendimiento.

¿Todo esto no se trata más bien de política o de ser políticamente correcto?

A medida que los sesgos se van convirtiendo en una parte más profunda de la conciencia social, podemos llegar a sentirnos como si nos pusieran bajo el microscopio. Todos tenemos sentimientos intensos sobre nuestros propios puntos de vista, que a veces se manifiestan como ideas políticas. Creo que para algunas personas explorar la diversidad, la inclusión y los sesgos sí se corresponde con sus ideas políticas. Pero no creo que estos temas sean algo político. En este libro nuestro planteamiento de los sesgos se centra en la conexión entre estos y el rendimiento en el entorno laboral.

Nuestros objetivos aquí no incluyen la participación simbólica, la corrección política ni los límites en las oportunidades de nadie. No acabarás este libro con una lista de lo que puedes y no puedes decir, ni tampoco es nuestra intención vigilar el lenguaje o los pensamientos de nadie. El objetivo de explorar y reformular los sesgos no es el de censurarte, sino fomentar tu capacidad para comprender y que te comprendan cuando entres en conexión con otras personas.

¿Esto no crea un sesgo inverso?

Aquí sostenemos que el sesgo inverso no existe. El sesgo es una preferencia a favor o en contra de una cosa, una persona o un grupo en comparación con otros. Aunque ese sesgo sea positivo o negativo, o sobre un grupo u otro, sigue siendo un sesgo.

En estas páginas verás ejemplos que abarcan un amplio espectro de identidades y circunstancias. ¿Vas a leer ejemplos centrados en la raza y el género? Por supuesto. ¿Leerás también ejemplos centrados en la personalidad, el puesto laboral, el aspecto físico, el personal que trabaja a distancia, los acentos y la educación? Sí, y muchos otros más.

En el fondo, todos hemos tenido alguna experiencia con los sesgos, algún momento en el que nos han impactado negativa o positivamente. Los sesgos te afectan si tienes una opinión poco popular; si empleas la mano izquierda, por tu atractivo o por tu desorganización; por tu timidez o porque tomas demasiados riesgos. Te afectan por tu antigüedad o por si vives en una comunidad rural, o si tienes una discapacidad. Y te afectan según tu raza, tu género, tu orientación sexual, tu identidad de género o tu coeficiente intelectual.

El hecho de explorar los sesgos no consiste en convertir en villano a un grupo frente a otro ni de hacer que nadie sienta culpa, vergüenza o miedo. Se trata de progresar frente a nuestros sesgos y comprender cómo limitan nuestras posibilidades o las de las demás personas. Nuestra esperanza es que este contenido cree conciencia, conexión y compromiso.

Rudine Sims Bishop, profesora emérita de Educación de la Universidad estatal de Ohio, a quien se conoce comúnmente como la madre de la literatura multicultural infantil, escribió: "Los libros a veces son ventanas que ofrecen vistas de mundos que pueden ser reales o imaginarios, conocidos o desconocidos. Estas ventanas también son puertas corredizas de cristal, y el público lector solo tiene que atravesarlas en su imaginación para formar parte del mundo que haya creado o recreado quien lo escribió. Sin embargo, cuando las condiciones de iluminación son las adecuadas, una ventana también puede ser un espejo. La literatura transforma la experiencia humana y nos devuelve su reflejo, y en dicho reflejo podemos ver nuestra propia vida y nuestras experiencias como parte de la experiencia humana en general. Por tanto, leer se convierte en un medio de autoafirmación, y quien lee a menudo busca sus espejos en los libros".[9] Esperamos que encuentres algunas ventanas, puertas corredizas y espejos en esta obra. Si aprovechas esas posibilidades, mejorarás tu experiencia durante esta lectura y la aplicación de estos conocimientos en todos los aspectos de tu vida.

---

[9] Rudine S. Bishop, "Mirrors, Windows, and Sliding Glass Doors", en *Collected Perspectives: Choosing and Using Books for the Classroom*, ed. Hughes Moir, Melissa Cain y Leslie Prosak-Beres, Boston, Christopher-Gordon Publishers, 1990.

Todo el mundo está condicionado. La verdad
es que cualquiera alberga suposiciones
inconscientes que pueden interponerse en
el camino de sus buenas intenciones y
evitar que formen relaciones auténticas con
personas distintas. Al volvernos más
conscientes podemos controlar
las reacciones instintivas, conquistar los
miedos a lo desconocido y lograr prevalecer
frente a la intolerancia. Al fin y al cabo,
nuestro mensaje es que tú no eres el
problema, pero sí puedes ser la solución.

—DRA. TIFFANY JANA, escritora,
directora general y emprendedora social

Parte 1:
Identificar los sesgos

IDENTIFICAR
LOS SESGOS

TRABAJAR
LA CONEXIÓN

PROMOVER
LA VALENTÍA

APLICAR EL CICLO DE VIDA DEL TALENTO

Los datos sobre los sesgos pueden ser abrumadores; son cifras macroscópicas que parecen más allá de nuestro control. Pero debemos recordar que esas enormes cantidades son la acumulación de muchas acciones individuales, y frente a esas sí podemos actuar.

Aunque yo sola no puedo plantar mil millones de árboles para combatir las emisiones de carbono, sí puedo reciclar e ir en bici más a menudo. Asimismo, podemos poner en práctica pequeñas conductas que repercutan en los sesgos, en específico en lo relacionado con la mejora de nuestras posibilidades y las de las personas que pertenecen a nuestro equipo, colegas y clientela. El impacto acumulado de todos nuestros cambios de conducta puede cambiar en gran medida la situación.

Alguien que conozco y que trabaja en cine me dijo que con solo desplazar el objetivo 5 grados se reencuadra por completo la toma. Asimismo, nuestro análisis de los sesgos no se centra en los cambios monumentales. En lugar de eso, nos centraremos en el poder de los cambios significativos y tal vez pequeños para influir profundamente en nuestros resultados. Cada parte de nuestro modelo de progreso ante los sesgos comenzará con una afirmación de formulación y reformulación para que nuestra mentalidad gire esos 5 grados metafóricos.

Formulación y reformulación

FORMULACIÓN:	REFORMULACIÓN:
Yo no me dejo influir por los sesgos. Veo las cosas con objetividad.	Todos tenemos sesgos, incluso yo. Pienso activamente en cómo influyen los sesgos en las decisiones que tomo.

La formulación asume que todos somos infalibles. Incluso las personas más inteligentes, más capaces y más decididas tienen sesgos. Es parte de nuestra programación interna. La reformulación simplemente reconoce esa realidad y nos permite ampliar nuestra conducta, nuestras reacciones y decisiones para explicar nuestros sesgos y mejorar nuestro rendimiento.

El principio de la autoconsciencia

Cada componente de nuestro modelo en cuatro partes va asociado a su vez a un principio. El principio de identificar los sesgos es la autoconsciencia, esa capacidad exclusivamente humana que hace referencia a la introspección. Puede que el término "autoconsciencia" se emplee en exceso, pero implica más que decidir si eres una persona extrovertida o introvertida o hacer una evaluación general de tu personalidad.

En este libro definiremos la "autoconsciencia" como la búsqueda intelectual de la introspección. Un aumento de la autoconsciencia puede permitirnos identificar nuestros sesgos. Ejercitar este músculo de la autoconsciencia, en este contexto, significa que podemos hacer una pausa entre la recepción de la información y la respuesta emocional ante dicha información. Podemos alejarnos un poco de esos sentimientos para comprender por qué nos estamos sintiendo así y examinar si dichos sentimientos son productivos.

Uno de los motivos por los que nuestra mente trabaja en contra de la autoconsciencia es que es difícil admitir que hay áreas en las que podríamos mejorar. Pero cuando la practicamos constantemente estamos aprendiendo más sobre cómo funcionamos. Cuando creamos autoconsciencia, dejamos de actuar de manera automática y comenzamos a tomar mejores decisiones.

Entonces ¿cómo pasamos de la formulación a la reformulación y aprovechamos nuestra capacidad para volvernos más autoconscientes para poder identificar los sesgos? Los cuatro capítulos de la parte 1 son una guía para lograr justamente eso. Comenzamos por explorar nuestra propia identidad. Después, tratamos de comprender la neurociencia implicada en el proceso. El siguiente paso es reconocer cuándo nos encontramos en una de las tres trampas de los sesgos. Por último, aprovechamos el *mindfulness* como una estrategia para ir perfeccionando constantemente ese principio de la autoconsciencia.

Capítulo 1
Análisis de la identidad

En primer lugar, las identidades vienen acompañadas
de etiquetas sobre el porqué y a quién deben aplicarse.
En segundo lugar, tu identidad moldea tus pensamientos
sobre cómo debes comportarte, y en tercer lugar, afectan
la forma en la que los demás te tratan. Por último, todas
estas dimensiones de la identidad son discutibles, siempre se
prestan a discusión: quién está involucrado, cómo es, cómo
debería comportarse y cómo debería tratársele. [1]

—KWAME ANTHONY APPIAH, profesor de Filosofía y Leyes,
Universidad de Nueva York

El primer paso para identificar los sesgos es conocernos y examinar de qué forma influye nuestra identidad personal y cómo se ve influida por los sesgos.

Nuestras identidades están formadas por todo aquello que se nos ha vertido dentro durante nuestra vida. Estas influencias que nos moldean provienen de todas partes, una multitud de fuentes que nuestro cerebro añade para desarrollar un particular sentido del yo para cada persona y, en cierto modo, una matriz de decisiones sobre la forma en la que interactuamos con el resto del mundo.

---

[1] Kwame Anthony Appiah, *The Lies That Bind: Rethinking Identity*, Nueva York, Liveright Publishing, 2018.

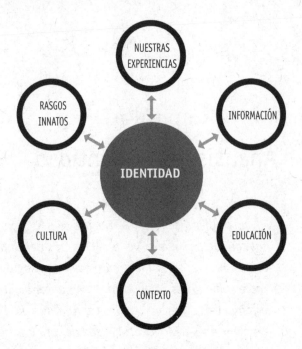

En el modelo de identidades de FranklinCovey, las fuentes que conforman nuestras identidades son:

- **Información**. Lo que escuchamos, lo que leemos, lo que oímos, lo que vemos… toda esa información moldea nuestra visión del mundo, nuestras perspectivas y nuestros sesgos. Con el uso de la inteligencia artificial y los algoritmos en las redes sociales —junto con los sesgos de confirmación inherentes en nuestro cerebro— cada vez se nos lanza más información que afirma nuestras propias creencias existentes, en lugar de que podamos asimilar una amplia gama de información.
- **Educación**. Alguien que ha estudiado Leyes piensa las cosas de forma distinta a alguien que solo hizo un curso de Justicia Penal. Quien se dedica a la ciencia lo mira todo a través del prisma del método científico; alguien con una maestría en Dirección de Empresas tiene capacidad para resolver

problemas estratégicos. Nuestro nivel de educación (sea un certificado de preparatoria o de escuela técnica, un título universitario, un doctorado o cualquier otra certificación), nuestro campo de estudio y las instituciones educativas a las que asistimos contribuyen a nuestro sentido del yo… y a nuestras preferencias y sesgos.

- **Contexto.** La identidad puede cambiar si nuestra situación cambia: dónde vivimos, nuestra creencia religiosa o nuestros contextos situacionales en el trabajo, por ejemplo, pasar a una organización o un equipo nuevos. Hoy en día, mi identidad como profesional y madre es sin duda distinta a cómo me veía a mí misma cuando era una estudiante universitaria de segundo año. Las personas que han servido en el ejército y otras personas uniformadas suelen sufrir este brusco cambio de contexto. El uniforme puede formar una parte esencial de sus identidades, un indicador del servicio que están llevando a cabo para su país y su papel como personas que luchan. El hecho de pasar a contextos de civiles puede suponer un desafío para dicha identidad, por ejemplo.

- **Cultura.** Puede tratarse de raza, religión, etnia o situación geográfica. Esos elementos culturales pueden tener una relevancia considerable, tanto si provienes de un estado con una gran personalidad audaz, como Texas, como si perteneces a un grupo étnico relativamente pequeño, como la comunidad hmong residente en Estados Unidos.

- **Rasgos innatos.** Algunas personas son de las que asumen riesgos; otras, son precavidas. Algunas apoyan a los demás; otras, no. En mi calidad de introvertida, yo suelo pedir servicio a la habitación e irme a la cama tras un largo día de interactuar y consultar con mi clientela, y eso, en consecuencia, repercute en mis experiencias de viajes por trabajo. Tenemos preferencias innatas que también pueden contribuir a los sesgos y a la forma en la que vemos las circunstancias y las situaciones.

- **Nuestras experiencias**. ¿Cuántas historias has comenzado con la pregunta: "¿Recuerdas aquella vez que...?". Nuestras experiencias permanecen en nuestro interior y nos dejan una impresión duradera. La experiencia de mudarte o de viajar a otro país, de terminar un ultramaratón o de trabajar para alguien increíblemente inspirador... estas experiencias tan distintas influyen en la forma en la que percibimos las experiencias futuras y en las decisiones que tomamos.

Son componentes de tu identidad. Y observarás que en el modelo de FranklinCovey estas flechas son bidireccionales. Estos elementos influyen en nuestra identidad, y nuestra identidad también influye en ellos, y en ambos casos se crean sesgos.

La información es un ejemplo perfecto de esta dinámica. Mi padre y mi madre crecieron en una dictadura fascista en República Dominicana. Mi padre veía en Cuba un modelo, porque derrocaron a su dictador fascista, Fulgencio Batista, en la década de los cincuenta. Desde entonces sus opiniones políticas han influido en las mías. Esa parte de mi identidad alimenta la información y los medios de comunicación que busco. A cambio, el consumo de dichos medios refuerza, confirma e influye en mi identidad, y moldea mis preferencias y mis sesgos. Claro que reconocer esta estrechez de miras me obliga a ampliarla de manera deliberada buscando medios de comunicación de todo el espectro político y a asegurarme de que en mi red haya personas que no estén de acuerdo conmigo en los temas políticos. Ciertamente, esto es mucho más fácil de decir que de hacer, pero también es autoconsciencia: reconocer mis sesgos basados en la identidad y contrarrestarlos de modo consciente.

El modelo de identidades es una vía de doble sentido, es dinámico y está recibiendo influencias constantes de nuevos componentes del modelo. El tipo de información que consumía cuando trabajaba en el sector no lucrativo al principio de mi vida laboral se enfocaba en estrategias para recaudar fondos y subvenciones. En la actualidad, la mayoría de lo que consumo profesionalmente se centra en aprendizaje y desarrollo, diversidad e inclusión. Mis preferencias y sesgos, en consecuencia, también han cambiado.

El paradigma de la persona completa

Cuando oímos la palabra "Haití" a menudo pensamos en un contexto común: pobreza extrema, exacerbada por el catastrófico terremoto de 2010. Pero Chimamanda Ngozi Adichie, escritora y ganadora de una beca MacArthur, dice en su charla TED que contar una sola historia conlleva un peligro. Casi siempre definimos Haití como el país más pobre del hemisferio occidental; pocas veces lo definimos como el primer país independiente Negro del hemisferio occidental.[2] Y esa historia, esa narrativa limitante, resulta perjudicial con el tiempo.

Cuando nos planteamos la identidad es posible que sintamos más vulnerabilidad frente a algunos componentes que frente a otros, más orgullo ante algunos que ante otros. A veces dichos componentes están claros a primera vista, pero a veces no.

ANNE

Nadie tiene una sola dimensión. Cuando me mires sin duda pensarás: "Es mujer y Asiática". Es posible que te fijes en mi estatura o mi ropa. Si trabajaste conmigo, probablemente también dirías: "Le apasiona tratar con clientes, es una líder empresarial y se preocupa muchísimo por su gente y sus relaciones".

También soy mamá, esposa, expianista, orgullosa de pertenecer a la Generación X y vivo en la intersección de todas

---

[2] Chimamanda Ngozi Adichie, "The Danger of a Single Story", charlas TED, julio de 2009, <https://www.ted.com/talks/chimamanda_adichie_the_danger_of_a_single_story>.

las experiencias únicas que he tenido durante toda mi vida. Esta naturaleza multifacética de mi identidad es válida para todo el mundo. Algunos de estos componentes de mi identidad tienen estereotipos asociados. Es importante no caer en dichos estereotipos sobre mí misma y reflexionar sobre los que tengo de los demás. Son limitantes y a menudo pueden ser perjudiciales y, sin duda alguna, nos distraen y no nos permiten valorar realmente las distintas habilidades, experiencias y potencial de las demás personas.

¿Alguna vez has oído estas afirmaciones?

- Las chicas no son buenas en matemáticas.
- Los hombres son muy insensibles.
- La mayoría de personas Asiáticas o Negras no se comunican bien.
- Él/ella/ellos/ellas no son tan ágiles como cuando eran jóvenes.
- Las personas bajitas no pueden jugar voleibol/basquetbol/dirigir un escenario.

Debajo de cada uno de estos comentarios hay un estereotipo. Y no hay duda de que son hirientes para las personas y las comunidades a las que hacen referencia. En un entorno laboral también son perjudiciales para el rendimiento de las personas y los equipos, ya que pueden presuponer una dinámica que no sea óptima, lo que repercute de forma negativa en la contribución y el rendimiento más plenos. Una de mis citas favoritas sobre este tema es de Martina Navrátilová, considerada una de las mejores mujeres tenistas de todos los tiempos. Una vez dijo: "Las etiquetas son para los archivos. Las etiquetas son para la ropa. Las etiquetas no son para las personas".

Todos somos mucho más que una sola historia, pero en las interacciones cotidianas podemos vernos con la limitación de un único componente de nuestra identidad, aquel que ignora la complejidad que cada persona pone sobre la mesa como una persona completa. Alguien puede ser al mismo tiempo un padre atento o una madre atenta y trabajar a pleno rendimiento viajando por el mundo. Alguien puede ser una persona de voz suave y al mismo tiempo liderar con visión e impacto. Alguien puede aparentar una serenidad total y estar luchando con una discapacidad emocional considerable, como ansiedad o depresión.

Una imagen que se suele usar para describir esta complejidad es el iceberg. Por lo general, aproximadamente 10% de un iceberg está por encima de la superficie; 90% está por debajo, invisible al ojo humano. La identidad es parecida. Cuando dos personas se conocen o cuando vemos a un grupo de personas, solo podemos ver una pequeña parte de sus identidades (a menudo la edad, la raza, el género, la cultura, el aspecto físico y, en ocasiones, las capacidades físicas o las creencias religiosas, entre otros aspectos).

Por encima del agua

Edad, raza, género,
cultura, capacidad física

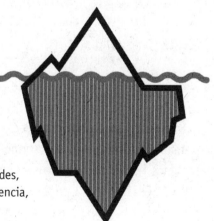

Por debajo del agua

Educación, religión, habilidades,
familia, personalidad, experiencia,
riqueza

Gran parte de lo que no podemos ver es increíblemente sustancial y formador para nuestra identidad: educación, algunas religiones, habilidades, situación familiar, facetas de la personalidad menos visibles, experiencia, riqueza. Si recordamos las estadísticas de la introducción, muchos de los sesgos limitantes provienen del 10% de la identidad visible: edad, raza, género, cultura o capacidad física. A menudo existe una desconexión entre lo que la gente percibe de los demás y cómo nos definimos. ¿Te ha ocurrido alguna vez algo así?

Cada ser es una persona completa con identidades complejas, que se relaciona con otras personas completas con identidades igualmente complejas. El peligro de una sola historia no solo radica en las formas en las que limitamos nuestras propias posibilidades, sino también en cómo podemos aplicar esa óptica única a las demás personas.

Para identificar los sesgos debemos profundizar en los identificadores, tanto por encima como por debajo del agua, y practicar el arduo trabajo de la introspección. Entonces podremos comprender la forma en la que dichos identificadores afectan nuestra experiencia con los sesgos.

MARK

Paso mucho tiempo impartiendo nuestras sesiones de trabajo sobre sesgos inconscientes a clientes. Como ocurre a menudo, estaba trabajando con un cliente y la directora de recursos humanos estaba presente. Afirmó que el hecho de trabajar en recursos humanos puede aislar mucho dentro de una organización. Cuando entra en una sala, la gente suele cambiar de conversación, hablar en un tono más bajo o incluso dejar de hablar. A menudo la identifican primero por su cargo, incluso olvidan su nombre; la gente dice: "Aquí llega recursos humanos".

O: "Cuidado, ¡recursos humanos acaba de entrar!".

¿Alguna vez te has encontrado haciendo algo parecido? Puede parecer bastante natural recurrir por defecto a estereotipos sobre las funciones laborales. Hace muchos años me pidieron que hablara frente a un centenar de contadores en Oklahoma. Parece emocionante, ¿verdad? Si respondiste que no, es probable que tengas algunos de los sesgos que yo tenía al entrar en esa sala. En mi caso, surgieron muchos sesgos sobre los contadores (y Oklahoma). Con total sinceridad, temía que llegara el día. Esperaba tener que enfrentarme a un difícil grupo de personas inexpresivas, e irme de allá exhausto y desanimado por mis esfuerzos.

No podía estar más equivocado. Fue un grupo lleno de energía, muy participativo y comprometido, y el día se pasó volando. Desde entonces soy mucho más cuidadoso a la hora de revisar las suposiciones que llevo conmigo a una sesión de trabajo.

Encontrar las historias de origen de nuestros sesgos

Un objetivo primordial del análisis de los sesgos es traer el subconsciente a la conciencia para poder mejorar la calidad de nuestras decisiones y relaciones. En cuanto logramos que aflore el subconsciente y podemos nombrarlo, también podemos analizarlo un poco. ¿Este sesgo me sirve? ¿Limita mis posibilidades o el potencial de quienes me rodean? ¿Repercute en una decisión futura que tengo que tomar? En caso afirmativo, ¿cómo evito tomar decisiones o comportarme de forma negativa como respuesta a ese sesgo en el futuro? Si podemos expresar con claridad la historia de origen de ese sesgo —de dónde viene en nuestra vida— tenemos más probabilidad de pensar en esa historia la próxima vez que nos encontremos con el mismo sesgo.

Por ejemplo, un sesgo del que hablo bastante a menudo gira en torno a la educación. Durante mucho tiempo me fijaba primero en la educación cuando revisaba currículums, y valoraba los títulos prestigiosos de prestigiosas instituciones. En este caso fue mi esposo quien me sacó de mis percepciones. Él valoraba muchísimo a las personas que tomaban un camino menos tradicional que la licenciatura de cuatro años: trabajo, escuelas vocacionales, universidad a medio tiempo, estudiantes de intercambio. Argumentaba que la tenacidad y la determinación que hacen falta para terminar una licenciatura de cuatro años mientras se trabaja era un indicador mucho mejor de ética laboral que el prestigio. Esto me hizo pensar de dónde venía mi sesgo sobre la educación. Como hija de inmigrantes de República Dominicana, la educación, en especial un título de una institución prestigiosa, era un valor que me habían inculcado toda la vida. Crecí creyendo que conseguir la mejor educación posible demostraba mi ética laboral. Así que tanto mi esposo como yo valoramos una ética laboral fuerte, pero mi historia de origen me hacía buscarla en los currículums de una forma limitada. Al reconocer esto, actualmente puedo revisar los currículums en busca de una ética laboral fuerte de muchas otras formas: logros, ascensos, investigación… de muchas maneras distintas a la escuela a la que alguien asistió o cuántos títulos tiene.

ANNE

¿Qué te imaginas cuando piensas en alguien que se dedica a las ventas?

Antes de entrar a formar parte de ese gremio, debo admitir que la imagen que venía a mi mente era la del típico vendedor de carros usados. Cuando pensaba en mi vida profesional, las ventas eran lo último de la lista. Después de más de cinco años trabajando me encontré en un puesto en ventas y, sorprendentemente, me enamoré. No había previsto el poder y la claridad de despertarse cada día con la misión precisa de servir a mi clientela y hacer crecer relaciones tanto de forma figurada como literal.

¿Tienes sesgos sobre algunas profesiones (ventas, abogacía, contaduría, enseñanza, ingeniería, desarrollo de software o incluso personas de prácticas)? Debajo de todos esos títulos hay seres humanos complejos y únicos. Los sesgos funcionales significan que ignoramos ese hecho y le damos la vuelta para convertirlo en un estereotipo sobre el cargo. Cuando las personas comienzan a diferenciar entre ellas y el resto —por ejemplo, ventas frente a mercadotecnia o adquisiciones frente a operaciones— es una señal clara de que los sesgos funcionales se están interponiendo en el camino.

Como alguien que lidera, piensa en cómo usas tu lenguaje. ¿Tus palabras son incluyentes más allá de los límites de tu equipo? ¿Formulas y reformulas un punto de vista, colocándote en el lugar de otra persona? Cuando escuchas un lenguaje que habla de "las demás personas", sobre todo en el contexto de las barreras, los problemas, los conflictos y las preocupaciones, ¿animas a tu equipo a que piense quiénes son "esas personas" y por qué "esas personas" podrían estar reaccionando o actuando de esa forma? Incluso comentarios aparentemente inofensivos, como: "Aquí todo el mundo lleva la misma insignia", o: "Aquí todo el mundo quiere el mismo resultado", pueden ayudar a animar a quienes te rodean a trabajar los sesgos funcionales de una forma constructiva.

Presta mucha atención a las historias de origen de tus sesgos autolimitantes. Hace algunos años tuve una cena de mentoría con una ejecutiva. Cuando nos encontramos, me pasé unos 10 minutos describiéndome... o al menos así es como me vi en esos momentos. Me apoyé en mi ética laboral y mi mente estratégica, pero me describí de una forma que te haría creer que era incapaz de crear buenas relaciones laborales. "Soy demasiado —dije—. Soy bastante intensa, y sé que a la gente no le gusta eso".

Esta líder se quedó boquiabierta. Dijo sin dudarlo que no sabía de qué estaba hablando. Siguió diciendo que ella pensaba que yo era encantadora, y que tenía fama en la compañía de ser una persona agradable y capaz. Estuvimos conversando mucho rato sobre por qué me había etiquetado a mí misma como antipática.

Cuando me puse a pensar en toda la energía que había consumido con esta falsa idea, quedé horrorizada. Este pensamiento nacía de un sesgo autolimitante que me decía que yo era antipática, que provenía de entornos laborales anteriores donde había trabajado muy duro y había tenido grandes logros, pero nunca había sentido que pertenecía o que era parte de "la bandita". Ahora, cuando pienso en interacciones con colegas que acabo de conocer, la clientela o personas interesadas y esta creencia comienza a aparecer, recuerdo la historia de origen de ese sesgo autolimitante. Después me recuerdo que ya no trabajo en esos lugares y que no debería comportarme de esa forma. Solo me estaría limitando a mí misma.

MARK

Me pasé la primera mitad de mi vida creyendo que no era suficiente, que tal vez nunca lo sería y que, muy en el fondo, no merecía ningún tipo de éxito ni de felicidad. Eso sí que es un sesgo autolimitante. Crecí en un ambiente en el que tenían unas ideas bastante fijas sobre lo que se consideraba valía... y ser gay definitivamente no encajaba en ese ideal. Era una parte de mi identidad que no quedaba clara si partíamos de mi aspecto físico. No cabe duda de que estaba por debajo del agua si pensamos en el modelo del iceberg, y yo me esforzaba mucho por mantenerlo así.

Después de muchos años de luchas internas y terapia ya he asumido a plenitud este componente importante de mi identidad. Pero sigue habiendo aspectos de esa historia de origen de insuficiencia que siguen teniendo un efecto limitante en mí. Lo compensaba acudiendo a tendencias perfeccionistas. Si algo podía parecer perfecto nadie sabría mi secreto. De hecho, me veían como alguien valioso, aunque yo no me sentía así en mi interior.

Hizo falta que una querida amiga y colega tuviera el valor de ayudarme a comprender lo limitante que había sido esta historia de origen sobre mi valía, o la falta de ella. Me dijo, con toda la gentileza del mundo:

"Mark, tu deseo de que te perciban como alguien perfecto está evitando que aprendas y crezcas. Tienes miedo de probar algo nuevo porque no te verías perfecto haciéndolo. Aprender y crecer es un proceso caótico, por lo que tienes que estar dispuesto a dar algunos tumbos para acabar triunfando".

Eso fue una epifanía para mí.

Es una lucha con la que sigo lidiando hasta hoy. Nuestros sesgos autolimitantes son muy poderosos y pueden ser increíblemente perjudiciales si no los revisamos. Y a veces hace falta que alguien que se preocupa lo suficiente por ti te ayude a reescribir esa historia.

Capítulo 1: Análisis de la identidad
Reflexión individual

DESCUBRE LAS AFIRMACIONES QUE COMIENZAN POR "SOY"

1. Sumérgete en tu propia identidad. Escribe 10 afirmaciones sobre quién eres que comiencen por "soy" y que representen a identificadores que se encuentren tanto "por encima del agua" (edad, raza, género, cultura, capacidades físicas) como "por debajo del agua" (educación, religión o espiritualidad, habilidades, relaciones familiares, personalidad, experiencias que te definan, etcétera). No las pienses demasiado; solo anota lo primero que pase por tu mente.

   Soy..

   Soy..

   Soy..

   Soy..

   Soy..

   Soy..

   Soy..

   Soy..

   Soy..

   Soy..

2. Piensa bien en aquellos identificadores que puedan alimentar un sesgo inconsciente (o consciente) hacia los demás. Pon una X junto a esos identificadores. Por ejemplo, alguien que lee con avidez puede tener un sesgo negativo hacia quienes nunca abren un libro o ni siquiera escuchan un audiolibro. Con

honestidad, piensa en la forma en la que tus identificadores influyen en el modo en que tomas decisiones, ves las relaciones o a las demás personas.

3. Pon una O junto a los identificadores que consideras que podrían hacer que otras personas tengan sesgos hacia ti o que ya te haya ocurrido. Es posible que haya identificadores en los que tengas tanto una X como una O.

ESCRIBE UNA HISTORIA DE ORIGEN

4. Piensa en la correlación entre tu identidad y los sesgos potenciales o descubiertos. ¿Limitan tus posibilidades o las expanden? ¿Te están siendo útiles o se están interponiendo en el camino de lo que intentas lograr? ¿Influyen en ti para posponer decisiones o te tientan a precipitarte hacia acciones de las que a menudo te arrepientes?

....

....

....

....

....

5. Analiza la forma en la que se conectan tus afirmaciones que empiezan con "soy" con lo que valoras y qué te hacen sentir en el fondo (vulnerabilidad, orgullo, indiferencia, etcétera).

....

....

....

....

6. Elige una afirmación que comience con "soy" que tenga una X y haz una lista de sus posibles orígenes (medios de comunicación, madre y padre, pares, sociedad, educación, contexto, cultura, rasgo innato, etcétera).

....

....

....

....

7. Identifica todas las facetas de tu identidad (personalidad, experiencias, etcétera) que puedan haber reforzado tus sesgos potenciales o descubiertos.

....

....

....

....

Recuerda que todos los componentes de tus identificadores nos hacen tener sesgos de algún modo hacia la gente. Ponemos nuestros valores por encima de los de las demás personas, y eso nos vuelve potencialmente susceptibles a los sesgos, de la misma forma que otras personas ponen sus valores por encima de los nuestros.

Capítulo 1: Análisis de la identidad
Propuesta para líderes

Nuestros sesgos repercuten en cómo nos relacionamos e interactuamos de forma individual con otras personas y circunstancias, y en la manera en la que tomamos decisiones y atribuimos valor. Cuando estamos en un puesto de liderazgo, quienes reciben de inmediato nuestros sesgos son nuestros equipos.

1. Elige la historia de origen que escribiste en la página anterior y ponla frente a tu equipo. Quizás se trata de una historia de origen sobre prioridades, integridad, ambición, ética laboral, el papel de la familia en nuestra vida o algo distinto.

2. Escribe los nombres de quienes se reportan directamente contigo (si no tienes a nadie, escribe los nombres de quienes integran tu equipo).

....

....

....

....

3. Para cada uno de los nombres anteriores piensa en cómo repercute tu historia de origen en la forma en la que ves a esa persona, qué tipo de relación tienes con ella y cómo tomas las decisiones con ella o respecto a ella. Si produce un resultado negativo, ¿cómo te ayudará el hecho de reconocer tus sesgos para cambiar tu pensamiento y tu comportamiento? (Escribe tus respuestas a continuación).

....

....

....

....

....

4. Para sacarle el máximo partido a este proceso repite este ejercicio con clientes, personas interesadas y colegas.

Capítulo 2
Comprensión de la neurociencia

Si eres consciente [de los sesgos inconscientes], entonces podrás poner en marcha todas tus habilidades críticas y tu inteligencia... Todos tenemos la capacidad de controlarlos.

—DR. LASANA HARRIS, catedrático de Psicología Experimental,
University College London

¿Recuerdas los típicos problemas matemáticos de secundaria sobre la velocidad de un tren? Un equipo de investigación estadounidense entregó a un grupo de personas un conjunto parecido de problemas de este tipo.[1] Les hicieron una prueba básica sobre sus habilidades matemáticas, después tuvieron que resolver un problema sobre el cuidado de la piel y luego otro sobre el control de armas. Los resultados fueron fascinantes. Si la respuesta al problema sobre el control de armas contradecía sus creencias políticas personales, quienes participaron no pudieron resolverlo. Esto ocurría tanto para quienes votaban por el partido conservador como por el partido liberal. Su capacidad para resolver el problema cambiaba dependiendo de sus creencias. Su capacidad

---

[1] Dan M. Kahan, Ellen Peters, Erica Dawson y Paul Slovic, "Motivated Numeracy and Enlightened self-Government", *Behavioural Public Policy 1* (8 de septiembre de 2013): 54-86; Yale Law School, *Public Law Working Paper*, núm. 307, <https://ssrn.com/abstract=2319992> o <http://dx.doi.org/10.2139/ssrn.2319992>.

literal para hacer cuentas, su cerebro pensante, cambiaba según el contexto del problema.

¿Y recuerdas la prueba básica sobre matemáticas? El equipo de investigación descubrió que cuanto mejores eran quienes participaban en la encuesta en matemáticas, más difícil les resultaba resolver un problema que contradecía sus creencias políticas. Sorprendente, ¿verdad?

Como muchos de ustedes, yo me considero una persona bastante brillante. Así que me sorprendió que mi inteligencia y mi capacidad me hicieran menos proclive a aceptar los hechos que no quería que fueran ciertos. Pero en cuanto le di vueltas a esta posibilidad, tuvo sentido. Piensa en ello como en un hábito. Si tenemos el hábito de tener razón, los sistemas de nuestro cerebro lo apoyarán y confirmarán.

Algunas de nuestras creencias pueden limitar nuestras propias posibilidades y capacidades, y otras personas pueden limitar la forma en la que vemos y definimos las posibilidades y capacidades de las demás personas: la falsa creencia de que quienes se dedican a las ventas tienen que ser personas extrovertidas, por ejemplo.

Estas creencias pueden estar tan profundamente arraigadas en nuestro cerebro que ni siquiera se nos pasa por la cabeza que sean incorrectas, ni cuando las confrontan con hechos. Para progresar en el tema de los sesgos suele ser necesario que examinemos las repercusiones de nuestros pensamientos y creencias más profundos.

Cómo crea sesgos nuestro cerebro

Recuerda que los sesgos son la forma en la que el cerebro nos hace sobrevivir cada día sin que se paralice por culpa de la avalancha de información que nos llega. ¿Qué pasa en realidad en nuestro cerebro para que nos conduzca hacia los sesgos? Para responder a esa pregunta tenemos que entender los tres sistemas cerebrales principales: el primitivo, el emocional y el pensamiento.

El **cerebro primitivo** alberga nuestros instintos de "pelear, huir o paralizarnos". Es la parte del cerebro en donde viven nuestros impulsos primitivos, la parte que nos dice que deberíamos protegernos de las inclemencias meteorológicas, evitar tocar el fuego y encontrar alimento cuando tenemos el estómago vacío. En la era moderna esos instintos siguen enfocados en la supervivencia. Una de nuestras necesidades humanas más básicas y primitivas es la necesidad de pertenecer: si formamos parte de un grupo, nuestra seguridad es mayor y tenemos mucha mayor probabilidad de sobrevivir.

Entonces, nuestro cerebro primitivo siempre divide automáticamente a las personas, los lugares y los objetos en categorías. ¿Esta persona o este objeto me ayudarán a sobrevivir o me lo pondrán más difícil? A menudo decimos que sentimos cosas en nuestras entrañas, cuando lo que pasa es que nuestro cerebro primitivo está interviniendo. En mi papel de facilitadora, a veces esta idea se me resiste: "¿No debería sentir mis instintos viscerales?". Pero si llamáramos a ese instinto por lo que en realidad es, tal vez pensaríamos de otra manera. Cuando seguimos nuestros instintos viscerales estamos haciendo caso a nuestro cerebro reptiliano, que es la parte menos evolucionada de nuestro cerebro, la que se centra en si vamos a morir o no. Estos instintos están diseñados para concentrarse en evitar las amenazas y lograr la autoconservación, no en una toma de decisiones lógica ni en el pensamiento crítico.

El **cerebro emocional** alberga la memoria y la experiencia. Llega a este mundo como una hoja en blanco y se programa según nuestros valores, creencias, suposiciones y experiencias. A menudo ni siquiera pensamos; tan solo respondemos siguiendo nuestras emociones. Los problemas surgen cuando la programación no nos beneficia o limita nuestra capacidad para interpretar de manera correcta y relacionarnos plenamente con el mundo que nos rodea. El cerebro emocional nos ayuda a tener empatía y sentirnos conectados con otras personas, pero también puede volvernos irracionales en nuestras reacciones ante estímulos que nos producen una emoción muy fuerte.

Por último, el **cerebro pensante** es donde se desarrollan el procesamiento de alto nivel, la resolución de problemas y la creatividad. En muchos aspectos, esta parte del cerebro separa a los seres humanos del resto del mundo animal. Tenemos la capacidad de apartarnos de nuestros propios valores, creencias, suposiciones y experiencias. Podemos ver el mundo por los ojos de alguien más. Lo interesante es que incluso cuando la parte pensante del cerebro está centrada en el procesamiento de alto nivel, la parte primitiva y la emocional siguen involucradas, recogiendo información y haciendo todo lo posible por desafiar al cerebro pensante si se sienten amenazadas. Cuando nos encontramos en determinadas circunstancias, el poder de dichas partes primitiva y emocional del cerebro, su deseo abrumador de mantenernos a salvo, puede apoderarse del cerebro pensante y de nuestra capacidad de procesar y actuar de forma consciente.

Los sesgos pueden activar nuestro cerebro primitivo y nuestro cerebro emocional

Imagínate esta situación. Tu jefa te está dando retroalimentación. Ha estudiado detenidamente cómo enfocar esta evaluación, ha asistido a cursos de formación sobre conversaciones delicadas y ha leído artículos sobre la retroalimentación eficaz. Está funcionando con su cerebro pensante. Se sienta contigo y comienza a darte sus comentarios.

Justo después de escuchar la palabra "retroalimentación" sientes que se te acelera el corazón. Tienes una discapacidad para la que necesitas una adaptación, y hace poco tus colegas han comenzado a quejarse de que estás recibiendo un tratamiento especial. Tienes clarísimo que esta "retroalimentación" es en realidad un intento de quitarte esas adaptaciones. Mientras tu jefa habla, piensas en todas las formas en las que se te menospreció antes: la atención que se prestaba a tu discapacidad en lugar de en tus resultados, la falta de reconocimiento de tu arduo trabajo. Al sentir una amenaza funcionas desde la parte emocional o incluso primitiva del cerebro. Antes de que la conversación haya comenzado siquiera, ya estás funcionando desde una parte de tu cerebro y tu jefa desde otra.

MARK

Aprendí a hablar español con bastante fluidez cuando viví en Argentina y ahora vivo en Texas, que tiene una gran parte de población Hispana. Adoro cualquier oportunidad para practicar mi español.

Estaba comiendo con algunas amistades en San Antonio en una famosa taquería, un lugar perfecto para practicar mi español, pensé. Todo el personal era Hispano. Cuando llegué al mostrador a pedir, decidí hacerlo en español, esperando que lo vieran como una forma respetuosa de participar en su cultura. En lugar de eso, para mi asombro, la chica se ofendió muchísimo y me dijo, muy seca:

—Sí hablo inglés, ¿sabe?

Traté de aclarar mis intenciones de inmediato, pero el daño ya estaba hecho.

Me di cuenta de que no debía ser la primera vez que le pasaba algo así, y debió de ser una experiencia negativa para ella. Quién sabe cuántas veces habrían cuestionado su identidad de formas parecidas.

Cuando los sesgos —o incluso la amenaza de que aparezcan— activan nuestro cerebro de esa forma hablamos más de la cuenta, y a menudo empeoramos la situación en lugar de mejorarla, y pasamos a la zona limitante o a la zona dañina, en lugar de a la de alto rendimiento.

Seguridad psicológica

Para evitar activar la parte emocional o la primitiva de nuestro cerebro necesitamos sentirnos a salvo en el plano psicológico; a salvo en el sentido de no estar bajo amenazas. En investigaciones definen la seguridad psicológica en el entorno laboral como "la creencia de que no se te castigará cuando cometas un error".[2]

Ese error puede ir desde un fallo técnico hasta hacer o decir lo incorrecto para el entorno.

MARK

Algunas organizaciones proclaman que están abiertas a cometer errores y a aprender de ellos, pero sus prácticas y las experiencias de su gente dicen lo contrario. Trabajé con un hospital que sostiene que la innovación es uno de sus valores centrales. Con este fin nos contrataron para crear y ejecutar un programa de desarrollo diseñado para fomentar una mayor innovación.

Tuve una conversación franca con la clienta, quien me comentó los desafíos que preveía a la hora de crear competencias en torno a la innovación. El principal era el hecho de que crear oportunidades para la innovación estaba limitado debido a la cultura muy conservadora y a la intolerancia de los fallos o errores. En otras palabras, había muy poca seguridad psicológica.

Las conversaciones posteriores con muchas personas del personal confirmaron lo que me había contado. Alguien dijo: "Nos dicen que pongamos creatividad a la hora de resolver un problema. Pero si intentamos hacer algo nuevo y el

---

[2] Laura Delizonna, "High-Performing Teams Need Psychological Safety. Here's How to Create It", *Harvard Business Review*, 24 de agosto de 2017, <https://hbr.org/2017/08/high-performing-teams-need-psychological-safety-heres-how-to-create-it>.

problema no se resuelve de inmediato y a la perfección, nos llaman la atención, ¡a veces incluso en público!".

El sesgo de la organización por evitar riesgos superó la necesidad de innovación en la práctica cotidiana.

Para que la gente haga su mejor esfuerzo tiene que saber que recibirá apoyo, incluso cuando falle.

La Comisión para la Igualdad de Oportunidades en el Empleo (EEOC, por sus siglas en inglés), que es la agencia federal responsable de evitar la discriminación en los lugares de trabajo en Estados Unidos, determinó los factores de riesgo que convierten un entorno en susceptible de acoso y discriminación. Dichos factores de riesgo se centran en las dinámicas de poder: una dinámica en la que las personas comienzan a diferenciar entre ellas y el resto que pueda aparecer entre el terreno y la sede, o cuando "la clientela siempre tiene la razón" y no se escucha a quienes trabajan allí, o cuando las organizaciones solo tienen poco personal de gran valor. Si trabajo con alguien que está en la élite de los cargos directivos, ¿qué probabilidades tengo de plantear un aspecto problemático? ¿No sería más probable que lo hiciera si trabajo con alguien de mi mismo nivel? Cuando el poder está desequilibrado y se permite que se quede así existe un riesgo mayor de entrar en la zona dañina del modelo de rendimiento. Cuando existe un desequilibrio de poder en la conversación no nos sentimos a salvo en el plano psicológico. También tenemos mayor predisposición hacia los sesgos, tanto para tenerlos como para recibirlos, dependiendo de dónde nos encontremos en esa dinámica de poder. Estas ideas se superponen unas a otras; la seguridad psicológica nos permite estar en la zona de alto rendimiento y aumenta la probabilidad de que funcionemos desde la parte pensante de nuestro cerebro.

Entonces ¿cómo creamos seguridad psicológica? ¿Cómo pasamos nuestros procesos de toma de decisiones desde la parte emocional y la primitiva del cerebro hasta la parte pensante? La respuesta radica en equilibrar la dinámica de poder. Cada persona tiene una autoridad formal y otra informal en las conversaciones en el trabajo. Sin importar si estamos en la parte más baja o en la más alta de la dinámica de poder, por lo general podemos crear circunstancias en torno a la seguridad psicológica. Ten en cuenta lo siguiente cuando trates de establecer seguridad psicológica en tus interacciones con las demás personas, sobre todo con aquellas que estén a tu cargo o con una posición menor en la organización:

- ¿Estamos en mi oficina, en la tuya o en un espacio neutral?
- ¿Estamos sentadas o paradas?
- Si siento emociones sobre un tema, ¿nos hemos comunicado por correo electrónico antes de la conversación para asegurarnos de que nuestras expectativas estén claras y ambas tengamos la información que necesitamos?
- ¿He hablado sobre lo importante que es este tema para mí y por qué me lo tomo personal?
- ¿Hay alguien más en la organización a quien debería traer para establecer un punto de partida neutral?

La promesa de la neuroplasticidad

En *Harvard Business Review* llevaron a cabo una investigación sobre la eficacia de los sesgos inconscientes tradicionales y la capacitación en diversidad, y descubrieron que no era eficaz si se hacía de forma obligatoria. Si se profundiza en la investigación, se observa que uno de los motivos es que la mayoría de las capacitaciones sobre sesgos inconscientes se centra en específico en desvirtuar los sesgos.[3]

Si aprendemos simplemente que los sesgos son una parte natural de la forma en la que actúa el cerebro y se nos dice que los atajos

---

[3] Edward H. Chang *et al.*, "Does Diversity Training Work the Way It's Supposed To?", *Harvard Business Review*, 9 de julio de 2019, <https://hbr.org/2019/07/does-diversity-training-work-the-way-its-supposed-to>.

cognitivos en nuestro cerebro son inmutables, se nos absuelve de dicha responsabilidad. "Tengo sesgos. Tengo determinadas preferencias. Siguiente tema". Pero ese no es el final de la historia, gracias a la neuroplasticidad.

La neuroplasticidad es la capacidad del cerebro para crear un cambio duradero a cualquier edad. Podemos usar la autoconsciencia para detenernos y examinar si nuestro cerebro está actuando desde la parte primitiva o la emocional o no. Podemos evaluar la repercusión de esos sesgos en nuestro propio ser y en las demás personas. Después podemos decidir cómo actuar. Este proceso construye nuevas vías neuronales en el cerebro y se convierte en una óptica habitual en nuestra toma de decisiones.

ANNE

No es fácil aceptar la autoconsciencia. Las presiones de tiempo, nuestra dependencia de los medios de comunicación digital y la naturaleza dinámica del mundo que nos rodea podría llevarnos a pensar: "Está bien. No puedo detenerme o pensar en ello ahora. Será mejor que sigamos adelante".

He descubierto que si queremos aceptar la autoconsciencia debemos tener en cuenta un par de cuestiones:

- Permítete un momento para reflexionar y pregúntate por qué. ¿Por qué decidí decir eso? ¿Por qué pensé eso? ¿Por qué reaccionó así esa persona?
- ¿Qué estoy dando por sentado? ¿Mis suposiciones se basan en hechos o experiencias, o en algo menos concreto? Es más, ¿se basan en las creencias o experiencias de alguien más y no en las mías?

Si no tienes claro el porqué, pregúntale a alguien de tu trabajo en quien confíes. Dependiendo de tu cargo, es posible que no recibas "la retroalimentación real". Pídela. Al hacerlo crearás un ambiente en el que será seguro emitir y recibir comentarios.

Podemos aprovechar la neuroplasticidad para forjar nuevas vías que nos ayuden a mitigar los sesgos negativos. Así pues, aunque los sesgos son una parte natural de la forma en la que funciona el cerebro, también lo es la neuroplasticidad. Esto significa que cuando logramos identificar los sesgos en nuestros puntos de vista, interacciones o toma de decisiones podemos pasar a la acción. Podemos usar el modelo de rendimiento para reflexionar sobre el resultado de esos sesgos.

Si el impacto es negativo, en la zona limitante o dañina, podemos apoyarnos en la capacidad cerebral de crear nuevos hábitos para pasar al alto rendimiento. El sesgo sobre la educación del que hablé antes es un buen ejemplo. Con base en el valor que yo le daba a la educación, mi cerebro solía ir directo a la educación cuando revisaba los currículums. Me entrené conscientemente para mirar en primer lugar el trabajo más reciente de la persona. Ahora estoy tan acostumbrada a hacer las cosas de esta manera que a veces tengo que volver a mirar la parte sobre la educación. La neuroplasticidad

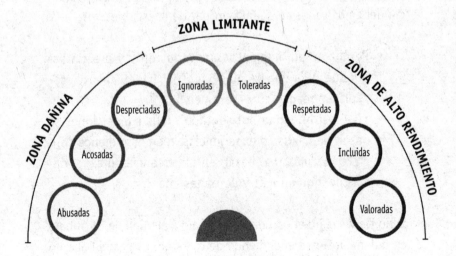

garantiza que hay esperanza en la humanidad mientras replanteamos la forma en la que pensamos en los sesgos y lo que podemos hacer para tener un impacto positivo.

ANNE

Según la jerarquía de necesidades de Abraham Maslow, la seguridad es una de las cuatro necesidades básicas de los seres humanos. Muchas personas se centran en las necesidades básicas de seguridad física, seguridad de la propiedad y salud, pero lo primordial en la búsqueda de pertenencia, estima y potencial es la seguridad psicológica. Si las personas no sienten que se encuentran en un entorno seguro, un lugar en el que puedan decir lo que piensan, que se les respete por quienes son y donde confíen en la integridad del sistema y de quienes les rodean, nunca se materializará el potencial absoluto de la persona, el equipo ni la organización.

Piensa en ello. ¿Alguna vez estuviste en un entorno donde tuvieras miedo de dar tu opinión? En el transcurso de mi carrera son innumerables las veces que me sentí así. ¿Por qué ocurre esto? Echando la vista atrás, muchas veces me sentía demasiado joven, demasiado inexperta, demasiado estúpida, demasiado juvenil, demasiado diferente, demasiado atemorizada por padecer las consecuencias de tener un punto de vista discordante o demasiado convencida de que no era mi lugar.

¿Cómo se pueden superar estos sesgos autolimitantes? Los tres pasos más importantes son aceptar tu autenticidad, aprender de los demás y asegurarte de que estás en un entorno que saque lo mejor de ti.

¿Cuál es el papel de quien lidera para crear un entorno seguro para sus equipos y sus integrantes con el fin de que prosperen? Quienes tienen fama de buen liderazgo se dedican a crear una cultura de integridad, confianza, transparencia, colaboración y comunicación, en la que no pasa nada por fracasar. En estas culturas el fracaso se considera una parte integrante de la asunción responsable de riesgos, con un sesgo hacia la acción y a la mejora. Quienes lideran saben que el fracaso no es más que aprendizaje en el camino hacia el éxito. Quienes lideran con grandeza crean un entorno en el que el aprendizaje continuo es primordial y en el que este procede de cualquier persona, en cualquier lugar y en cualquier momento dentro, alrededor y a través de la organización. Acompañados de una visión y un propósito claros y convincentes, estos equipos atraen a los mejores talentos con más diversidad y ofrecen los resultados más innovadores y sostenibles.

Capítulo 2: Comprensión de la neurociencia
Reflexión individual

Diferentes situaciones, personas o temas suelen activar una de las tres partes de nuestro cerebro (primitiva, emocional y pensante). Por eso las conversaciones pueden derivar rápidamente en frustración y conflicto. Reconocer la neurociencia que impulsa nuestras reacciones puede ayudarnos a identificar lo que está ocurriendo y permitirnos ajustar nuestro planteamiento.

1. Recuerda una ocasión en la que tuviste una conversación o una interacción que creías que fue pragmática y lógica, pero la persona con la que estabas hablando se estaba poniendo emotiva. Describe lo que observaste en la otra persona: su tono de voz, sus expresiones faciales, sus movimientos corporales, su postura y el lenguaje que usó. ¿Cómo terminó la conversación?

   ....

   ....

   ....

   ....

2. Ahora piensa en una conversación en la que te sentiste muy identificado con algo y la persona con la que hablabas parecía calculadora o fría, incapaz de comprender por qué era tan importante para ti. Describe lo que observaste en la otra persona: su tono de voz, sus expresiones faciales, sus movimientos corporales, su postura y el lenguaje que usó. ¿Cómo terminó la conversación?

   ....

   ....

   ....

   ....

Capítulo 2: Comprensión de la neurociencia
Propuesta para líderes

Crear seguridad psicológica consiste en equilibrar la balanza del poder en la interacción humana. Mientras que quienes lideran y quienes están en la gerencia tienen autoridad en el lugar de trabajo, usar ese poder para dominar las conversaciones puede ser dañino.

1. Antes de entablar una conversación importante piensa en los distintos componentes del poder y los consejos que te ofrecen para cada uno:

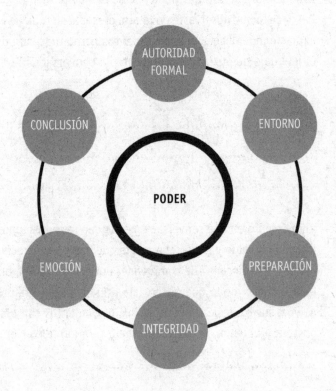

Autoridad formal. Reconoce tu nivel de autoridad formal y sé clara o claro sobre lo que es posible en esta conversación. Por ejemplo: "Esta decisión ya está tomada, y la realidad es que vamos a avanzar en esta dirección. Y me gustaría escuchar tus preocupaciones para que podamos resolverlas colectivamente". Declarar tus intenciones al principio de la conversación y establecer los límites de lo posible garantiza que las expectativas coincidan.

Entorno. Se trata de las realidades físicas de la conversación. ¿Dónde estás teniendo la conversación: en mi oficina, tu oficina o un tercer espacio neutral? ¿Estás detrás del escritorio? ¿Se trata de una reunión virtual? ¿Es en un espacio privado o uno más público? Ten en cuenta lo que refleja el entorno sobre las dinámicas de poder en juego.

Preparación. La sorpresa empuja de inmediato a una persona hacia la parte primitiva del cerebro. Responder a una pregunta inesperada nos pone a la defensiva. Crea un espacio entre el tema y la necesidad de la otra persona de responder, y envía una comunicación preliminar o permite reuniones de seguimiento.

Integridad. Asegúrate de practicar la integridad y compórtate de forma coherente con la intención que te hayas fijado previamente. ¿Estás interrumpiendo? ¿Estás escuchando con empatía? Restablece tu intención y lo que estás escuchando para garantizar que tus acciones son coherentes con tus palabras.

Emoción. Comprueba tus emociones y las de la otra persona. Si se eleva o tiembla la voz, los ojos se llenan de lágrimas, alguien se levanta o gesticula de forma más dramática de lo normal, es el momento de hacer una pausa y terminar la conversación en otro momento. Date (o dale a la otra persona) la oportunidad de volver al cerebro pensante.

Conclusión. La responsabilidad es una parte importante de la seguridad psicológica. ¿Qué acuerdan hacer ambas partes como resultado de esta conversación? ¿Las dos personas se sienten cómodas con el resultado? ¿Está justificada una conversación futura para volver sobre el tema?

2. Identifica dos o tres conversaciones importantes que pretendas tener en los próximos días o las próximas semanas. Piensa en cómo afectarán las conversaciones a la otra persona. ¿Hay probabilidad de que vayan al cerebro primitivo, emocional o pensante? Tómate tu tiempo para planear las conversaciones de antemano, luego ensáyalas con alguien de confianza en el trabajo o con una amistad. ¿Qué puedes hacer o decir para crear seguridad psicológica?

....

....

....

....

....

....

....

....

....

....

....

Capítulo 3

Reconocer las trampas de los sesgos

Podemos estar cegados ante lo evidente, y también
estar cegados ante nuestra propia ceguera.

—Daniel Kahneman, ganador del premio Nobel,
economista y psicólogo

Las trampas de los sesgos son circunstancias en las que somos más susceptibles de caer en un pensamiento sesgado. El comprenderlas garantiza que podemos reconocerlas y evitarlas cuando sea necesario. Nuestro cerebro es una supercomputadora, y tiene un problema de capacidad. Como dijimos en la introducción, nos enfrentamos a alrededor de unos 11 millones de datos por minuto, pero solo podemos procesar de forma consciente unos 40. Los atajos cognitivos nos permiten manejar la diferencia.

En la práctica, si tuviéramos que pensar en cada mínimo paso para llevar a cabo una acción, como ponernos los pantalones por la mañana, probablemente seguiríamos en pijama. Parte de ese procesamiento, ese trabajo de la supercomputadora, es bueno. Nos ayuda a ir por el mundo sin prestar atención a los 11 millones de datos en total.

Si ya oíste hablar antes de tipos de sesgos, es probable que hayas escuchado conceptos como "sesgo de confirmación", "sesgo de negatividad" o "efecto halo". Son términos que se emplean para los sesgos específicos que utiliza el cerebro para llegar a conclusiones.

De hecho, en investigaciones se han identificado y definido más de 180 tipos distintos de sesgos o atajos cognitivos. Examinar los más de 180 sesgos sería un ejercicio inútil. No los recordarías todos, y la mayoría ni siquiera nos dedicamos a la neurociencia.

Con el fin de poder identificar de verdad los sesgos, hablaremos de tres trampas que representan circunstancias comunes en las que el cerebro es más susceptible hacia los sesgos en el lugar de trabajo, más susceptible de caer en uno de los muchos sesgos posibles: sobrecarga de información, sentimientos antes que hechos y la necesidad de rapidez. Cuando nos encontramos en estas circunstancias el cerebro deja de lado más información para poder concentrarse en los 40 datos que sí puede procesar de forma activa. Y en ese proceso nuestro cerebro a veces aparta información importante. Cuando se siente agobio, mucha emoción o prisa (para algunas personas eso sucede con bastante frecuencia) es más probable que el cerebro acuda a los atajos.

Vamos a definir cada una de estas trampas de los sesgos con más detalle y correlacionarlas con algunos sesgos específicos que pueden darse en cada circunstancia. Conforme vayas leyendo estos ejemplos te recomendamos que hagas una pausa después de cada uno y pienses en un ejemplo que hayas vivido o presenciado. Al igual que con todas las habilidades en este apartado, recurre a tu capacidad de autoconsciencia y explora las posibilidades.

SOBRECARGA DE INFORMACIÓN	SENTIMIENTOS ANTES QUE HECHOS	NECESIDAD DE RAPIDEZ
SESGO DE CONFIRMACIÓN	SESGO INTRAGRUPAL	SESGO DE CORRESPONDENCIA
SESGO DE ANCLAJE	SESGO DE NEGATIVIDAD	SESGO DEL COSTO HUNDIDO

Sobrecarga de información

Cuando nos enfrentamos a una cantidad abrumadora de datos o aportes corremos el riesgo de una **sobrecarga de información**. Nuestro cerebro ha aprendido a filtrar automáticamente gran parte de esa información, incluso partes que podrían ser útiles. Por ejemplo, si tenemos cientos de currículums que examinar, es más probable que nos basemos en sesgos para ayudarnos a evaluarlos con mayor rapidez. Dos ejemplos de atajos cognitivos que se producen por la sobrecarga de información son el sesgo de confirmación y el sesgo de anclaje.

El **sesgo de confirmación** es la idea de que tendemos a buscar información que apoya nuestras creencias existentes. Es una forma de filtrar y enfocar. Por ejemplo, cuando queremos ponernos al día de las noticias, no vemos todos los medios disponibles, y en raras ocasiones hacemos nuestro propio reportaje de investigación. Como dijimos en el capítulo 1, solemos ver las noticias que apoyan nuestra inclinación política para escuchar puntos de vista que sean acordes al nuestro. O en el trabajo quizás una gerente en el equipo esté evaluando nuevos sistemas informáticos o algún equipo nuevo para una operación de fabricación. Defiende con firmeza el sistema A frente al sistema B. Tres meses después de ponerlo en práctica ha acumulado 15 ejemplos de por qué esta fue la mejor decisión, mientras que el resto del comité ha oído bastantes comentarios de que el sistema no está funcionando. Ella solo está buscando la información que confirma el sistema A, el que cree que es superior.

Es interesante observar que las investigaciones sugieren que "las personas experimentan un placer auténtico (una descarga de dopamina) cuando procesan información que apoya sus creencias". El psiquiatra Jack Gorman escribe al respecto: "Se siente bien aferrarse a nuestras afirmaciones aunque no estemos en lo cierto".[1]

---

[1] Sara E. Gorman y Jack Gorman, *Denying to the Grave: Why We Ignore the Facts That Will Save Us*, Reino Unido, Oxford University Press, 2016.

El **sesgo de anclaje** es la idea de que confiamos en la primera información que vemos para tomar decisiones. Supón que tu equipo de diseño presenta tres opciones para un logotipo nuevo. El sesgo de anclaje implica que tendremos una preferencia automática por el primero que veamos, sin importar cuál sea su valor real.

El sesgo de anclaje es evidente en las primeras impresiones. Emitimos un sinfín de juicios sobre el carácter de la gente, su intelecto, su capacidad y muchas cosas más en los primeros minutos —o incluso segundos— de conocerla. Si volvemos a pensar en el iceberg, sabemos que todos tenemos mucho más de lo que puede capturar una primera impresión. Pero en cuanto los sesgos están presentes pueden ser increíblemente difíciles de sustituir.

¿Has visto aparecer estos sesgos en tu entorno laboral o incluso en tu propio estilo de liderazgo? Es más, ¿y en tus relaciones fuera del trabajo?

Sentimientos antes que hechos

Muchas personas dirían que sus creencias se basan en hechos (¡esto se ve mucho en los debates acalorados!).

Pero claro, nuestras percepciones no siempre son rigurosas. Hazte una idea mental de Estados Unidos y compara su tamaño geográfico con África. Piensa en los mapas que has visto. ¿Es bastante más grande? ¿Más o menos del mismo tamaño? ¿Minúsculo? Ahora visualiza China, India y el Reino Unido. ¿Cuál es su tamaño? China y la India tienen unas de las mayores densidades de población del mundo. Luego ve al mapa preciso de la página 88. No solo compara estos países con el continente africano, sino que los encaja dentro de él. ¿Acertaste con tus percepciones?

La mayoría de las personas subestiman drásticamente el tamaño geográfico de África, porque lo que sentimos sobre el protagonismo de un continente en el mundo supera los hechos. Hay que admitir que este sentimiento se debe a lo que hemos vivido en el pasado. En el caso de la población estadounidense, aprendió sobre historia, política y cultura a través de la óptica de Estados Unidos, con dicho país en el centro; el más destacado, por decirlo así. Esto ocurre en la mayoría de países y continentes.

Conforme el cerebro va absorbiendo información, la parte emocional y la primitiva se anticipan a la parte pensante y convierten nuestras creencias sobre dicha información en hechos. Hablamos de ello en el capítulo 2, cuando quienes participaron en una investigación no pudieron resolver los problemas matemáticos si la respuesta entraba en conflicto con sus creencias políticas. Ante la ausencia de información, el cerebro rellena los huecos, a menudo basándose en cómo nos sentimos frente una situación. Y entonces actuamos como si fuera un hecho.

ANNE

Sentimos porque somos seres humanos. No queremos reprimir nuestros sentimientos; después de todo, a quienes lideran de una forma progresista y contemporánea se les conoce por tener empatía, humildad, autenticidad y atención.

Sin embargo, debemos darnos cuenta de que nuestros sentimientos también pueden ser el origen de los sesgos. Nuestra programación está diseñada para desear conexiones con otras personas. Por tanto, es natural que cada persona gravite hacia aquellas con quienes comparte cierto contexto, como, por ejemplo, la misma universidad, etnia, género, religión o compañía. Cuando identificamos líderes de alto potencial, calificamos o comentamos el rendimiento o tomamos decisiones financieras para las personas que integran nuestro equipo, tenemos que prestar atención en asegurarnos de que nuestros sentimientos y sesgos no nublan una visión más holística y equilibrada de la situación. ¿Cómo? Cada persona necesita alguien de confianza que la asesore en el lugar de trabajo. Puede tratarse de tus colegas de recursos humanos, del equipo legal o tus pares, pero es importante que consultes tus decisiones con otras personas que tengan un punto de vista distinto al tuyo. En mi caso he descubierto que lo que mejor me funciona es tener conversaciones estructuradas para fijar las expectativas del rendimiento, diseñadas como controles individuales (sobre todo con quienes pasas menos tiempo en el día a día), combinadas con sesiones personalizadas de: "¿Tienes un par de minutos para hablar?". Y cuidado, es *hablar*... no enviar mensajes, correos electrónicos, chats ni nada parecido... Hablar en persona con alguien permite interacciones, reacciones, emociones, perspectivas y conexiones auténticas de formas que no pueden sustituirse por otros métodos digitales.

Entonces, ¿cómo aparece esta trampa de los sesgos de sentimientos antes que hechos en los sesgos comunes que podemos tener? Dos sesgos frecuentes son el sesgo intragrupal y el sesgo de negatividad.

El **sesgo intragrupal** es nuestra tendencia a favorecer a personas que nos caen bien o quienes tienen características similares a las nuestras y a excluir a quienes son diferentes. Supongamos que soy una líder asignada a un nuevo proyecto, y me dicen que puedo elegir mi equipo de entre el resto de mis colegas. El sesgo intragrupal significa que, inconscientemente, tenderé a elegir personas que actúen como yo, estén de acuerdo conmigo o se parezcan a mí. Hay otro introvertido en el equipo, así que lo elijo. Hay una mujer en el equipo, así que la elijo. Hay otra latina en el equipo, así que la elijo. Esto es cómodo, pero no conduce a los mejores resultados. Los sesgos intragrupales pueden ser de verdad peligrosos en las prácticas de contratación, asignación de grupos y relación con la clientela.

Un estudio reciente puso de relieve otro ejemplo de sesgos intragrupales, ya que descubrió que 71% de las personas en puestos de liderazgo elegían de entre sus aprendices a aquellas personas de su misma raza y género.[2] La tendencia a buscar las similitudes como una pauta para las mentorías y la instrucción puede tener un impacto considerable en la canalización del liderazgo y la planificación de la sucesión dentro de una organización.

MARK

Trabajé con alguien de mi cartera de clientes que se dio cuenta de que los sesgos intragrupales estaban afectando de modo negativo proyectos importantes. Por lo común, los proyectos "importantes" se otorgaban a personas con antigüedad, porque el sesgo era que las personas experimentadas tendrían mayor información. Para combatir esto dispusieron que cuando determinados proyectos alcanzaban el umbral de realmente "importantes", tenían que incluir al menos a alguien del equipo del proyecto con menos de seis meses en la organización. Luego se dieron cuenta de que gran parte del pensamiento más innovador provenía de la nueva contratación, que no sabía cómo "se suponía" que se debían hacer las cosas. Un punto de vista nuevo proporcionó un beneficio bastante grande. De hecho, la investigación ha descubierto que la presencia de "personas recién llegadas socialmente distintas" puede estimular nuevos pensamientos y más avances en un grupo.[3]

---

[2] The Sponsor Dividend, Center for Talent Innovation, 2019, <https://coqual.org/wp-content/uploads/2020/09/CoqualTheSponsorDividend_KeyFindings Combined090720.pdf>.

[3] Katherine W. Phillips, Katie A. Liljenquist y Margaret A. Neale, "Is the Pain Worth the Gain? The Advantages and Liabilities of Agreeing with Socially Distinct Newcomers", *Personality and Social Psychology Bulletin* 35, núm. 3 (2009), <https://doi.org/10.1177/0146167208328062>.

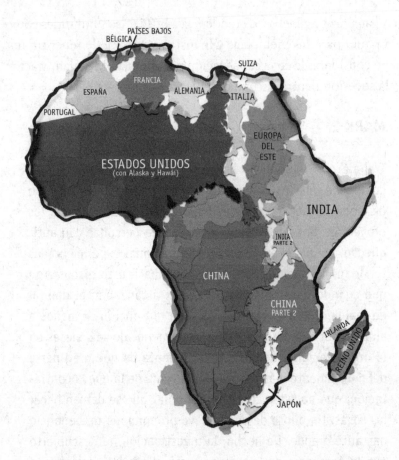

El **sesgo de negatividad** es cuando nos afectan muchísimo más las experiencias negativas que las positivas. Piensa en tu infancia. Tal vez recuerdes con más intensidad cuando te castigaban que todas las veces que no estuviste en problemas. Todos nos agarramos a la experiencia negativa, no al panorama general. Pongamos un ejemplo del mundo de las ventas. Si normalmente se consiguen los objetivos trimestre a trimestre y no se logra en una ocasión, eso tiende a afectar a la reputación de la persona involucrada. Nos agarramos a ese único resultado negativo en lugar de a los muchos positivos anteriores.

De manera similar, es posible que trabajemos con alguien en un equipo bastante diferente a nuestra forma de ser. Quizás hable con un acento particular, tenga un cargo laboral distinto o carezca de las mismas credenciales. Supongamos que ya trabajamos con esta persona antes sin problema. Y entonces comete un error. El sesgo de negatividad estaría presente si nos agarráramos a su error y dejáramos de lado todos sus éxitos. Incluso puede que lo extendiéramos a la identidad de esa persona, por ejemplo: "Esto nunca hubiera ocurrido si alguien de más edad estuviera a cargo". O: "Esto tenía que haberlo hecho alguien de finanzas".

ANNE

El poder del sesgo de negatividad es profundo en un mundo conectado digitalmente a través de numerosos tipos de redes sociales y en el que disponemos de la información en tiempo real. Piensa en tu comportamiento actual en relación con las compras, ya sea tu valoración en cuanto a qué marca de producto o servicio comprar o incluso tu decisión sobre qué restaurante nuevo probar. En la actualidad tenemos capacidad para buscar la opinión, los puntos de vista y las calificaciones de las demás personas... ¡la mayoría desconocidas! Una valoración negativa podría significar que ni siquiera le demos una oportunidad a ese restaurante, ese producto o esa marca.

El sesgo de negatividad en el entorno laboral es en especial potente si lo hemos padecido en carne propia. Recuerdo una vez en la que tomé una decisión clave sobre el personal que era arriesgada desde el inicio: incorporar a alguien de ventas (que solo había estado sobre el terreno) a un puesto esencial en personal. Fue un bombazo. La culpa puede atribuirse a todas las personas implicadas, incluida yo. Tengo que admitir que esta experiencia nubló mi punto de vista de cara al futuro. Aunque esa persona había sido competente en su puesto anterior y este nuevo puesto tan solo no era el adecuado, los aspectos negativos de la experiencia me volvieron reacia a volver a asumir el mismo riesgo. Durante un tiempo, tras ese fallo en la dotación de personal, tuve que controlarme conscientemente para no dar por sentado que otra persona con características similares no tendría éxito en una circunstancia parecida. Para contrarrestar el sesgo de negatividad, tienes que reconocer que no hay dos situaciones idénticas, y darte cuenta de que siempre hay factores subyacentes (que a menudo no se ven) en juego.

MARK

Debido a mi función de consultor experto, quienes participan en mis talleres suelen llenar evaluaciones al final de una sesión de trabajo para medir el impacto inicial. En una clase con 25 personas, aunque reciba 24 brillantes evaluaciones positivas, no puedo evitar obsesionarme con el único comentario negativo. El conjunto de clientes hace lo mismo con la retroalimentación de 360 grados y las revisiones de rendimiento anual. ¡Eso es el sesgo de negatividad en acción! A menudo oirás que construir una cultura de capacitación y retroalimentación es esencial para el compromiso y el rendimiento del personal. Pero este instinto, el sesgo de negatividad, en el que podemos caer cuando los datos nos provocan grandes emociones (sentimientos antes que hechos), es una de las cosas que se interponen en el camino.

La necesidad de rapidez

La **necesidad de rapidez** ocurre cuando buscamos atajos para actuar con prontitud. A menudo estas formas de ahorrar tiempo se basan en sesgos y pueden ser simplistas, egocéntricas y contraproducentes.

Parte de la necesidad de rapidez nace de los instintos de supervivencia, el cerebro primitivo, o la idea de la reacción instintiva de "pelear, huir o paralizarnos". Pero la necesidad de rapidez también puede entrar en juego en la organización, y puede dar lugar a juicios precipitados, sesgos y percepciones erróneas. Necesitamos cubrir un puesto inmediatamente, por lo que contratamos a la sobrina de alguien con quien trabajo en lugar de llevar a cabo un proceso de contratación competitivo. Tenemos que entregar un artículo por la tarde, por lo que hacemos algunas suposiciones críticas en lugar de investigar las fuentes y hacer entrevistas basándonos en hechos. Alguien para quien trabajamos se enfada, y le descartamos por difícil y así poder pasar la fila del servicio al cliente, en lugar de ir más despacio y llegar a la raíz del problema.

MARK

Esta trampa de los sesgos, la necesidad de rapidez, también puede obstaculizar la capacidad de quien lidera para capacitar para el rendimiento o delegar. La transición para pasar de colaborar de forma individual a liderar un equipo que logra resultados está plagada de este enigma: "Puedo hacerlo mejor y más rápido en soledad ahora mismo, o puedo ir más despacio y pasar el tiempo entrenando a mi equipo para que lo haga más rápido y mejor una y otra vez en el futuro". Cuando caemos en la necesidad de rapidez, optamos por defecto en la primera opción; cuesta menos tiempo en el momento, pero no es eficaz a largo plazo. Como decimos en nuestro programa para personas expertas en liderazgo, *Los 4 roles esenciales del liderazgo*: "Decir crea dependencia; formar crea capacidad".

Dos sesgos comunes dentro de la necesidad de rapidez son el sesgo de correspondencia y el sesgo del costo hundido. El sesgo de correspondencia es la idea de que juzgamos a los demás por sus acciones, pero nos juzgamos personalmente por nuestra intención.

Si yo cometo un error, tengo una muy buena explicación para ello y sé que mi intención era buena. Si alguien más comete un error, es básicamente porque tienen fallos (son desorganizados, despreocupados o no se comprometen). Dicho de otra forma, personalmente nos damos el beneficio de la duda y el tiempo adicional para hacer una aportación y no extendemos ese beneficio hacia los demás de forma natural. Como dice Stephen M. R. Covey, autor del superventas *The Speed of Trust*: "Tendemos a juzgarnos por nuestras intenciones, pero a los demás por la conducta que observamos".

Piensa en la dinámica de equipos. Supón que hay alguien nuevo en el equipo en un papel que solías hacer. Le cuesta mucho más presentar un informe que a ti cuando estabas en su puesto. Comienzas a creer que es, básicamente, lento para trabajar, pero descartas el hecho de que tú estuviste en ese cargo mucho más tiempo que él. Y en circunstancias como esa, tal atribución puede extenderse incluso a los identificadores de la persona, como generación, etnicidad o función laboral.

El sesgo del costo hundido es nuestra tendencia a seguir actuando porque hemos invertido tiempo, dinero o energía en ello. Es la idea de que ya alcanzamos un punto sin retorno. Este sesgo puede aparecer en nuestra vida personal cuando nos cuesta desprendernos de posesiones caras, incluso después de que hayan dejado de ser útiles. En el ámbito profesional se manifiesta también muchas veces: desde el proceso del que no podemos ver más allá porque "así es como siempre se ha hecho", hasta los proyectos fallidos en los que seguimos invirtiendo tiempo y dinero porque nuestro ego está demasiado comprometido en que esa es la "mejor" idea.

ANNE

Para las organizaciones, los equipos y las personas que tienen una antigüedad considerable, el sesgo del costo hundido puede ser en particular dañino. Aunque la experiencia es valiosa, a veces puede ir en nuestra contra. Un comentario como "ya nos comprometimos a hacerlo así, y es demasiado tarde para cambiar de rumbo" es una señal de que el sesgo del costo hundido está presente.

En este mercado dinámico donde la velocidad de la innovación, el cambio y la transformación solo se está acelerando, suelo recordar el viejo proverbio que dice que "lo que nos trajo hasta aquí no nos llevará hasta allá". El listón sigue subiendo (lo hacen la clientela, la competencia y las fuerzas macroeconómicas en general como la economía y el entorno normativo) y el significado del éxito sigue evolucionando. Los sesgos pueden hacer que pasemos por alto estas señales externas y no seamos proactivos.

Capítulo 3: Reconocer las trampas de los sesgos
Reflexión individual

Las trampas de los sesgos son la sobrecarga de información, los sentimientos antes que los hechos y la necesidad de rapidez. Cuando nos encontramos en estas circunstancias sentimos agobio, dependemos del envite de nuestras emociones sobre lo que sabemos que es un hecho y sucumbimos al impulso de los atajos para actuar rápidamente. La mejor estrategia para no caer en las trampas de los sesgos es tomar conciencia de ellos, crear espacio para interceptar dichos instintos y luego tomar el control de tu proceso de toma de decisiones. Para cada trampa de los sesgos hemos anotado dos ejemplos de los sesgos específicos en los que podemos caer cuando nos encontramos en cada circunstancia. Es decir, tras una sobrecarga de información, somos susceptibles de los sesgos de confirmación y al sesgo de anclaje.

SOBRECARGA DE INFORMACIÓN	SENTIMIENTOS ANTES QUE HECHOS	NECESIDAD DE RAPIDEZ
SESGO DE CONFIRMACIÓN	SESGO INTRAGRUPAL	SESGO DE CORRESPONDENCIA
SESGO DE ANCLAJE	SESGO DE NEGATIVIDAD	SESGO DEL COSTO HUNDIDO

Elige una de las trampas de los sesgos que aparecen aquí arriba para seguir investigando, teniendo en mente los dos sesgos de ejemplo que aparecen con cada trampa en particular:

- Sesgo de confirmación (ver solo la información que apoya una creencia existente).

- Sesgo de anclaje (depender de la primera información que llega para tomar una decisión).
- Sesgo intragrupal (favorecer a las personas que nos caen bien o son iguales a nosotros y nosotras).
- Sesgo de negatividad (dejar que afecten más las experiencias negativas que las positivas).
- Sesgo de correspondencia (darnos el beneficio de la duda, pero no extender esa cortesía a las demás personas).
- Sesgo del costo hundido (resistir la necesidad de cambiar el rumbo debido a todo lo que ya se invirtió).

CÓMO EVITAR LA TRAMPA

1. Elige una trampa de los sesgos en la que tengas propensión a caer. Aumenta tu autoconocimiento y haz una lista de cómo, dónde, cuándo y qué desencadena esta trampa de los sesgos en tu caso.

   ....

   ....

   ....

2. ¿Qué acciones puedes llevar a cabo para crear espacio y hacer una pausa entre lo que desencadena tu trampa de los sesgos y cómo reaccionas? (Por ejemplo, descansar de la "cámara de resonancia" de las redes sociales puede ayudar con el sesgo de confirmación).

   ....

   ....

   ....

3. Toma el control de tu toma de decisiones y evalúa los costos (y posibles beneficios) de tu sesgo en acción. Piensa en los pasos que puedes dar para mitigar, evitar o controlar mejor tus trampas de los sesgos. Haz una lista de las conductas que puedes detener, modificar o hacer más.

....

....

....

Capítulo 3: Reconocer las trampas de los sesgos
Propuesta para líderes

Para quien lidera, un segundo nivel de cuestionamiento revela la repercusión que tienen las tres trampas de los sesgos en la organización.

1. Como líder, estás tomando decisiones de una magnitud considerable todos los días. Hacer una pausa para valorar la repercusión de dichas decisiones puede garantizar que no estás cayendo en las trampas de los sesgos cuando las tomes. Evalúa el impacto respondiendo a lo siguiente:

   • ¿La decisión repercute en la oportunidad profesional o el futuro crecimiento de alguien?

   ....

   ....

   ....

   • ¿Tiene grandes repercusiones financieras para ti o el negocio?

   ....

   ....

   ....

   • ¿Se trata de un cambio que repercutirá en otras personas o en el negocio?

   ....

   ....

   ....

- ¿Es valioso, aunque quizás no esencial, para lograr resultados?

....

....

....

2. Si la respuesta a cualquiera de estas preguntas es afirmativa, haz una pausa y crea espacio entre ti y la decisión o interacción haciendo lo siguiente:

- Busca la perspectiva de alguien del trabajo en quien confíes o de una amistad antes de tomar la decisión.

....

....

....

- Toma notas sobre ambos lados de la decisión: crea argumentos en favor de la perspectiva opuesta.

....

....

....

- Consúltalo con la almohada, si puedes. Al esperar hasta el día siguiente estás creando literalmente un espacio entre tus emociones y la decisión.

....

....

....

....

Capítulo 4
Aprovecha el *mindfulness*

*Casi todo volverá a funcionar si lo desconectas
durante unos minutos. Incluido tú.*[1]

—ANNE LAMOTT, autora del superventas *Bird by Bird*

Algunas personas rechazan el *mindfulness* porque dicen que no es sofisticado o no tiene el suficiente carácter para ser una habilidad de liderazgo. Piensan que el término está limitado a un *ashram* en un destino lejano o reservado para épocas de relajación extrema. Sin embargo, el *mindfulness* es una de las habilidades más importantes necesarias para identificar los sesgos personales o en las demás personas. Nuestra mente tiene una tendencia increíble a alejarse de lo que está sucediendo en el momento presente; pasamos casi la mitad del día pensando en algo distinto a lo que estamos haciendo.[2] Sin el *mindfulness*, las decisiones se vuelven automáticas. Solemos categorizar a las personas en términos binarios como bueno o malo, importante o no importante, con valor añadido o una pérdida de tiempo, correcto o incorrecto.

---

[1] Anne Lamott, "12 Truths I Learned from Life and Writing", charla TED, abril de 2017, <https://www.ted.com/talks/anne_lamott_12_truths_i_learned_from_life_and_ writing>.

[2] Matthew A. Killingsworth y Daniel T. Gilbert, "A Wandering Mind Is an Unhappy Mind", *Science 330*, núm. 6006 (12 de noviembre de 2010), 932, doi: 10.1126/science.1192439.

Entonces ¿qué es el *mindfulness* y cómo lo usamos para mitigar los sesgos? El *mindfulness* es un estado mental que se alcanza al concentrar nuestra conciencia en el momento presente, centrándonos en nuestros sentimientos, pensamientos y sentidos para comprender mejor la forma en la que nos relacionamos con las demás personas y reaccionamos a los estímulos.

Las investigadoras Christina Congleton, Britta Hölzel y Sara Lazar escriben: "El *mindfulness* ya no debería considerarse como un 'detallito' para quienes ocupan cargos directivos. Es imprescindible: una forma de mantener sano el cerebro, para apoyar las capacidades de autocontrol y de toma de decisiones, y de protegernos del estrés tóxico", y todo ello puede repercutir en nuestra capacidad de discernir y actuar sobre los sesgos inconscientes.[3]

Básicamente estamos tratando de crear la pausa entre la entrada de información y nuestras reacciones emocionales a dicha información. Como ya dijimos, el cerebro es una supercomputadora y su programación automática repercute en las decisiones, tanto en las grandes como en las pequeñas. Instaurar una práctica de *mindfulness* puede mitigar las posibles repercusiones negativas de los sesgos. Por ejemplo, yo soy zurda, lo que significa que cuando asesoro a mi cartera de clientes de manera inconsciente tengo un sesgo hacia el lado izquierdo de la sala y presto más atención sin darme cuenta a quienes están en esa zona. Ser consciente me ha ayudado a usar intencionalmente todo el espacio de presentación cuando expongo. Puedo moverme al otro lado de la habitación para hacer una observación, dar instrucciones o pedir opiniones sobre un concepto. Esto es algo pequeño, pero puede cambiar la forma en la que los demás se integran en la conversación o si se sienten excluidos por mi lenguaje corporal.

---

[3] Christina Congleton, Britta K. Hölzel y Sara W. Lazar, "Mindfulness Can Literally Change Your Brain", *Harvard Business Review*, 8 de enero de 2015, <https://hbr.org/2015/01/mindfulness-can-literally-change-your-brain>.

Una práctica de *mindfulness* fuerte nos ayuda a tomar más conciencia de nuestros propios pensamientos y sentimientos. Por experiencia, muchas personas se describen como conscientes de sí mismas, pero el hecho es que no lo somos, yo incluida. Todos conocemos a personas que lideran y dicen que están abiertas a las ideas de la gente, pero luego se cierran a cualquier idea que no sea la suya. A veces esa falta de autoconsciencia es más sutil, como cuando alguien culpa a un sistema por un sesgo que podría ser suyo: "Mi compromiso con la diversidad es enorme; solo que no podemos encontrar personas adecuadas que cumplan todos los requisitos".

(Para que conste, hay personas calificadas y diversas que cumplen los requisitos para casi cualquier puesto, aunque para encontrarlas puede ser necesario que nuestra forma de contratar sea nueva y diferente). La autoconsciencia no es fácil; exige una gran introspección, que el periodista Chris Hayes describió como una búsqueda intelectual, el arduo trabajo de mirar dentro de ti y ordenar lo que encuentres. Esto es difícil, pero como ocurre con cualquier habilidad, podemos mejorar con la práctica. Esta es la esencia de la neuroplasticidad.

Estrategias para fortalecer tus músculos de *mindfulness*

Mi hijo tiene un juego de cartas que se llama *Mindfulness Matters: The Game That Uses Mindfulness Skills to Improve Coping in Everyday Life* [El *mindfulness* importa: el juego que usa las habilidades de *mindfulness* para afrontar mejor el día a día]. Fomenta el *mindfulness*, la observación y la toma de conciencia. Se reparten las cartas y luego, por turnos, se lleva a cabo una actividad de *mindfulness*, como: "Usa objetos que encuentres en la habitación para contar una historia". Usamos este juego por la neurodiversidad de mi hijo. En el transcurso de los años que pasó en la escuela primaria, a mi hijo le diagnosticaron TDAH y rasgos asociados con el espectro del autismo. El término "neurodiversidad" se está usando cada vez más para definir "la idea de que las diferencias neurológicas como el autismo y el TDAH son resultado de la variación normal y natural del genoma humano".[4] En lugar de ver estas discapacidades como un obstáculo, la comunidad médica y las organizaciones y lugares de trabajo en todo el mundo están reconociendo la ventaja de abordar los problemas y las ideas a través de un prisma distinto. La neurodiversidad es un tema cada vez más importante en los programas de inclusión.

Aunque la neurodiversidad de mi hijo es una ventaja para su pensamiento crítico y sus habilidades de resolución de problemas, como su padre y su madre, mi esposo y yo debemos ser proactivos a la hora de desarrollar sus músculos para que responda a las señales sociales y a que colabore con las demás personas. Cuanto más juego estos juegos con él, más me doy cuenta de que yo tampoco sé cómo practicar el *mindfulness* tan bien como creía… ¡y a la mayoría de las personas adultas les pasa lo mismo!

Una práctica de *mindfulness* eficaz, que sea robusta y pueda mantenerse, es única para cada persona. La mía no se verá como la tuya, y la tuya no se verá como la de nadie más. Puede ser difícil saber dónde empezar, por lo que a continuación hemos resumido algunas de las mejores prácticas. Considéralo como una serie de puntos de partida que puedes probar cuando creas conveniente.

Practica la meditación con regularidad

En comparación con las personas que no meditan, quienes sí lo hacen son mejores para autorregular sus pensamientos y emociones y centrarse en un objetivo, resistiéndose a las distracciones; suele irles mejor en las tareas que requieren una atención constante.[5] Si sentarte en un cojín de meditación no te llama la atención, no te

---

[4] Robert D. Austin y Gary P. Pisano, "Neurodiversity as a Competitive Advantage", *Harvard Business Review*, mayo-junio de 2017, <https://hbr.org/2017/05/neurodiversity-as-a-competitive-advantage>.

[5] P. A. van den Hurk *et al.*, "Greater Efficiency in Attentional Processing Related to Mindfulness Meditation", *Quarterly Journal of Experimental Psychology* 63, núm. 6 (junio de 2010): 1168-1180, doi: 10.1080/17470210903249365.

rindas aún: el *Cambridge Dictionary* define la meditación como "el acto de prestar tu atención a una sola cosa, bien como una actividad religiosa o como una forma de tranquilizarse o relajarse" o "reflexión o estudio serios, o el producto de esta actividad". Así, la meditación puede consistir en relajarse, concentrarse, reflexionar, pensar, etcétera.

La meditación puede hacerse en unos pocos instantes o durar mucho más. Hay aplicaciones y pódcast que pueden llevarte por una meditación guiada, tanto de nivel principiante como avanzado, en estilos muy distintos. No dejes de experimentar hasta que encuentres una que te llame la atención.

ANNE

Conforme me he ido haciendo mayor, he aprendido a valorar y dar prioridad a mi salud. También me he dado cuenta de que mi salud mental y emocional están directamente correlacionadas con mi salud física. Por tanto, mi capacidad para ser consciente está por completo ligada a mi bienestar físico. Después de un cumpleaños decisivo para mí, me di cuenta de que no estaba en mi mejor momento. Mi carrera iba fenomenal en todos los aspectos externos, pero me había perdido a mí misma. Mi nivel de estrés estaba al máximo y me sentía deprimida. La causa principal era que no estaba cuidándome: mente, cuerpo y alma. Estaba dejando que las voces dentro de mi cabeza me vencieran, y los pensamientos negativos sobre mí misma comenzaron a forjar mi identidad. La fecha clave del cumpleaños me sirvió como catalizador para volver a ponerme en marcha.

Ese año descubrí una nueva pasión: el boxfit. Además de que boxear me brinda el mejor ejercicio cardiovascular que he hecho jamás, hay un beneficio no intencional, y es que descubrí el poder del *mindfulness* y de estar en el momento. Para hacer las clases de boxeo en condiciones debes mantener una concentración inquebrantable en lo que estás haciendo. La concentración mental, junto con la liberación emocional y el esfuerzo físico, han servido como un reinicio de bienvenida para mí y, sin duda, me ha ayudado a desarrollar un enfoque mucho más intencional del *mindfulness*. Me di cuenta de que a veces solo tienes que dejarte ir para ser consciente. Y si no encuentras salidas —sean mentales, emocionales o físicas (o, en mi caso, todas las anteriores)— las distracciones y tensiones trabajarán en conjunto para alejarte del momento y de estar plenamente presente.

Encuentra algo que te centre.

Haz una pausa y describe

¿Alguna vez has tenido "reunión tras reunión" con alguien del trabajo, has descrito algo que ocurrió y esa persona ha rebatido tu versión del acontecimiento punto por punto? Por ejemplo, salgo de una reunión y digo: "¿Te fijaste en el tono de Kate en esa reunión? Era claro que estaba molesta porque dieron luz verde a mi proyecto y al suyo no". Y esa persona me responde así: "Creo que estaba decepcionada porque no aprobaron su proyecto, pero también dijo que estaba emocionada por ti y ansiosa por colaborar en los siguientes pasos. ¿Escuchaste esa parte?".

Nos ocupamos demasiado en crear una narrativa en nuestra mente y no vemos lo que ocurre en realidad.

Cuando estés en una reunión o en una situación, tómate un momento para olvidar tus pensamientos y prestar atención a los detalles de lo que te rodea. ¿La gente está comprometida? ¿Cómo son sus expresiones faciales? ¿En qué tono de voz están hablando? Incluso puedes concentrarte en detalles concretos, como el color de la camisa que usan o con qué están escribiendo, solo para practicar la concentración (como un paso extra, ¡trata de ver las series de televisión *Elementary* y *El mentalista* para ver en acción este poder de observación!).

Prueba a suspender el uso de la tecnología

La mayoría de *smartphones* te ofrecen la posibilidad de supervisar cuánto tiempo usas tu teléfono y con qué fin; el mío me dice cuánto tiempo paso en productividad, redes sociales, leyendo o haciendo ejercicio. La última versión de Microsoft Outlook te envía un informe de bienestar mensual que te indica cuántos de los últimos 30 días cerraste el correo electrónico después del horario laboral tradicional. Estos análisis y aplicaciones nos ayudan a establecer un objetivo para disminuir nuestra dependencia de la tecnología, en especial los momentos que perjudican nuestra concentración. Echa un vistazo a estos análisis, luego piensa en reducir tu uso de estas aplicaciones o dispositivos durante determinadas ocasiones cada día. A las personas suele sorprenderles lo que notan en el mundo exterior cuando su uso de la tecnología es intencional.

MARK

Tengo un grupo de amistades principal que salimos a cenar al menos una vez al mes. Hemos instaurado lo que, cariñosamente, llamamos "el montón de Dallas". Al principio de la cena todos ponemos los celulares en medio de la mesa, y se quedan ahí hasta que se paga la cuenta. Si alguien toma su celular por cualquier motivo antes de que llegue la cuenta, le toca pagar la cuenta total. Estamos mucho más presentes en la conversación cuando dejamos de lado la tecnología. Puedes usar esta misma estrategia en una mesa de conferencias. En ese caso no hay cuenta que pagar, pero puede sustituirse, por ejemplo, por una competición amistosa para fomentar un comportamiento positivo.

La tecnología, como todo el mundo sabe, tiene una capacidad increíble para secuestrar nuestra atención en detrimento de nuestra concentración y nuestras relaciones. Es posible que nuestros *smartphones* sean uno de nuestros mayores obstáculos para la práctica del *mindfulness*. Como dice mi colega y experta en productividad de FranklinCovey, Kory Kogon: "Ve más allá de tu impulso natural por responder a cada pitido y zumbido, y en lugar de eso actúa conscientemente desde una perspectiva centrada y con el pensamiento claro".

Planea con antelación

A menudo solemos pasar el día sin más, y reaccionamos a cualquier urgencia que surja. Esto nos vuelve más susceptibles a los sesgos debido a la necesidad de rapidez. Como nuestra colega y escritora Victoria Roos Olsson escribió en *Everyone Deserves a Great Manager*: "Suena contradictorio pasar más tiempo planeando cuando tienes tantas ocupaciones que ni siquiera puedes terminar tus tareas más importantes. Pero si no planificas tu semana estás a merced de los vientos de cambio, y tendrás que reaccionar a lo que se interponga en el camino en lugar de decidir lo que es importante y qué es lo que quieres lograr". Aquí hemos añadido que también estarás a merced de las trampas de los sesgos. Planear con antelación te permite dedicar tiempo durante el día para pensar y procesar. No entrarás en una reunión superimportante sintiendo muchas emociones respecto a la reunión inmediatamente anterior, porque te habrás permitido 30 minutos para procesarla y prepararte para la siguiente.

Tómate unos pocos minutos antes de comenzar el trabajo para escribir una o dos prioridades, luego prográmalas en tu día. Asegúrate de incluir tiempo de preparación y descansos en tu horario para que no te sobrecargues. Incluso puede que encuentres útil escribir lo que no harás ese día, para que puedas concentrarte en tus prioridades. Heidi Grant Halvorson, de la Universidad de Columbia, dice: "Cuando las personas llevan a cabo el tipo adecuado de planificación, su tasa de éxito sube una media de 200 y 300 por ciento".[6]

---

[6] Heidi Grant Halvorson, *9 Things Successful People Do Differently*, Brighton, MA, Harvard Business Review Press, 2012.

Amplía el panorama general

MARK

A veces nos consumen tanto los detalles que perdemos de vista el panorama general. Cuando nos concentramos en los pasos individuales podemos perdernos el destino final. Otra forma de decir esto es pensar en patrones en lugar de en acontecimientos individuales. Los sesgos inconscientes pueden estar tan arraigados que es posible que solo un dato no los llegue a desenterrar —como una única conversación difícil, o un comentario fuera de lugar que no sienta bien o una pregunta inquisitiva que se siente acusadora—, pero un patrón de dicho comportamiento, una visión ampliada de la experiencia de esa persona que trabaja para ti, puede contar una historia con más sustancia en lo que se refiere a los sesgos. Podemos practicar esa ampliación en todo tipo de contextos. Cuando preparo a quienes van a impartir nuestro contenido hago énfasis en que es importante no concentrarse en memorizar toda la guía de formación. Les digo que es más importante conocer el esquema más amplio de la historia que quieres contar, con las transiciones asociadas de diapositiva a diapositiva. Comprender el fin que se tiene en mente o el panorama general y luego llenarlo con los detalles. De ese modo podemos estar conscientes y concentrarnos más en la conversación que está ocurriendo en el momento y no en la precisión técnica de cada palabra que decimos.

Establece la intención

Para abordar los sesgos la solución puede ser tan sencilla como alimentar la bomba. Traer el inconsciente a la conciencia estableciendo una intención para mitigar los sesgos. Podemos aumentar la probabilidad de una mayor autoconsciencia mediante lo que decimos, pensamos y hacemos antes de una interacción o decisión. Por ejemplo, la NBA descubrió que quienes arbitraban los partidos pitaban más faltas contra jugadores que no eran de su misma raza. Sorprendentemente, el problema no requirió una gran intervención costosa. Tan solo al poner en conocimiento del gremio arbitral este problema la repercusión del sesgo racial inconsciente pareció disiparse. Como escribieron en la revista *Time*: "Sí, hubo un problema con los sesgos implícitos en el pasado. Y sí, esto es comprensible, ya que los sesgos implícitos son bastante comunes. Pero una vez que se hizo público el problema parece que los sesgos se desvanecieron. Y eso son buenas noticias para todo el mundo, ya que sugiere que los sesgos implícitos que, como se dijo, son sesgos inconscientes, pueden superarse si una persona toma conciencia de que los tiene".[7]

Antes de tu próxima llamada, entrevista o negociación piensa en cómo te sientes y decídete a permanecer en la parte pensante del cerebro. Por ejemplo, antes de revisar currículums puedes decir: "No voy a suponer cosas basándome en los nombres de las personas". Hasta cierto punto, puedes eliminar las interferencias inconscientes con intención.

Conforme vas probando estas prácticas se convierten en una segunda naturaleza; se convierten en un hábito. El funcionamiento automático del cerebro en lo que se refiere a los sesgos puede ser problemático... cuando lo dejamos al azar. Construir una práctica intencional de *mindfulness* crea un proceso automático positivo para contrarrestar los procesos automáticos negativos, lo que nos permite autorregularnos mejor. No reaccionaremos de forma instintiva a las emociones, y seremos más eficaces en nuestra toma de decisiones. Podremos ver mejor el panorama completo y no nos restringiremos a una visión miope que nos resulte conveniente o cómoda.

---

[7] David Berri, "What NBA Referees Can Teach Us About Overcoming Prejudices", *Time*, 16 de diciembre de 2014, <https://time.com/3635839/implicit-bias-nba-re ferees/>.

Capítulo 4: Aprovecha el *mindfulness*
Reflexión individual

Lleva tiempo construir los hábitos. Mientras investigas cuál es la mejor manera de instaurar tu práctica de *mindfulness*, comprométete a alternar entre las siguientes prácticas cada día:

PULSA EL BOTÓN DE *RESET*

Cada día nuestros sesgos y hábitos influyen en las miles de decisiones que tomamos. En un estudio de la Universidad de Cornell la comunidad científica calculó que tomamos aproximadamente 221 decisiones cada día, tan solo sobre comida. Puede ser difícil reconocer la decisión en el momento. Pero reflexionar sobre las decisiones que tomamos cada día puede ayudar a esclarecer nuestros sesgos y hábitos.

1. Pasa cinco minutos cada día reflexionando sobre tus decisiones, conversaciones y acciones. ¿Qué hiciste hoy que podía haber sido influido por los sesgos, los hábitos o paradigmas incorrectos? ¿Qué podrías hacer distinto mañana? Piensa en la posibilidad de establecer un recordatorio recurrente en tu calendario de trabajo para hacer esto al final de cada día.

PONTE AL DÍA

La metacognición consiste en pensar en tu propio pensamiento. Es una habilidad vital para cambiar sesgos y hábitos. Y llega con mayor facilidad con práctica y esfuerzo.

2. Concéntrate primero en los pensamientos desagradables. Cuando ocurran haz una pausa y reflexiona sobre tu propio pensamiento. ¿Tuviste pensamientos desagradables sobre tu persona o sobre otras? ¿El pensamiento se basó en hechos? ¿O se basó en una experiencia o hábito no relacionados? ¿Puedes investigar más sobre la situación antes de tomar cualquier decisión o pasar a la acción?

Capítulo 4: Aprovecha el *mindfulness*
Propuesta para líderes

Crea el espacio en tu equipo para el *mindfulness* con estas estrategias. Escribe algunas notas sobre la forma en la que podrías hacer cada una de estas actividades:

- Pasa los primeros 15 minutos de una reunión de equipo compartiendo tus prácticas de *mindfulness* y anima a tu equipo a pensar en cómo introducir el *mindfulness* en su vida diaria. Pídeles que se turnen para compartir una práctica de *mindfulness* (le puedes llamar el "minuto de *mindfulness*", por ejemplo) al inicio de una reunión semanal.

   ....

   ....

- Brindar capacitación formal para tu equipo. Dedicar tiempo y recursos a instaurar una práctica de *mindfulness* les transmite que es importante y les proporciona las habilidades necesarias para ponerla en práctica de inmediato. Pedirles que se las ingenien por su cuenta probablemente no funcionará.

   ....

   ....

- Cuando delegues tareas o lances proyectos nuevos piensa en cómo puedes crear espacio entre el aviso y la acción. Por ejemplo, ¿anuncias en la reunión de equipo que te vas a embarcar en un proyecto nuevo y luego te metes de lleno? ¿O anuncias el proyecto y luego le das tiempo a la gente para que procese la idea antes de seguir adelante?

   ....

   ....

Ahí es donde empieza la paz; no solo
en los planes de quienes lideran,
sino en el corazón de las personas.
No solo en un proceso cuidadosamente
diseñado, sino en las conexiones
diarias.*

—Barack Obama, expresidente de Estados Unidos

* Barack Obama, "Remarks of President Barack Obama to the People of Israel", la Casa Blanca, gobierno de Estados Unidos, 21 de marzo de 2013, <https://oba mawhitehouse.archives.gov/the-press-office/2013/03/21/remarks-president-ba rack-obama-people-israel>.

Parte 2:
Trabajar la conexión

Al establecer conexiones con las demás personas de forma intencional, básicamente estamos llenando los huecos en nuestro cerebro-supercomputadora, lo que deja menos espacio para suposiciones y más para la complejidad y los matices humanos.

En esta parte aprenderemos a abrirnos paso hacia un mejor rendimiento, y para ello conectaremos y comprenderemos los puntos de vista de otras personas, lo que nos ayuda a explorar, revisar o incluso cambiar nuestros propios puntos de vista.

Cuando promovemos la conexión con las personas mediante la empatía y la curiosidad nos situamos dentro de la zona de alto rendimiento (también a aquellas personas con las que nos relacionamos). Establecer una conexión puede parecer una tontería, algo para lo que no hay tiempo. Pero se puede promover la conexión de forma significativa y en un tiempo sorprendentemente corto.

Formulación y reformulación

Formulación:	Reformulación:
Si comprendo mis sesgos, puedo arreglarlos por mi cuenta.	Solo si promuevo conexiones significativas puedo ver más allá de los sesgos y valorar a quienes me rodean.

Es posible que hayas oído el aforismo que dice que "el pez es el último en enterarse de que vive en el agua". No podemos ver nuestros propios sesgos cuando estos nos rodean. Cuando demostramos empatía hacia las demás personas suspendemos nuestros propios intereses, creencias e intenciones en un esfuerzo por entender los suyos. Dejamos espacio para que se produzcan verdaderos avances.

El principio de transparencia

Cuando nos abrimos a la gente, sobre todo a aquellas personas que ven el mundo de manera distinta, comenzamos a ver las cosas de otra forma, y esto nos ayuda a ver más allá de nuestros propios sesgos. La transparencia a menudo exige vulnerabilidad, un sentimiento que va en contra de nuestros instintos protectores innatos. Involucrar a la parte emocional del cerebro para que sea transparente, vulnerable y establezca conexiones puede ayudarnos a ir más allá de estas respuestas instintivas y pasar a la zona de alto rendimiento.

Entonces ¿cómo establecemos conexiones significativas y sustanciales que nos puedan permitir avanzar? Empezaremos por centrarnos en el sentido de pertenencia y en nuestro auténtico yo, por recurrir de forma intencional a la empatía y a la curiosidad y luego aprovecharemos el poder de las conexiones y superaremos las conversaciones difíciles sobre los sesgos para llegar al entendimiento.

Capítulo 5
Céntrate en el sentido de pertenencia

Te estoy hablando igual que siempre, como al hombre sereno
y serio que siempre he querido que seas, que no se disculpa
por sus sentimientos humanos, que no pide disculpas por su
altura ni por sus brazos largos ni por su hermosa sonrisa. Estás
creciendo y cobrando conciencia de las cosas, y lo que te deseo
es que no sientas la necesidad de limitarte para que otra
gente se sienta cómoda. De todas formas nada de eso podría
cambiar la situación. Nunca he querido que fueras el doble
de bueno que ellos, igual que nunca he querido que afrontes
cada día de tu breve existencia como un conflicto. [...]
Lo que quiero para ti es que seas un ciudadano consciente de
que este mundo es terrible y hermoso.

—Ta-Nehisi Coates, autor ganador del *National Book Award*[1]

Promover la conexión es una labor bidireccional. Requiere la habilidad de establecer conexión con otras personas y también el valor de saber que ellas están promoviendo una conexión contigo. En última instancia, ambas partes en esta labor repercuten en el rendimiento.

---

[1] Ta-Nehisi Coates, *Between the World and Me*, Nueva York, One World, 2015. [N. de la T. Fragmento de la traducción al español: *Entre el mundo y yo*, Barcelona, Seix Barral, 2016].

¿Alguna vez has estado en alguna parte donde sentiste la necesidad de encajar? ¿No nos hemos sentido así todos hasta cierto punto? La secundaria tiene la mala fama de ser una época en la que nadie encaja: cuando el cuerpo supera nuestra madurez y, muchas veces, nuestra edad, cuando todo el mundo es torpe, pero no tenemos la suficiente madurez para ser amables con el resto. Para muchas personas, nuestros años de secundaria no son una época que recordamos con cariño. Es un periodo en el que el cerebro trabaja con desesperación para sentirse comprendido y conectado con quienes nos rodean. Es difícil reconocerlo en el momento, pero si has pasado tiempo con alguien de secundaria desde entonces, sabes que ese deseo de pertenecer a algo conduce a unos auténticos desafíos en el rendimiento. Puede aplicarse el mismo caso a las personas adultas en el entorno laboral.

En realidad este deseo interno no cambia con la edad. El cerebro está tratando constantemente de averiguar si pertenecemos a algo. En muchas investigaciones se cree que la necesidad de pertenencia es una necesidad psicológica esencial. Si pensamos en ese cerebro primitivo y las circunstancias bajo las que se desarrolló, tiene sentido. ¿Tienes más probabilidades de estar a salvo en soledad o cuando formas parte de un grupo? ¿Es acaso posible cubrir dichas necesidades psicológicas en aislamiento? Vimos un caso extremo de esta situación en la película *Náufrago* de Tom Hanks. El personaje protagonista, que naufraga en una isla, estableció una relación con una pelota de voleibol, Wilson, para mantener cierta apariencia de cordura, con tal de cubrir sus necesidades psicológicas.

Sin embargo, en muchos aspectos las estructuras de nuestros lugares de trabajo no fomentan el sentido de pertenencia ni promueven la conexión. ¿Cuántas veces has oído a la gente usar la palabra "encajar" en tu trabajo? Entrevistamos a posibles aspirantes y decimos que no "encajan", o alguien renuncia y decimos: "Es mejor así. De todos modos no encajaba".

Hacemos que la responsabilidad de amoldarse a lo que necesitamos o se nos acomoda recaiga en las demás personas, en lugar de cimentar entornos laborales en los que la gente pueda prosperar de forma natural. Muchas organizaciones han dominado la creación de talento a su semejanza, en lugar de permitir que su personal use sus talentos y puntos de vista únicos.

Cómo llegamos a valorar el sentido de pertenencia

Ya definimos lo que son los sesgos, pero hay otros términos que serán relevantes conforme vayamos avanzando en este tema. Comencemos con los básicos: ¿qué es diversidad y qué es inclusión? "Diversidad e inclusión" suelen enunciarse como si fueran una sola palabra, pero son más parecidos a una pareja de dobles en tenis: cada uno es distinto en su enfoque y su habilidad, pero, por supuesto, son mejores juntos. La **diversidad** trata sobre la identidad y la representación, la composición de la población activa. El término "representación" trata sobre la paridad; si te fijaras en el censo de Estados Unidos y en los porcentajes de raza, nacionalidad, género, discapacidad, estado de veterano y otros marcadores sociales, ¿coincide la población activa con esas cifras? ¿La sociedad se ve representada en la plantilla de la organización? La **inclusión** es la idea de que, en lugar de necesitar encajar en una cultura, las personas pueden aportar sus diferentes perspectivas y opiniones al grupo más amplio sin miedo al rechazo. Vernā Myers, vicepresidenta de estrategia de inclusión en Netflix y fundadora de Vernā Myers Company, lo expresa así: "La diversidad es cuando te invitan a la fiesta; la inclusión es cuando te sacan a bailar".

Otros tres términos han aparecido recientemente en la conversación sobre diversidad e inclusión: pertenencia, compromiso y equidad. El sentido de **pertenencia** es una necesidad humana, igual que la necesidad de cobijo y alimento. Piensa en cómo te sientes cuando no te reciben bien. Entras en una habitación y la conversación se detiene, o hablas en una reunión y tu superior rechaza tu idea. Llegar a un lugar de pertenencia, donde cada persona puede aportar lo mejor de sí misma, es el fin último de la diversidad y la inclusión.

El **compromiso** trata, básicamente, de una cuestión de empoderamiento, de que te pidan tu opinión. Tan solo decirle a la gente que puede expresar su opinión no es lo mismo que cambiar la dinámica de poder e invitarla a hablar, diciendo con sinceridad: "Quiero que me digas lo que piensas de esta idea". O: "Necesito tu punto de vista sobre este problema".

No se trata solo de que te den ánimos o te pregunten, sino de que de verdad te escuchen.

La **equidad** consiste en reducir la desigualdad de oportunidades. Hablar de equidad puede resultar incómodo debido a la estratificación de la sociedad por la que algunas personas tienen más oportunidades que otras. A veces estas oportunidades son el resultado de un sesgo a favor de un rasgo deseable. Piensa en la forma en la que asociamos la estatura con el poder, o en que a las personas atractivas se les habla con más frecuencia que a las que no lo son (¡comienza desde que somos bebés!). A veces estas oportunidades se ven afectadas por la situación geográfica, como las actividades de enriquecimiento a las que yo podía tener acceso cuando era adolescente en la ciudad de Nueva York en comparación con las de mis pares en entornos rurales, o la cantidad de museos gratuitos en Washington, D. C., a diferencia de los museos en los que hay que pagar para entrar en otras partes del mundo. Y a veces estas oportunidades están relacionadas con características de más peso, como la raza, el género, la nacionalidad o la situación socioeconómica. Por ejemplo, Hasan Minhaj, el presentador de *Patriot Act*, un programa de comedia semanal que se emite en Netflix, describió el graduarse de la universidad con una gran deuda de préstamo estudiantil como "comenzar una carrera, y entonces el tipo que da el disparo de salida usa la pistola para dispararte en la pierna".[2] La equidad trata de reconocer que estas enormes brechas sociales existen y

---

[2] Hasan Minhaj, escritor y creador; Richard A. Preuss, director. "Student Loans", *Patriot Act*, temporada 2, episodio 3, emitido el 24 de febrero de 2019. Los Gatos, CA: Netflix Studios.

proponer caminos para superarlas. La equidad va sobre reducir la desigualdad de oportunidades y asegurarnos de que no tomamos decisiones basadas en el prestigio o el acceso. En lugar de eso consideramos el talento y la capacidad de una forma más integral.

El general Martin Dempsey, expresidente del Estado Mayor Conjunto, escribió: "Si las personas no sienten que pertenecen a tu grupo, departamento, compañía o corporación, tal vez encontrarán con facilidad algo más en lo que creer y a lo que pertenecer. La responsabilidad más importante de quienes lideran —por muchas obligaciones que tengan o por muchas otras prioridades que exijan su atención— es lograr que su personal sienta que pertenece".[3]

Entonces ¿qué es el sentido de pertenencia y cómo lo forjamos? Los investigadores R. F. Baumeister y M. R. Leary definen el sentido de pertenencia como "la sensación de seguridad y apoyo cuando existe un sentido de aceptación, inclusión e identidad para alguien de un determinado grupo o lugar, y como el impulso básico fundamental para formar y conservar relaciones duraderas, positivas y significativas con las demás personas".[4] Actualmente a muchas personas no se nos recompensa por nuestra capacidad de mover algo de aquí para allá, sino por nuestra capacidad de pensar, resolver problemas y lograr resultados a través de otras personas. Si nos fijamos en lo que sabemos sobre el cerebro, no podemos aportar nuestras mejores ideas si estamos en la parte primitiva o incluso la parte emocional de nuestro cerebro. Necesitamos este sentido de pertenencia para llegar a la zona de alto rendimiento, y tenemos que establecer relaciones para permanecer en ella.

En este capítulo nos centraremos en la pertenencia a través de dos ópticas. En primer lugar, ¿cómo insistimos en pertenecer, como

---

[3] Martin Dempsey y Ori Brafman, *Radical Inclusion: What the Post-9/11 World Should Have Taught Us About Leadership*, Missionday, Arlington, VA, 2018.

[4] R. F. Baumeister y M. R. Leary, "The Need to Belong: Desire for Interpersonal Attachments as a Fundamental Human Motivation", *Psychological Bulletin* 117, núm. 3 (1995): 497-529, <https://doi.org/10.1037/0033-2909.117.3.497>.

personas, mediante la autenticidad en el trabajo? Mostrarnos como somos en realidad refuerza nuestro sentido de pertenencia y apoya las condiciones para que las demás personas hagan lo mismo. En segundo lugar, ¿cuáles son los símbolos de conexión y pertenencia que existen en la organización? Mi colega Catherine Nelson, gerente general de nuestras oficinas en Australia, dice: "Quienes lideran crean cultura con lo que hacen y lo que dejan de hacer, incluso con lo que dicen o no dicen". Como líderes, debemos preguntarnos lo siguiente: ¿de qué forma estamos perpetuando el sentido de pertenencia por medio del lenguaje, las políticas y los procedimientos, y la representación en todos los niveles de la organización? Sabemos que la gente no puede contribuir con sus mejores ideas si no sienten un sentido de pertenencia, si sienten como si no pueden ser personas auténticas por miedo a no "encajar" o porque las probabilidades están en su contra cuando miran hacia el futuro en sus carreras. Establecer un sentido de pertenencia de forma proactiva en todos los niveles de la organización puede favorecer un cambio hacia el alto rendimiento.

Autenticidad en el trabajo

La escritora y activista Marianne Williamson dijo: "Cuando dejamos que brille nuestra luz propia, inconscientemente les damos permiso a otras personas para que hagan lo mismo. Cuando nos liberamos de nuestro propio miedo, nuestra presencia libera automáticamente al resto".[5]

Al principio de su carrera, mi cuñada no usaba su anillo de casada para ir a las entrevistas de trabajo, porque le preocupaba que repercutiera de manera negativa en sus oportunidades para conseguirlo. Había visto ese impacto negativo en otras personas, cuando elegían a alguien porque no tenía familia y era de suponer que daría

---

[5] Marianne Williamson, *A Return to Love: Reflections on the Principles of "A Course in Miracles"*, San Francisco, HarperOne, 1996.

más prioridad al trabajo. A causa de estas experiencias, no sentía que podía ser ella misma en el trabajo.

Catalyst, una organización mundial sin ánimo de lucro que colabora con algunas de las compañías líderes mundiales para crear lugares de trabajo que favorezcan a las mujeres, define el impuesto emocional como "la intensa experiencia de no ser igual a los pares del trabajo por tu género, raza o etnia y los efectos perjudiciales que conlleva en la salud, el bienestar y la capacidad de prosperar en el trabajo".[6] Suponemos que esta carga existe en todo tipo de identificadores y diferenciadores, desde tener una discapacidad hasta ser la única persona sin un título universitario dentro de un equipo.

Esta sensación de tener que estar constantemente en guardia altera los patrones de sueño, reduce la sensación de seguridad psicológica y disminuye la capacidad de contribuir al trabajo. Como ejemplo, un participante Negro de una de nuestras sesiones de trabajo sobre sesgos inconscientes comentó cómo se adapta a las personas Blancas en su vida personal y profesional haciéndose más pequeño, hablando en voz baja y sin hacer movimientos repentinos. Cuando compartió su experiencia mis latidos se aceleraron. Mi esposo, de un metro noventa y con constitución de jugador de futbol americano, ha compartido conmigo una realidad parecida. Es hiperconsciente de su lugar en el mundo, hasta de los detalles de su ubicación en una habitación, el volumen con el que habla y cualquier tipo de movimiento. Esta forma de autovigilancia conlleva un precio enorme.

Aunque crear condiciones en las que podamos ser personas auténticas es competencia de quienes dirigen, también existe un movimiento y una tendencia creciente a impulsar la autenticidad en el trabajo a nivel individual. Este movimiento a nivel de la plantilla ha influido en la forma en la que las organizaciones dan prioridad

---

[6] Dnika J. Travis y Jennifer Thorpe-Moscon, "Day-to-Day Experiences of Emotional Tax Among Women and Men of Color in the Workplace", *Catalyst*, 15 de febrero de 2018, <https://www.catalyst.org/research/day-to-day-experiences-of-emotional-tax-among-women-and-men-of-color-in-the-workplace/>.

a la autenticidad para poder seguir siendo competitivas en la contratación y retención de las personas con más talento. El esfuerzo por esconder partes de ti hace imposible la transparencia y la vulnerabilidad —un requisito para la conexión— y las personas que practican la autenticidad pueden cambiar las condiciones en un entorno laboral con la misma profundidad que las acciones de un equipo de liderazgo.

Mi experiencia profesional, especialmente en mis años de formación, fue bastante distinta de la de mi cuñada. Durante mi época universitaria tuve una jefa increíble llamada Martine que se propuso enseñarme en qué consistía la autenticidad en el trabajo. Trabajaba en el centro de actividades estudiantiles (lo que ahora es la oficina de la vida estudiantil) en la Universidad George Washington. Me encargaba de apoyar los programas estudiantiles centrados en la inclusión, y trabajaba con mi jefa para lanzar una serie llamada Conversaciones REALES, que abarcaban temas desde la raza hasta la situación socioeconómica. Martine y yo nos reuníamos cada semana para repasar mis tareas, pero al principio introdujo una conversación trimestral más valiosa. Preparaba una ficha y me preguntaba cuáles creía yo que eran mis objetivos, no solo en mi papel de coordinadora de actividades estudiantiles, sino también en otras facetas de mi vida: en cuanto a la economía, la familia, lo académico, viajes y trabajo. Cada trimestre nos reuníamos, no solo para repasar mis objetivos, sino también los suyos. Compartía conmigo sus luchas y sus éxitos, y me orientaba con los míos. Este sencillo diálogo no nos quitaba mucho tiempo, pero a mí me sirvió muchísimo. Martine me enseñó que había un lugar para todo mi ser en el trabajo y que todos mis objetivos estaban intrínsecamente ligados. Ella sabía que yo no podría alcanzar la zona de alto rendimiento si me cortaban la línea de mi celular (¡otra vez!) o si me preocupaba por una clase que me estaba costando superar. Me dio permiso para ser auténtica.

Aunque hace años que no voy a una entrevista de trabajo, nunca he tenido reparos en hablar de mi familia ni de casi ningún aspecto de mí misma. Este no fue el caso de Mark, como miembro de la generación nacida en el *Baby Boom*, ni de Anne, porque pertenece a la Generación X. Ha habido un cambio radical en el trabajo en lo relacionado con nuestra confortabilidad con autenticidad; de hecho, la norma cultural en la actualidad es "aporta todo tu ser al trabajo". Ya no existe una frontera rígida entre el trabajo y la vida. Yo hablo de mis hijos intencionalmente como parte de mi historia. El mayor me motivó a conseguir mi maestría en Administración de Empresas. El pequeño me ha ayudado a equilibrar mi vida personal con la laboral (¡porque a un bebé no le importa que estés cansada cuando llegas de un viaje de negocios!). Hablo de mis hijos como fortalezas. Me inspiran y me ayudan a ser mejor y a actuar mejor, y quiero que todo el mundo para el que trabajo sepa que somos un paquete completo. Son una parte importantísima de lo que me esfuerzo por ser. Imagina lo limitante que sería si no sintiera que puedo hablar de ellos.

En la industria del entretenimiento Janelle Monáe, artista ganadora de los premios Grammy, brilla como un ejemplo de autenticidad. Cuando se dio a conocer ante el mundo por primera vez, usaba un "uniforme" en blanco y negro. "Mucho tenía que ver con mi deseo de tener el mismo uniforme de la clase trabajadora, como mi mamá y mi abuelita", dijo Monáe a *The Huffington Post*.[7] En este caso, Monáe trajo el contexto de su familia a su presencia profesional, con lo que conectó su realidad actual como estrella mundial de la música con su identidad y sus orígenes.

Ser tu yo auténtico en el trabajo es el primer paso para pertenecer. Es la parte abierta donde te muestras con transparencia y honestidad sobre tu identidad: quién eres, qué te motiva y cómo comunicas. Significa que dejas entrar a tus colegas; se saben el nombre de tu pareja, que te encanta pasar las vacaciones esquiando y lo que te emociona ese carro nuevo. Saben que te preocupa tu abuela

---

[7] Julee Wilson, "Janelle Monáe Honored at Essence Dinner Party, Explains Signature Black-And-White Style", *Huffington Post*, 5 de abril de 2013, <https://www.huffpost.com/entry/janelle-monae-essence-dinner-party_n_3021450>.

y que tienes fuertes sentimientos por X, Y o Z. Asimismo saben cómo te sientes sobre el trabajo que estás haciendo y qué ideas y proyectos te emocionan más. Lo opuesto a la autenticidad es un entorno en el que tienes que disculparte por existir. Disculparte por tu cuerpo, tus identificadores, tus orígenes o tu personalidad es intrínsecamente limitante, por no decir dañino. ¿Significa eso que ya no hay fronteras entre nuestro trabajo y nuestra vida personal? En absoluto. El movimiento a favor de la autenticidad se aleja de las normas tradicionales en el entorno laboral sobre la separación de trabajo y vida personal, pero no significa que todo sobre tu vida sea público. Más bien significa que no sientes la necesidad de esconder componentes importantes de tu vida o tus puntos de vista que podría ser útil compartir en el trabajo. No deberíamos tener que elegir entre nuestra autenticidad y nuestra aportación al entorno laboral.

Indicadores de pertenencia

Las organizaciones y sus líderes son responsables de establecer las condiciones de pertenencia. La idea de pertenencia puede sentirse como un concepto vago o abstracto; entonces ¿cómo actuamos como líderes frente a ella? Puedes evaluar unos cuantos elementos del entorno laboral como síntomas de niveles saludables o no saludables de pertenencia. Úsalos como puntos de partida para avanzar.

Lenguaje

Hace poco estaba dando nuestra sesión de trabajo sobre sesgos inconscientes a un cliente, y estábamos hablando de temas relacionados con la comunidad LGBTQ+. Alguien de entre el público alzó la mano y preguntó:

—¿Qué demonios es PIA?

Había visto el acrónimo LGBTQPIA en otro contexto. Le expliqué que eran las iniciales de "pansexual, intersexual y asexual". Expresó su frustración por tener que aprenderse y usar tanta terminología nueva y, aparentemente, cambiante. Le respondí:

—Comprendo que a veces puede parecer como si tuvieras que aprender un nuevo abecedario, pero piensa en ello de la siguiente forma. Mi nombre es Pamela, y es importante para mí. Es más que una simple etiqueta... Es parte de mi identidad y de quién soy. Tomarse el tiempo para aprendérselo me parece respetuoso, una gentileza básica, y yo haré todo lo posible para corresponder ese gesto.

Conforme fue avanzando la conversación me quedó claro que lo que le preocupaba no era olvidarse de las palabras, sino que este fuera otro paso del lenguaje "políticamente correcto" y cómo sabría qué palabra usar para describir a alguien. Cuando pensamos en términos "políticamente correctos" resulta útil verlo desde una perspectiva que no sea la propia. La identidad es tan personal para cada quien como su nombre, por lo que de la misma forma que llamarías a cualquiera por el nombre por el que te piden que se les llame, también deberías emplear los identificadores que te piden que uses. Si no sabes con seguridad qué pronombre o identificador emplear, sigue el ejemplo de la otra persona. En caso de duda, usar su nombre nunca fallará.

Al igual que ocurre en el campo de la orientación sexual y el de la identidad de género, las palabras que usábamos para describir las discapacidades intelectuales y del desarrollo han cambiado. En 2009 dos jóvenes líderes comenzaron una campaña llamada *Spread the Word to End the Word* (Difunde la palabra para terminar con la palabra) que, según su sitio web, se centraba en "abordar una forma de exclusión especialmente poderosa: la palabra 'retrasado'. Durante 10 años líderes y personas defensoras de derechos recogieron millones de peticiones digitales y físicas para acabar con la palabra con R. Cada una era un compromiso personal a reconocer el daño ocasionado por la palabra con R y a respetar con sus palabras y acciones a las personas con discapacidades intelectuales y del desarrollo. Con el liderazgo de Special Olympics y Best Buddies

International, y el apoyo de cientos de otras organizaciones de apoyo, la campaña pasó de un puñado de actividades en 2009 a llegar a miles de escuelas en 2018, y actualmente se denomina *Spread the Word: Inclusion* (Difunde la palabra: inclusión)".[8]

Estos son ejemplos de los términos que están evolucionando. Con un poco de interés y una búsqueda rápida en internet podemos averiguar qué término se prefiere, cuál es el más actual o el más adecuado. Pero la realidad es que la mayoría de los grupos no son monolitos, y hay casos en los que no existe un término "correcto". Podemos referirnos a los grupos raciales y étnicos de distintas maneras; por ejemplo: Pueblos originarios, Indígenas o personas Nativas americanas; personas Hispanas, Latinas o Chicanas; o personas Negras o Afroestadounidenses (y esta no es en absoluto una lista exhaustiva). En caso de duda, busca alguna pista en las palabras de la persona con la que estés hablando o, si lo consideras conveniente, pregúntale qué término prefiere. Recuerda, el término que identifica a una persona es un asunto de preferencia personal y no debe generalizarse. Alguien de mi grupo de amistades dijo: "Un compañero de trabajo me preguntó sinceramente si debía decir persona Afroamericana o Negra, porque a mí me había oído decir ambos términos. Le expliqué que todos somos distintos, y que en mi caso podrían emplear Negra. Un mes o más después se emocionaron al contarme que le habían dicho a otro colega Blanco: '¡Podemos decir persona Negra!'. Tuve que insistirles en que podía usarlo conmigo, pero que cada persona es un caso".

La repercusión del lenguaje en las políticas laborales formales es obvia. La diferencia en Estados Unidos entre términos como "permiso de maternidad o paternidad" y "permiso parental o por vinculación afectiva" es considerable. El lenguaje abre los límites de esta prestación para incluir las numerosas circunstancias en las que una persona puede recibir a su hijo o hija. Estas mejores prác-

---

[8] About Spread the Word (25 de febrero de 2020). Extraído de <https://www.spreadtheword.global/about>.

ticas, en realidad, se reducen a un lenguaje de "las personas primero": aquel que pone en primer lugar a la persona y que amplía frente a aquel que reduce. Por ejemplo, podemos elegir palabras que incluyan a más personas, como "equipo" en lugar de "señoras y señores".

MARK

Hace poco pedí un Uber para ir al aeropuerto. La aplicación confirmó mi recogida con la marca y el modelo del carro, el número de las placas y el nombre de quien manejaba. Siempre confirmo este último dato cuando subo al auto por motivos de seguridad.

Esta vez el nombre era muy poco común. Lo practiqué unas cuantas veces antes de que llegara mi transporte para asegurarme de que lo pronunciaba de manera correcta. Cuando me subí al auto, pregunté:

—¿Ogoguantua?

Él me respondió:

—Sí. ¿Es usted Mark?

Le dije que sí y emprendimos el camino.

Tras un par de cuadras, me dijo:

—¿Puede volver a decir mi nombre?

Para complacerle, lo repetí. Entonces, dijo:

—Gracias. Me mudé aquí desde África hace poco más de un año. Llevo seis meses manejando para Uber y es la primera persona que ha dicho bien mi nombre.

Los nombres pueden ser algo muy poderoso. Es tal vez la única palabra que la gente quiera oír más, y cuando nos tomamos el tiempo de decirlo bien, podemos comunicar implícitamente a las demás personas que pertenecen.

ANNE

Trabajé para un líder allá por la década de los noventa que siempre se refería a su organización como "las mujeres y los hombres de nuestro equipo", y constantemente abría las reuniones, con mucha o poca gente, con un "señoras y señores". Tenía formación militar, y yo siempre respeté la elegancia con la que asumía su papel. Así que, cómo no, empecé a imitarle. Sentía que usar estas palabras ayudaba a personalizar el liderazgo de una forma elegante.

Avancemos rápido hasta la actualidad. Hace poco leí que 25% de la Generación Z (personas nacidas entre 1995 y 2019) cambiará su identidad de género al menos una vez en la vida.[9] Me di cuenta de que el lenguaje que había calado en mí en los noventa era excluyente, sin quererlo, en la actualidad. De forma consciente, he modificado mi propio lenguaje para asegurarme de que demuestro mi compromiso con todas las personas. Ahora digo: "Señoras, señores y todo el mundo", así como "ella, él o *elle*", y presto atención para añadir constantemente la frase "todas las personas pertenecientes al equipo" de forma explícita en mis conversaciones, asambleas y discursos cuando me refiero a grupos, sean míos o no.

Las palabras importan. Y lo que es apropiado e integrador evoluciona y cambia con el tiempo. Es esencial escuchar, ver, aprender, comprometerse y volverse a comprometer.

Políticas y procedimientos

Las políticas y los procedimientos de una organización tienen una repercusión real y dispar en las personas que la conforman. Los asesores en gestión de la diversidad Mark Kaplan y Mason Donovan

---

[9] Sylvia Ann Hewlett, Ripa Rashid y Laura Sherbin, *Disrupt Bias, Drive Value: A New Path Toward Diverse, Engaged, and Fulfilled Talent*, Los Ángeles, Rare Bird Books, 2017.

comparten una historia sobre alguien para quien trabajaban y que estaba tratando de reducir los gastos de viaje, con consecuencias imprevistas:

> Un objetivo fácil eran los estacionamientos más caros de los aeropuertos. Se puso en marcha una política que obligaba a todo el personal a usar los estacionamientos económicos...
>
> En lugar de notar un descenso en los gastos de viaje, la compañía comenzó a ver cómo aumentaban para una parte de la plantilla y disminuían para otra parte. Durante una de nuestras sesiones con el cliente salió el tema, y descubrimos rápidamente que las empleadas estaban gastando un día adicional de viaje para regresar por la mañana en lugar de en la oscuridad de la noche; no querían caminar hasta una zona aislada del estacionamiento a altas horas de la noche. Además, [para las personas con discapacidades] el manejo de los autobuses y los enormes estacionamientos resultaba todo un desafío físico, y eso les hacía renunciar a unos viajes que podían haber hecho avanzar la compañía. Enseguida se añadió un enfoque integrador a todas las decisiones sobre la política de viajes. En el caso particular de esta póliza, la compañía tan solo añadió la siguiente frase: "Confiamos en que cada persona de la plantilla tomará la mejor decisión en lo que respecta a esta política en lo referente a su seguridad o sus limitaciones físicas".[10] [Nota: Para ser aún más inclusiva, esta organización pudo haber empleado el término "capacidades físicas" en lugar de "limitaciones físicas"].

De forma parecida, hace unos meses estaba trabajando con un sistema hospitalario en la parte alta del estado de Nueva York investigando esta idea de las políticas inclusivas. Hablamos sobre una formación en línea obligatoria sobre seguridad que se exigía cada año. Hay personas que trabajan en el hospital que no necesitan dominar la lectura en inglés para hacer su trabajo, pero tienen que

---

[10] Mark Kaplan y Mason Donovan, *The Inclusion Dividend: Why Investing in Diversity and Inclusion Pays Off*, 2a ed., Salisbury, NH, DG Press, 2019, p. 89.

llevar a cabo esta capacitación. Por eso cada año había un grupo del personal al que se le preguntaba si podía leer en inglés, porque no había terminado su capacitación obligatoria. Entonces se les llevaba a una sesión presencial para cumplir con ese requisito, en la que el curso en línea se proyectaba en una pantalla y se leía penosamente en voz alta, una experiencia incómoda y temida por todas las personas involucradas. Alguien del equipo de administración del Sistema de Gestión de Aprendizaje (SGA) de la organización abordó con creatividad esta situación y decidió añadir a la formación la posibilidad de la voz superpuesta en varios idiomas. Esto no le resultó especialmente costoso, entraba dentro del ámbito de sus funciones y tuvo una gran repercusión para los grupos en el hospital que, por costumbre, estaban invisibilizados. Esta práctica también ha ampliado el tipo de aprendizaje al que ahora tiene acceso este público, ya que el equipo del SGA lo ha incorporado en más áreas de su catálogo de capacitaciones.

Para aumentar la inclusión de tus políticas y procedimientos haz circular los borradores entre las personas de tu equipo con diversos identificadores y circunstancias vitales, y pídeles sus comentarios. Aquí va, sin embargo, una advertencia: para que éstos sean sinceros es necesaria una cultura de confianza en la que las personas se sientan seguras para decir la verdad. ¿Has creado ese ambiente? Cuando las personas comunicaron sus preocupaciones sobre las políticas en el pasado, ¿quiénes lideraban escucharon dichos comentarios, los valoraron cuidadosamente y tomaron las medidas correspondientes?

Representación

La representación importa. Como dijo el escritor Junot Díaz, ganador del premio Pulitzer, "si quieres convertir a un ser humano en un monstruo, niégale, a nivel cultural, cualquier reflejo de sí mismo".[11]

---

[11] Junot Díaz, charla presentada en Bergen Community College, Paramus, Nueva Jersey, 19 de octubre de 2009, <https://www.nj.com/ledgerlive/2009/10/junot_diazs_new_jersey.html>.

A veces trabajo con organizaciones que me dicen: "Tenemos una cultura muy inclusiva a la vez que homogénea. No verás la diversidad, pero somos incluyentes en todas nuestras prácticas, y este es un gran lugar donde trabajar".

Yo no estaría muy de acuerdo con eso. Si la organización no es diversa, ¿en verdad puede ser inclusiva? Un sentido de pertenencia es clave para nuestra sensación general de bienestar como seres humanos. Cuando las personas se encuentran en la "única" categoría —cuando no se ven reflejadas en la organización, en su clientela o en su liderazgo—, esta ausencia puede impactar en la forma en la que definen sus posibilidades. Muchas personas tienen historias y ejemplos a este respecto. Trabajar para alguien con características similares les ayudó a ver y creer en sus propias posibilidades. La representación demuestra que una organización mantiene al menos la infraestructura de conexión, y eso incluye el verte reflejado en toda la organización y su grupo de clientes de una forma significativa. Incluye que la clientela se vea a sí misma reflejada en tu *marketing*, tus comerciales y los puntos de contacto con quienes trabajan. En el sector público incluye que el electorado se vea representado en las políticas y decisiones de sus cargos electos y otros componentes del funcionariado público. No solo incluye quién está en la organización, sino también quién está tomando las decisiones en ella.

Una colega daba nuestra sesión de trabajo sobre sesgos inconscientes en la sede de una gran empresa de venta de ropa. Como parte de su preparación, consultó el sitio web de la organización y vio una bandera arcoíris y equipo arcoíris con el logo de la empresa. Entonces llamó a su tienda local y preguntó si tenían estos artículos. ¡Quien estaba trabajando allí insistió firme en que no vendían esa línea y que ni siquiera sabía que existía! En situaciones como esta es donde la autenticidad llega al nivel organizativo. La mayoría de las empresas tienen distintas campañas de relaciones públicas y un magnífico sitio web con un montón de imágenes de archivo adecuadas en las que aparece el equilibrio perfecto de personas, pero

¿esta representación se extiende por toda la organización? ¿Es real? Si no lo es, como líder, piensa en lo que puedes hacer para influir o cambiar eso de forma intencional.

ANNE

Es posible que hayas escuchado la frase "no puedes ser lo que no puedes ver". ¿Lo crees así? Cuando ves más gente igual a ti en los puestos, los cargos y las organizaciones que nos rodean, es lógico que tendremos un mejor sentido de pertenencia. ¿Por qué? Porque te sientes "en conexión" con esas personas por algún punto en común. No se trata simplemente de una reivindicación de género, étnica o generacional. Piensa en ello. ¿Acaso no sientes una especie de afinidad automática con otras personas que fueron a la misma universidad que tú? ¿No tienes algún vínculo implícito con quienes estudiaron la misma carrera? ¿Y si son de la misma ciudad? ¿Ves a lo que me refiero? Como seres humanos, anhelamos cualquier tipo de conexión; estamos hechos para buscar lo conocido y encontrar alguna base para establecer relaciones y crecer con otras personas. Y cuando tenemos algún parecido, automáticamente sentimos más conexión.

Hace poco tuve la oportunidad de presentar a una escritora superventas del *New York Times* en mi sesión inicial de liderazgo. Cuando estábamos juntas en camerinos antes de su presentación y nuestra charla interactiva, descubrimos que ambas éramos chicas de Jersey de ascendencia Chinoestadounidense, graduadas por la Ivy League, madres de dos niñas y Asiáticas casadas con no Asiáticos. Cada una de nosotras tenía un hermano o hermana que ejercía la profesión de medicina. Aunque habíamos comenzado como completas desconocidas, nuestra conexión auténtica era evidente, e influyó de manera positiva en nuestra charla posterior.

Tras esa charla, muchas mujeres de color de mi organización me dijeron lo estimulante que les había resultado vernos a ambas juntas en el escenario. Todos los comentarios del público fueron positivos, pero a estas mujeres les inspiró especialmente. La representación importa. La conexión lo es todo.

Capítulo 5: Céntrate en el sentido de pertenencia
Reflexión individual

Nuestro progreso hacia el sentido de pertenencia puede ser mejor si tenemos conciencia de cuál es nuestro punto de partida.

Piensa en tu capacidad para comportarte con autenticidad en el trabajo y en tu propio sentido de pertenencia, y luego responde a las preguntas que aparecen a continuación con sí o no.

		Sí	No
1.	Es lunes por la mañana y tus colegas del trabajo están hablando sobre su fin de semana. Te sientes cómodo(a) compartiendo el tuyo.		
2.	Cuando tienes una idea para compartir, confías en que se tomará en serio.		
3.	Cuando no estás de acuerdo con alguien en el trabajo, te sientes cómodo(a) compartiendo tu opinión.		
4.	Estás deseando ir a trabajar.		
5.	Trabajas con personas en las que confías.		
6.	Cuando piensas en tu futuro en esta organización, ves que tus objetivos son posibles.		
7.	Si tus colegas del trabajo y tus amistades se conocieran, crees que se llevarían bien.		
8.	La organización trata a las personas de forma justa.		
9.	Has conectado con tus colegas del trabajo en las redes sociales.		
10.	Tienes fotos de tu familia o de tus amistades en tu escritorio.		

Toma nota de tus respuestas negativas. Puede que en algunos casos ese "no" se deba a que no se aplica a tus circunstancias (por ejemplo, trabajas desde casa, por lo que tener fotos en tu escritorio es menos relevante. O no tienes presencia en las redes sociales, por lo que no estás conectado con tus colegas del trabajo de forma digital). Por cada "no" que sí corresponda, existe algo de fricción, un punto de tensión que evita que seas tu auténtico yo e inhibe tu sentido de pertenencia. Piensa cuál podría ser esa fricción o tensión.

....

....

....

....

....

Conforme vayas leyendo el resto del libro piensa en qué habilidades y herramientas podrías utilizar para cambiar cada no a un sí, sobre todo en el capítulo 11, "Valentía para salir adelante". Al fin y al cabo un sentido de pertenencia es un componente esencial del alto rendimiento, y si eso se ve comprometido, nos corresponde encontrar o construir un entorno laboral donde podamos hacer un cambio.

Capítulo 5: Céntrate en el sentido de pertenencia
Propuesta para líderes

Si le preguntas directamente a alguien de tu equipo si siente que pertenece, es posible que no obtengas una respuesta sincera. Cuando ayudes
a la gente de tu equipo céntrate en las señales de pertenencia de las
que hablamos en este capítulo.

1. Cuando te prepares para tu próxima reunión de equipo encuentra algunos ejemplos tangibles de lenguaje, políticas y procedimientos y representación dentro de tu equipo y organización
   que incluyan o excluyan elementos de pertenencia.

Lenguaje:

....

....

....

Políticas y procedimientos:

....

....

....

Representación:

....

....

....

2. En la reunión explica lo que significa cada concepto, y luego comparte un ejemplo específico de cómo aparece dicho elemento en tu equipo o tu organización. Haz que tu equipo comente los siguientes aspectos:

- ¿Hasta qué punto es inclusivo nuestro equipo en lo referente a este elemento?
- ¿Qué estamos haciendo bien?
- ¿Dónde podríamos mejorar?

Toma notas a continuación para prepararte para la reunión.

....

....

....

3. Cuando termines la reunión puedes compartir los resultados de tu propia evaluación de pertenencia del capítulo 5, "Reflexión individual". Dale la oportunidad a tu equipo de llevar a cabo esta misma reflexión y ofrécete a comentar sus resultados en su próxima ronda de reuniones personales.

....

....

....

....

....

....

....

....

Capítulo 6
Despliega curiosidad y empatía

Las investigaciones sugieren que la empatía es tanto un instinto como una habilidad aprendida que puede desarrollarse por medio de formación y práctica. De hecho, los estudios indican que las personas sienten distintos grados de empatía dependiendo de sus orígenes, y que la empatía puede aprenderse y mejorarse a cualquier edad.

—Dra. Laura Belsten, experta reconocida a nivel mundial y autora del *Social + Emotional Intelligence Profile*®

Hace poco entrevisté a dos aspirantes a una vacante. Fui a la recepción para reunirme con la primera candidata, que estaba acurrucada en una esquina, hablando en voz baja por teléfono. Sonreí cuando oí la conversación, algo sobre la tarea de matemáticas que sonaba muy parecida a las conversaciones que yo tenía con mi hijo de cuarto de primaria. Cuando me acerqué establecí contacto visual y sonreí con cordialidad. La candidata colgó rápido el teléfono y se disculpó mientras trataba de guardarlo atropelladamente en su bolsa. Le dije: "Ya he pasado por eso. ¿No le pasa a todo el mundo?". Caminamos hacia el elevador y conversamos sobre la vida de las atareadas madres trabajadoras. Descubrimos que crecimos no muy lejos la una de la otra. Cuando comenzó la entrevista, la candidata titubeó al responder la primera pregunta, y le di la oportunidad de volver a contestar. "Las entrevistas pueden ser estresantes", le dije, asegurándole que sus referencias eran excelentes y que no tenía nada de qué preocuparse. Seguí animándola durante la entrevista. La candidata se recuperó y terminó el resto de la entrevista con fuerza. Al final me sentí increíble por la conexión y pensé que encajaría a la perfección en nuestro equipo. Me encantó la conversación. Me cayó bien.

Una hora después fui a la recepción para reunirme con el siguiente candidato. Era mi última reunión del día, y para entonces estaba cansada y con muchas ganas de cubrir el puesto. Había buscado a este candidato en LinkedIn y vi sus conexiones con la élite. Cuando nos dimos la mano vi enseguida el elegante reloj que usaba. "Demasiado elegante para alguien a este nivel", pensé. "No debe haber tenido que trabajar mucho en su vida". Subimos por el elevador casi en silencio, mostrando sonrisas corteses durante el trayecto. No tenía ninguna conexión fuerte con este segundo candidato.

Cuando comenzó la entrevista hice las mismas preguntas. Como pasó con la primera candidata, titubeó un poco en su respuesta. Pensé: "No está preparado. Debería tener una mejor respuesta que esa. Él sabía que hoy tenía una entrevista, y se trata de una pregunta bastante común". Conforme avanzamos por las preguntas iba comparando sus respuestas con las de la candidata anterior. La entrevista solo duró 30 minutos, en comparación con los 75 que duró la de la mañana. Al final de la entrevista yo no tenía una buena sensación. Simplemente, no encajaría bien en nuestro equipo.

¿Quién tenía mejor calificación para el puesto? No hay forma de saberlo si nos basamos en esta historia. He hablado muy poco sobre sus certificaciones, capacidades o experiencia. Sí dije mucho sobre cómo me hizo sentir cada aspirante y si "encajaría" en mi equipo.

La palabra "encajar" es una especie de insulto cuando se habla de los sesgos. Quienes lideran suelen decir:

"Puedo enseñar a quien sea a hacer el trabajo, pero no puedo enseñarle a trabajar dentro de nuestra cultura".

No pretendemos desacreditar la idea en su totalidad, pero el sentido más amplio de "encajar", si no tenemos cuidado, suele tratarse más de afinidades que de aptitudes.

Un grupo de investigación de Stanford y Yale llevó a cabo un estudio sobre este mismo punto, y pidió a un cierto número de personas que pensara en un proyecto importante en el que tuvieran que trabajar y después que calificaran a un grupo hipotético de aspirantes en el orden en el que les seleccionarían para unirse al proyecto. Distinguieron a quienes aspiraban al puesto basándose en sus aptitudes y su afinidad.[1]

La gente sí dijo que elegiría a personas competentes frente a las afines. Pero lo que hicieron fue bastante diferente. Su primera preferencia eran personas altamente competentes y afines, como era de esperar. Pero su segunda elección fue alguien afín... ¡pero incompetente! Y había una mayor propensión a hacer el proyecto en solitario en lugar de elegir trabajar con alguien desagradable, fuera o no competente.

El mayor reto con esto, al igual que con mi historia, es que la afinidad no está determinada por los hechos, sino por cómo nos sentimos sobre una persona, que a su vez se basa muchas veces en las similitudes que tenemos (sesgo de afinidad).

Las habilidades de la curiosidad y la empatía

Cuando conocemos gente y nos enfrentamos a situaciones nuevas el cerebro hace una clasificación, basada sobre todo en reacciones viscerales. Esta clasificación es bastante superficial y se deja llevar por los primeros instintos, pero las ramificaciones de esa categorización inicial pueden ser enormes.

El uso de las habilidades de la empatía y la curiosidad puede ayudarnos a revisar nuestras suposiciones y explorar nuestro pensamiento. También puede descubrir sesgos que podamos tener, ya que cada punto de conexión se vuelve tierra fértil para aumentar

[1] Susan T. Fiske *et al.*, "A Model of (Often Mixed) Stereotype Content: Competence and Warmth Respectively Follow from Perceived Status and Competition", *Journal of Personality and Social Psychology 82*, núm. 6 (2002): 878-902, <https://doi.org/10.1037/0022-3514.82.6.878>.

la afinidad y desplazarnos a todo el mundo hacia la zona de alto rendimiento.

La **empatía** es un acercamiento interpersonal, que consiste en ponerse en la piel de la otra persona. La **curiosidad** es un acercamiento intelectual para cultivar la conexión; implica hacer preguntas perspicaces, escuchar con atención las respuestas y armar una conversación a partir de dichas respuestas y los puntos en común.

MARK

Un alto grado de empatía por sí solo es principalmente sobre la otra persona. Un alto grado de curiosidad por sí mismo es principalmente sobre mí. La conexión se consigue con el equilibrio de ambos.

En la historia sobre la entrevista yo tuve empatía con la primera candidata. Vi parte de mi vida reflejada en ella y, debido a esa conexión, sentí una curiosidad natural, le hice preguntas, establecí contacto visual y escuché atentamente sus respuestas. Con el segundo candidato no sentí empatía al principio y, en consecuencia, no mostré curiosidad. Si lo hubiera hecho, tal vez habría encontrado un punto de conexión. A lo mejor nos gustaba correr carreras de obstáculos, teníamos hijos o hijas de edades parecidas o tan solo nos encantaba la televisión nocturna. En un contexto laboral es posible que tuviéramos un punto de vista similar sobre la colaboración o podíamos cubrir los huecos de nuestras fortalezas propias. Quizás yo era más estratégica y él más orientado hacia las relaciones, y al trabajar codo con codo podíamos haber logrado que la clientela se sintiera atendida y, al mismo tiempo, lograr sus resultados organizativos. Como no mostré curiosidad, nunca lo sabré.

ANNE

Una de las cosas que aprendí a hacer al principio de mi carrera fue estudiar mis frustraciones. ¿Te suena raro? Piensa en ello: cuando te frustras, muchas veces se debe a una persona en una determinada situación. Tómate un momento para pensar en el porqué. Durante ocasiones como esas he sido capaz de sacar a la superficie algunos de mis sesgos inconscientes, y así he podido abordarlos a propósito para crear un mejor resultado.

Voy a poner un ejemplo. Hace varios trabajos el equipo que me informaba de manera directa estaba formado en su mayoría por personas de la misma edad, más o menos, salvo una persona. Esa persona me llevaba casi dos décadas. El ritmo de nuestro grupo nos llevaba a comunicarnos principalmente por correo electrónico y, a veces, por mensajes de texto. Sin embargo, esta persona me llamaba. A él le gustaba hablar de los asuntos. Al principio me molestaba y lo encontraba menos eficaz. Sin embargo, no pasó mucho tiempo hasta que me di cuenta de que ahí tenía una lección que aprender. Tuve que superar mi prejuicio sobre que la forma en la que la mayoría del grupo abordaba la comunicación era la mejor. Al contrario, tomarnos el tiempo para hablar las cosas nos permitió establecer y solidificar nuestra conexión, y como me adapté al planteamiento que él deseaba, pudimos establecer una fuerte relación de base que permitió que nuestro grupo hiciera unos avances increíbles. Desde ese momento de mi carrera incorporé la bendición de este planteamiento al mío, y he descubierto que me ha ayudado a ser una mejor líder.

Estrategias para lograr empatía y curiosidad

Ponte en la piel de las demás personas

Es muy fácil criticar a las demás personas sin conocer toda la historia que hay detrás. Por ejemplo, una líder de FranklinCovey, "Sonya", se encontró con que un empleado empezó a llegar tarde al trabajo después de años de puntualidad. Sonya estaba a punto de reprender a dicho empleado, pero decidió investigar más y descubrir qué estaba pasando. Durante una reunión individual Sonya descubrió que a su esposa le acababan de diagnosticar diabetes y tenía que ponerse inyecciones de insulina cada mañana, y él tuvo que elegir entre llegar a tiempo al trabajo o ayudar a su mujer. Sonya y el miembro de su equipo hablaron de formas en las que podían añadir flexibilidad a su horario laboral. Al tomarse un poco de tiempo adicional para escuchar toda la historia, Sonya pudo abordar mejor el problema de rendimiento y mejorar el bienestar de su empleado.

Un excolega mío compartió un ejemplo de cómo su líder demostró una increíble falta de perspectiva y una incapacidad de ver el mundo desde el punto de vista de la otra persona. "Cuando me quedaban pocos años para cumplir los 70 me invitaron a unirme a un nuevo departamento en el trabajo; sentí que era todo un cumplido que tuviera las habilidades y el talento que querían en ese equipo. Mi nuevo jefe era genial, pero desde el principio comenzó a preguntarme: 'Entonces ¿cuánto tiempo más vas a trabajar?'. Lo hizo varias veces, y muchas de ellas frente a otras personas. Por fin, en una conversación privada después de que me hiciera otra vez la misma pregunta, le respondí: '¿Quieres que me vaya? No paras de hacerme esa pregunta'. Con eso logré detenerlo por un tiempo, al menos hasta que nuestras ventas bajaron de repente y el negocio se ralentizó bastante. Me volvió a preguntar cuánto tiempo tenía intención de seguir trabajando. Supuse que se debía a que le habían encargado revisar los salarios y una posible reducción de plantilla. Quizás fuera así o quizás no, pero a mí me hizo sentir incómodo y nervioso. Comencé a preocuparme y a cuestionarme mis propias capacidades. ¿Acaso piensa que no soy capaz? ¿Soy presa fácil para dejarme marchar porque no me quedan décadas de trabajo en la compañía? ¿Puede contratar a alguien más joven y pagarle menos? ¿Acaso daña eso mi credibilidad? ¿Me considera 'de la vieja escuela', con un pie fuera? ¿Y cómo es posible que él no entienda cómo se siente estar en la parte que recibe esa pregunta?... ¿Y si fuera su superior quien le hiciera la pregunta?".

Conoce las historias de las demás personas

¿Hay alguien con quien tengas problemas personales o profesionales actualmente? ¿Y conoces toda la historia? Piensa en formas en las que puedas conectar con esa persona y aprende más sobre su punto de vista de la situación. Puede que te sorprenda lo que descubras.

Sigue investigando

Salir de nuestra zona de confort nos permite crecer y aprender, y existen muchas formas de hacerlo, desde el tipo de medios de comunicación que consultamos hasta el tipo de conversaciones que tenemos. La pregunta básica que debes hacerte cuando investigues es: "¿Esto cuestiona mi paradigma?". AllSides.com trabaja para "exponer a la gente a la información y las ideas desde todos los lados del espectro político para que pueda comprender mejor el mundo... y a las demás personas". Un vistazo rápido a su sitio web te proporcionará los titulares del día desde una perspectiva liberal, centrista y conservadora: el mismo titular, pero distintas ópticas y, por tanto, distintas palabras.

Yo consulto muchos medios de comunicación. La profundidad y el alcance de las historias en la televisión y en las películas, los libros y los pódcast me impulsan constantemente a reflexionar sobre cómo veo el mundo y las experiencias de la gente. Ten curiosidad por aprender más de todos los recursos disponibles. Esto puede suponer ir más allá de la lista de preselecciones que te ofrecen Netflix y Hulu, comprometerte a leer libros escritos por escritores y escritoras de distintos países o entornos distintos al tuyo y buscar pódcast que te permitan hacerte una idea de cómo es la vida en otras comunidades. Otros posibles rincones de tu vida que puedes explorar van desde entablar conversación con las personas de tu barrio hasta unirte a una organización cívica o fraternal local. Piensa dónde podrías tener conversaciones nuevas que te empujen a investigar.

MARK

A principios de los ochenta trabajaba para el banco de Boston en Buenos Aires, Argentina, haciendo estudios de viabilidad sobre los cajeros automáticos propuestos en las sucursales de todo el país. Enseguida me enamoré del país y de su gente.

Era una época llena de disturbios civiles, y había una hiperinflación de casi el 1000% anual. Cualquiera que cobrara en pesos argentinos con una cuenta bancaria perdería casi la mitad del valor de su nómina en el momento en el que se depositara. Una barra de pan costaba 10 000 pesos o más. Al final, el gobierno trató de frenar la marea quitando ceros a la divisa, y acabó por tomar la medida más extrema de cambiar a una nueva divisa, llamada austral.

Antes de cambiar la divisa y en un intento por crear estabilidad en el país, el presidente Leopoldo Galtieri jugó una de las últimas cartas que tenía disponibles e invadió las Islas Malvinas, un conjunto de islas en la costa de la Patagonia cuya soberanía había estado en disputa con el Reino Unido durante un siglo. La guerra duró solo 74 días y le costó a Argentina más de 600 víctimas antes de rendirse.

Fue una época fascinante para vivir allí y ver los efectos de los sesgos a nivel personal y nacional. Estados Unidos se puso del lado de Margaret Thatcher y el pueblo británico en la guerra. Yo era un estadounidense viviendo allí en una época en la que los estadounidenses no eran muy bien vistos.

Me esforcé mucho por ponerme en su piel, y traté de comprender sus historias y usar las habilidades de empatía y curiosidad para seguir investigando. Invertí tiempo y energía en asumir la cultura, desde la vestimenta local hasta las costumbres con las que organizaba mi día. Por supuesto, estaba claro que yo era estadounidense. Y, en consecuencia, sufrí algunas reacciones adversas por parte de la población local.

Según su punto de vista, yo estaba en el lado equivocado. Son incontables las veces que me gritaron, me lanzaron objetos, me escupieron, no me permitieron subir al transporte público y muchas cosas más. Incluso llegaron a poner bombas en escuelas y en algunos hogares estadounidenses. Una casa vecina fue uno de los objetivos; por suerte no hubo víctimas. Era la primera vez en mi vida que había sido objeto de los sesgos, en este caso conscientes de forma pública.

Aprendí que hace falta mucha energía para estar en situación de constante vigilancia sobre dónde estás, cómo te presentas y qué dices. El costo emocional fue enorme: es difícil confiar en otras personas e incluso en tu propio ser cuando eres objeto de los sesgos; es difícil mostrar tu mejor yo cuando se dedica tantísima energía a la autoconservación.

Desde entonces también he aprendido que los sesgos no tienen por qué poner en peligro la vida para provocar los mismos sentimientos de inseguridad e incapacidad. Esta experiencia transformó mi vida y despertó en mí un auténtico sentido de empatía y curiosidad más profundo. Como resultado de esta experiencia, a menudo me pregunto: "¿Quién de mi entorno se siente farsante, como si estuviera en el lado equivocado o no perteneciera? ¿Cómo puedo apoyar su sentido de pertenencia para salvar esa brecha?".

Capítulo 6: Despliega curiosidad y empatía
Reflexión individual

CURIOSIDAD

1. Piensa en alguien del trabajo, accionista o alguien de entre tu clientela que no conozcas bien. Eres profesional y cordial con esa persona, pero no comprendes lo que le motiva ni por qué toma las decisiones que toma. Escribe lo que sí sabes de esa persona. ¿Qué te viene a la mente cuando piensas en trabajar con ella? ¿Le gusta colaborar, cuál es su estilo de trabajo, cuáles son sus fortalezas y qué parece gustarle, y dónde parece pasarlo mal?

   ....

   ....

   ....

EMPATÍA

2. La próxima vez que estés con esa persona en una reunión o una llamada dedica los primeros 15 minutos de la conversación a conocerla un poco más. No empieces con la pregunta más intensa; ve progresando hacia ella. Comienza por lo seguro y luego ve profundizando.

   ....

   ....

   ....

3. Asegúrate de demostrar empatía: posiciónate a su altura, concéntrate completamente en la conversación (¡nada de teléfonos

ni correos electrónicos!) y no juzgues. Demuestra curiosidad y haz preguntas perspicaces, basándote en las palabras y sentimientos que comparta la otra persona, y conecta con tus propios pensamientos y sentimientos.

....

....

....

4. Si te hacen preguntas, responde con honestidad y franqueza. Asegúrate de que esta conversación resulte en beneficio mutuo en lugar de que la persona se sienta interrogada.

....

....

....

CONOCE LAS HISTORIAS DE LAS DEMÁS PERSONAS

Recuerda que usar la empatía y la curiosidad para establecer conexión es un proceso. Hará falta más de una conversación, y exige reflexión y atención de tu parte para continuar con el proceso de alimentar la curiosidad y la empatía.

5. Después de tu conversación, responde lo siguiente:

• ¿Qué sesgos, suposiciones o preferencias surgieron en este diálogo, tanto positivos como negativos?

....

....

....

- ¿Qué acertaste de la lista anterior, y en qué te equivocaste?

....

....

....

Capítulo 6: Despliega curiosidad y empatía
Propuesta para líderes

Una organización comenzaba cada reunión con un minuto de comunicación. Se trataba de una organización técnica, y sus encuestas de compromiso de quienes trabajaban allí indicaban que las personas sentían que la organización tenía problemas de comunicación, sobre todo en el nivel de liderazgo. Quien lideraba pasaba la primera parte de cada reunión (fuera una reunión individual o con 1 000 personas en el salón de actos) reforzando uno de sus valores de comunicación y una reflexión personal de por qué ese valor les importaba. O compartían cómo afectó ese valor en sus interacciones recientes.

Como líder, piensa en cómo podrías poner en práctica un minuto de conexión.

1. Dedica los primeros minutos de cada reunión a conectar con las personas. Haz una pregunta breve que invite a la empatía, la curiosidad y el diálogo.

   ....

2. Al inicio de un nuevo mes o trimestre pide a tu equipo que comparta su mayor orgullo y que diga el motivo. Pídeles que hablen sobre cuáles son sus objetivos para el siguiente periodo. Si el equipo tiene objetivos similares piensa en crear un tablero para registrarlos, para apoyarse entre sí y celebrar las victorias.

   ....

3. Comparte una anécdota personal en la que aprendieras algo, y pide al equipo que contribuya con cualquier experiencia parecida.

   ....

4. Comparte una interacción reciente con clientes o accionistas que fuera significativa en lo personal y haz que tu equipo haga lo mismo.

....

Capítulo 7

Saca provecho del poder de las redes de contactos

No le pedimos a nadie más que se disculpe por su éxito.
Más bien decimos: "Abre una ventana y quítale el cerrojo a la
puerta para que entren las demás personas".

—Kathryn Finney, directora ejecutiva de Genius Guild

En 2019 la escritora, productora y actriz Issa Rae ganó el premio para emprendedoras emergentes, en la gala anual de Women in Film. En su discurso de aceptación dijo con ironía: "Voy a cerrar todas las puertas detrás de mí, así que si no llegaste a entrar… es tu problema. Resuélvelo. 'Emprendedora' significa que [lo] hice por mi cuenta".[1]

Issa Rae estaba bromeando, pero estaba expresando una creencia no manifestada (¿o sí?) común en muchas personas exitosas. A menudo escuchamos comentarios del tipo "nadie me dio nunca nada" o "llegué hasta aquí trabajando duro". Pero eso es sencillamente una falacia. En algún punto alguien nos dio una oportunidad, nos contrató o escuchó nuestras ideas. Alguien del trabajo nos

---

[1] Women in Film, Los Ángeles, 13 de junio de 2019. Issa Rae recibe el premio a la emprendedora emergente en la gala anual de Women in Film de 2019 [archivo de video]. Recuperado de <https://www.youtube.com/watch?v=Db1dPZ5abn4>.

hizo algunos comentarios. Un maestro o una maestra especial nos dio ánimos.

Mi maestra de tercero de primaria les dijo a mi padre y a mi madre que mi escritura estaba muy por encima del nivel de mi curso y que algún día llegaría a ser escritora. Me dio la confianza para pensar que podía hacer algo extraordinario con mi talento. ¡Está claro que sigo viviendo del efecto de dicho elogio!

Nuestra vida y nuestra vida profesional están llenas de momentos como estos, en los que alguien dijo o hizo algo que, como mínimo, nos influyó y, como máximo, nos llevó por un camino. Este es el poder de las redes de contactos y el poder de la conexión.

A veces el poder de las redes de contactos radica en verte o no en ellos. Las mujeres de color representan únicamente 3 % de la élite perteneciente a la alta gerencia en la lista de Fortune 500, y las investigaciones muestran que no ver tu reflejo en el liderazgo puede inhibir el sentido que puedas tener de que es posible trabajar para alcanzar posiciones de liderazgo.

En ocasiones el poder de las redes de contactos radica en saber qué hacer en determinadas circunstancias. En el caso de profesionales de primera generación, el hecho de moverse en el contexto socioeconómico y cultural de la vida empresarial, sin contar con el beneficio de familiares profesionales, experiencia de prácticas en su juventud u otro tipo de exposición a las normas laborales no escritas, se traduce en menos ascensos y una remuneración más baja. Negociar un salario, trabajar para lograr un ascenso y crear influencia y autoridad informal no son habilidades intuitivas. Hay cosas que aprendemos a hacer, a menudo gracias a las redes de contactos. Por ejemplo, en mi primer viaje de negocios con FranklinCovey no sabía que tenía que pagar yo misma mi alojamiento y mis gastos y presentarlos para que me los reembolsaran. Aún no había recibido ningún pago de FranklinCovey, y la verdad es que no tenía el dinero. Por suerte, una rápida llamada a nuestra gerente de la oficina puso remedio a mi ignorancia sobre los viajes de negocios, y llamó al hotel con la tarjeta corporativa del equipo.

Yo me beneficié muchísimo de quienes me abrieron sus redes de contactos. Por ejemplo, conocí a Julienne, cuando era su clienta. Sobre el papel, no teníamos mucho en común. Ella tenía más de 50 años, nació y creció en el ejército estadounidense y trabajaba en el mundo empresarial. Yo era una joven Afrolatina, estadounidense de primera generación, y trabajaba en el sector público. Teníamos edades y razas distintas y proveníamos de orígenes y grupos socioeconómicos diferentes. Pero cuando llegué a FranklinCovey para hacer un trabajo de consultoría, me dijo: "Pamela, avísame alguna vez si necesitas trabajo. Tienes el tipo de carácter versátil que siempre andamos buscando".

Al final, llegó el momento oportuno, y Julienne me ayudó a unirme a FranklinCovey, donde he tenido el privilegio de trabajar por casi una década con cada vez más responsabilidades y resultados. La actuación de Julienne fue contraria a todos los datos que dicen que quienes lideran eligen proteger a personas de su misma raza. Había tanto en mí distinto a ella… y aun así vio algo en mí. Si no hubiéramos conectado y aprovechado nuestra red de contactos existente, la trayectoria de mi vida profesional habría sido por completo distinta. Y conforme nuestra relación fue creciendo quedó claro que teníamos más en común de lo que podía haber parecido a primera vista: ambas éramos mujeres profesionales en el mundo de las ventas, madres estrechamente unidas a nuestras familias, competidoras y, ahora, amigas.

Las redes de contactos nos brindan una ventaja en el trabajo y en la vida. Son una herramienta poderosa para luchar contra los impactos sistémicos de los sesgos. Las redes de contactos nos ayudan a sobrellevar el hecho de ser objeto de los sesgos, a encontrar un sentido de pertenencia y a desarrollar nuestra competencia cultural para que podamos tomar decisiones basadas en hechos y no en el instinto o en los sentimientos.

El poder de las redes de contactos se ve acelerado cuando buscamos de manera intencional oportunidades para generar perspectivas distintas a las nuestras. Para evaluar el poder de tu red de contactos, expliquemos primero sus distintas categorías: para lo que nos concierne, hablaremos de mentoría, *coaching*, patrocinio y personas de confianza, o confidentes. Cada uno de estos componentes de las redes de contactos tiene un propósito distinto, y en cada categoría desplegamos empatía y curiosidad de forma distinta.

Mentorías

La mentoría se centra en el desarrollo de habilidades. Normalmente quien se encarga de la mentoría es una persona de la que tienes algo que aprender; puede tratarse de alguien con más experiencia profesional en tu línea de trabajo, alguien con experiencia en otra línea del negocio o alguien con una habilidad determinada que te gustaría desarrollar, como redes sociales o gestión de proyectos.

Coaching

En el *coaching* hay que aprenderse las reglas del juego: hacer estrategias sobre tu carrera y aprender habilidades más intangibles, como el desarrollo de la presencia ejecutiva, la expansión de la influencia y la construcción de tu marca. Mientras que en la mentoría hay una persona que imparte un conocimiento específico a quien aprende, en el *coaching* se hace más énfasis en la persona que está recibiéndolo, se establecen objetivos y se busca retroalimentación, y no adquirir habilidades técnicas.

Patrocinio

La diferencia entre el patrocinio y la mentoría y el *coaching* es que cuando se recibe un patrocinio pocas veces se está presente. Este proviene de alguien con autoridad formal y más influyente que tú. Recibir un patrocinio es equivalente a recibir una recomendación. Mi esposo trabaja en el Departamento de Estado de Estados Unidos y a menudo acude al piso 17, donde trabaja toda la gente importante. En ese piso quienes ocupan esos importantes cargos de liderazgo suelen hablar de oportunidades, nombramientos y proyectos de alto perfil. El patrocinio surge cuando tu nombre se menciona en esas reuniones, cuando alguien de dirección une tu reputación con la suya. Es un respaldo.

Personas de confianza

En pocas palabras, la mentoría se trata del desarrollo de habilidades, el *coaching* trata de estrategia y el patrocinio sobre reputación. Añadimos las personas de confianza a la lista porque, en lo relacionado con la inclusión, la equidad y los sesgos, para progresar se necesita un espacio seguro. Una persona de confianza es alguien en quien confías incondicionalmente y con quien puedes compartir lo que piensas cuando eres objeto de los sesgos o cuando tienes los tuyos propios.

A veces la persona de confianza es alguien del trabajo y otras alguien de entre tus amistades. Lo ideal es que no solo sea una persona, sino unas cuantas. Por ejemplo, pertenecí a un club de lectura durante muchos años formado por mujeres de color profesionales y de educación universitaria, la mayoría en pareja y todas con hijos o hijas. La oportunidad de confiar en ellas respecto a nuestra singular situación (la mayoría trabajábamos en organizaciones predominantemente Blancas, dominadas por hombres, y hacíamos malabares con la pareja, los hijos o hijas, la ambición y el sueño) fue de un valor incalculable durante esa época de mi vida y mi carrera. También tengo unas pocas mujeres confidentes que son colegas en FranklinCovey, con quienes hablo sobre nuestro rol como mujeres en la organización y de los matices característicos de nuestra cultura organizativa. Dado que incluso los lugares de trabajo más eficaces y colaborativos tienen normas y expectativas no escritas que se deben sortear para progresar, he tenido el privilegio de participar en muchos programas de desarrollo estructurados para líderes en ventas y de alto potencial.

Una vez más, a partir de estos programas construí una pequeña red de confidentes con quienes puedo hablar de los detalles de nuestra labor.

MARK

La mentoría puede cubrir el trabajo que puede faltarle a una cultura organizativa. Comencé mi carrera en una organización muy pequeña y tradicional, donde creía con fervor que mi homosexualidad podía ser utilizada en mi contra si la hubiera hecho pública. Solo me sentí a salvo para compartir esta parte de mi identidad cuando trabajé para un gerente en particular. Mostró un interés real en conocerme, formarme y apoyar mi carrera. Él mismo era también vulnerable, lo que reafirmó que también yo podía serlo; un mentor real, a veces un confidente. La capacidad de quien lidera para dar ejemplo y construir un sentido de pertenencia tiene repercusiones.

ANNE

La importancia de estos distintos roles puede resumirse así: quienes hacen *coaching* te hablan. Quienes hacen mentoría hablan contigo. Los patrocinadores hablan sobre ti. Tendrás superiores, compañeros o compañeras de equipo, colegas y otra gente que podrán entrar o no en estas categorías. Pocas de esas personas servirán como auténticos confidentes, y debes asegurarte de que a quienes consideres como tales lo sean de verdad. He visto a mucha gente cometer ese error, incluso a mí misma.

Piensa en las diferencias de estos roles. Quienes hacen *coaching* trabajan contigo en una habilidad; se centran en ayudarte a hacer algo o a trabajar en algo, y te dan orientación y apoyo. Con esas personas te concentras en una habilidad, una relación, una dinámica organizativa, una situación o algo parecido. Puede darse en el momento o ser continuo. Quienes ofrecen mentorías hablan contigo; con esas personas expones más de tu propio ser y suelen ser personas de confianza fiables. Pueden servir como caja de resonancia y darte opiniones, ampliar tu punto de vista y hablar contigo de una forma que otras personas no pueden hacerlo. Pueden ser circunstanciales o permanentes. Lo más importante sobre quienes brindan mentorías y las personas que la reciben es que se trata de una relación bidireccional basada en la conexión y la confianza. No puedes considerar a alguien tu mentor o tu mentora así sin más (te sorprendería la cantidad de veces que ocurre esto). ¿A qué me refiero? Una mentoría lleva su tiempo y exige algo de trabajo e inversión. Y el que alguien quiera o pueda encargarse de tu mentoría desde el principio —sin que exista un entendimiento o un aprecio básico mutuo— no puede responderse simplemente con sí o no como si se tratara de una llamada de *telemarketing*. Otra importante conclusión que he sacado sobre las mentorías es que pueden encontrarse personas que te las den en todos los aspectos de tu vida, no solo dentro de las compañías para las que trabajamos.

El patrocinio es quizás el papel más difícil de desempeñar para muchas personas. La única manera de conseguirlo es ganándoselo. No puedes pedirle a nadie al azar que te patrocine. Quienes lo hacen pueden representarte "en la mesa" cuando se habla de ascensos, surgen proyectos especiales y se toman decisiones clave. Quienes te patrocinan conocen tu trabajo de primera mano. Ponen su nombre junto al tuyo y responden por ti porque saben lo que hiciste y de lo que eres capaz. En mi experiencia, lo habitual es que los patrocinios se ganen por medio de tu cadena directa de gestión y mediante la exposición y el posicionamiento interfuncionales.

Tus redes de contactos (es decir, tus conexiones) son una parte integral de quién eres, y desempeñan un papel importante a la hora de ayudarte a desarrollar tu máximo potencial.

Estrategias para ampliar tu red de contactos

Una organización puede crear un increíble programa inclusivo de contratación, pero si las personas no disponen de una red interna de contactos que refleje dicha diversidad, no se quedarán. Sin las redes no podrás retener a una plantilla llena de diversidad, su rendimiento no será máximo y no ascenderán de categoría.

Parte de mi clientela me pregunta: "¿Es malo que tenga una red de contactos muy homogénea?". No es malo. No te convierte en una mala persona. Pero es posible que te estés perdiendo el poder de la diversidad. En mi época en el Departamento de Defensa escuché muchos ejemplos sobre seguridad nacional que lo ponían de manifiesto. En el caso de la bahía de Cochinos quienes tomaban las últimas decisiones eran todos hombres de la misma etnia y profesión; incluso habían sido educados en una o dos de las escuelas para ricos de la parte nororiental de Estados Unidos. Y la historia nos dice que no tomaron las mejores decisiones. Según el informe de la Comisión del 11-S, uno de los mayores fallos de la comunidad de inteligencia que condujo al ataque terrorista fue la falta de diversidad. Habíamos construido nuestra comunidad de inteligencia para tratar con Rusia o el bloque soviético, que era un gran ente con mucha influencia. Pero Al-Qaeda era un ente pequeño. Llevaba a cabo una guerra de guerrillas, una forma de actuar distinta. Ni siquiera disponíamos de hablantes nativos de árabe que pudieran comprender los matices del idioma y la cultura. No es que las redes homogéneas sean malas; es que hay muchísimo valor cuando nos expandimos más allá.

Estos son ejemplos de seguridad nacional; era evidente que había mucho en juego. Pero incluso en entornos informales los sesgos y, en concreto, el pensamiento de grupo pueden irse impregnando. En 1983 un grupo de 16 mujeres jubiladas formó el Club de inversiones de mujeres empresarias y profesionales de Beardstown. Las Beardstown Ladies obtuvieron una rentabilidad anual de 23.4% desde su creación, muy por encima del índice S&P 500 durante ese mismo periodo, y publicaron una serie de libros, comenzando en 1995 con *The Beardstown Ladies' Common-Sense Investment Guide: How We Beat the Stock Market—And How You Can Too*. Desafortunadamente su éxito pronto se vio desacreditado por un periodista. PricewaterhouseCoopers llevó a cabo una auditoría y descubrió que el club había cometido un error informático al calcular los rendimientos, y estos, a solo 9.1%, estaban en realidad muy por debajo del índice S&P 500. Aunque el club se disculpó y publicó un descargo de responsabilidad en todos sus libros, la editorial Hyperion fue objeto de una demanda colectiva que condujo al intercambio de todos los libros de las Beardstown Ladies por otros libros de Hyperion.

Al final de este capítulo encontrarás una herramienta que te ayudará a evaluar tu propia red de contactos. Cuando la llenes supera el instinto de decir que tu red está bien como está. Piensa en las oportunidades que tienes para armar redes más robustas de mentorías, *coaching*, patrocinios y confidentes con personas de tu organización y de tu vida a todos los niveles.

En cuanto identifiques las oportunidades podrás poner en práctica estas estrategias para reducir las brechas.

Utiliza la "máquina de Google"

Conocí a alguien en la universidad que al internet lo llamaba la "máquina de Google". Cuando tienes una pregunta la máquina de Google siempre tiene una respuesta. Las redes basadas en internet pueden ser de naturaleza superficial (¿quién tiene 3 000 amistades verdaderas?), pero también pueden ser un puente que te conecte a personas y lugares con los que nunca te toparías en tu vida cotidiana. Durante muchos años trabajé para una organización internacional sin ánimo de lucro dedicada a apoyar las amistades, el alojamiento y los empleos para personas con discapacidades intelectuales y de desarrollo, Best Buddies International. Actualmente mi hijo tiene una discapacidad intelectual. Y aun así no tengo a nadie dentro de mi red personal o profesional de quien pueda aprender más. Pero sí tengo la máquina de Google, donde puedo encontrar organizaciones como Specialisterne, que replantea la neurodiversidad en función de sus capacidades y se centra en la ventaja competitiva de las personas con trastornos del espectro autista en el trabajo. También puedo unirme a grupos de debate en Facebook dirigidos por personas adultas con trastorno del espectro del autismo, lo que estimula mis pensamientos sobre el autismo, el lenguaje y la comunicación.

Amplía los clubes más allá de la escuela

Solemos pensar en los clubes, grupos y asociaciones como algo que hacemos en la preparatoria o la universidad, pero nunca es demasiado tarde para unirse a algún tipo de club (o red, si prefieres decirlo así). Puede ser una asociación profesional, un grupo de recursos para personas que trabajan dentro de tu organización o en alguna donde establecer contactos. Piensa en cuántas horas a la semana pasas con otras personas. ¿Son siempre las mismas? Los clubes brindan la oportunidad de buscar más.

ANNE

Tal vez decir que nada en esta vida se logra en soledad sea una obviedad. Si pensamos en nuestros años de juventud, teníamos el apoyo de otras personas, normalmente figuras adultas (nuestro padre, nuestra madre, amistades de la familia, el profesorado, líderes de la comunidad u otras personas).

Cuando eres joven y profesional la red de personas que te rodean va evolucionando, y tus superiores y quienes pertenecen a tu equipo más directo son lo más importante. Sin embargo, debes darte cuenta de que hay muchas otras personas que pueden influir en ti, de manera directa o indirecta. De forma consciente o inconsciente, a menudo nos perdemos la oportunidad indirecta —sin pensar necesariamente en la red de nuestras redes— a medida que va evolucionando nuestra carrera, y se van formando nuestra reputación y nuestra marca personal. A lo largo de mi vida profesional he sido *coach* y mentora de muchas personas que no han reflexionado de forma proactiva ni consciente el motivo por el que aprovechar al máximo o no una oportunidad, sea un ascenso, un proyecto especial, el crédito adecuado por su trabajo o algo más. Reconocer que no puedes depender en exclusiva en una persona de tu equipo —mucha gente pone demasiado énfasis en su superior— y darte cuenta de que tú y solo tú eres quien debe gestionar tu carrera puede ayudarte a plantearte un enfoque más intencionado respecto al establecimiento de redes y a entablar relaciones significativas y de gran calado. Necesitarás muchos tipos distintos de personas para llenar diferentes roles a lo largo del camino (y, por cierto, les debes a las demás personas hacer lo mismo).

Como ejemplo práctico, piensa en una situación en la que formes parte de un equipo que trabaja en un proyecto. Tu papel está claro, y sabes quiénes están en tu equipo. A lo mejor también tienes claro quién lo lidera. Sin embargo, como participante de ese equipo ¿te centras exclusivamente en tu pieza del rompecabezas o te has molestado en pensar en todo el contexto del proyecto? ¿Cuál es el punto de vista de la persona para quien trabajas? ¿Quién y qué deben facilitar información a tu equipo para que tenga éxito? ¿Cómo se ve el éxito, no solo desde el punto de vista táctico para el equipo, sino en lo que se refiere a los auténticos resultados empresariales? ¿Están claras las mediciones? ¿Hay sesgos en el sistema, o incluso sesgos impulsados por la dinámica de equipo que representan una oportunidad para reformular el planteamiento para conseguir un mejor resultado? Reflexionar sobre este tipo de preguntas y otras puede ayudar a reformular una oportunidad para ampliar tu red de contactos, además de tu aportación, al adquirir otros puntos de vista más allá de los obvios.

Aumenta tus entradas

Como dijimos antes, el sesgo de confirmación ocurre cuando solo reconocemos la información que confirma nuestras creencias existentes, en lugar de nueva información que pueda poner en duda nuestros puntos de vista. Personalidades públicas, de la academia y líderes de opinión pueden formar parte de nuestra red de contactos de una forma más amplia. Por ejemplo, escucho unos cuantos pódcast que influyen muchísimo en mi forma de pensar sobre política, trabajo y dinero. En cierto sentido, tengo una conversación semanal con las personas que dirigen dichos pódcast. Piensa en lo que lees, ves y escuchas; luego amplía los lugares de donde obtienes la información. Si aumentas las entradas, aumentarás de forma natural las salidas en lo que se refiere a tu forma de conectar y construir relaciones con las demás personas. Por otra parte, lo que lees, ves y escuchas puede construir puentes hacia mentorías, patrocinadores, *coaching* y confidentes gracias a la discusión y el diálogo. Digamos que es un beneficio adicional.

En última instancia, aprovechar el poder de las redes de contactos como herramienta para establecer conexiones y mitigar los sesgos consiste en salir de tu zona de confort. Quizás pienses: "No paro. Tengo muchas cosas que hacer". Pero la buena noticia es que ampliar tu red de contactos puede llevarte tan solo unos minutos. ¿Con quién puedes conectar ahora?

Capítulo 7: Saca provecho del poder de las redes de contactos
Reflexión individual

1. Piensa en las categorías de redes de contactos de las que se habla en este capítulo. Haz una lista con una o dos personas en cada una: mentoría, *coaching*, patrocinio o confidente. ¿Quién ostenta ese puesto para ti? ¿Para quién supones uno de esos roles?

	Para mí:	Lo soy para:
Mentoría		
Coaching		
Patrocinio		
Confidente		

¿Tienes alguna brecha o espacio en blanco? ¿Podrías nombrar dos o más personas dentro de cada una de estas categorías?

....

....

....

2. Ahora piensa en tus identificadores. Cuenta las personas que son como tú o distintas a ti en varias dimensiones (como la edad, la etnia, etcétera).

....

....

3. ¿Qué notas en aquellas personas con las que eliges conectar o con las que deciden conectar contigo? ¿Cómo impactan o afectan tu influencia aquellas personas con las que conectas?

....

....

....

4. ¿A qué te comprometerás para salvar las brechas?

....

....

....

Capítulo 7: Saca provecho del poder de las redes de contactos
Propuesta para líderes

Como líder, tu red de contactos tiene repercusión en tu influencia individual, pero también tiene un impacto mayor en la organización, en cómo se ve el liderazgo, cómo se siente la gente incluida en sus equipos y si la gente tiene un sentido de pertenencia e influencia en la organización.

1. Haz una lista de 10 personas de tu red profesional con quienes interactúas: personas con un cargo superior al tuyo, con un cargo inferior, a tu mismo nivel, entre la clientela o de otros departamentos. Proponte un desafío; este no es un ejercicio de "bueno, ya trabajo con esta persona Negra". Se trata de ver a quién acudes cuando tienes un problema o un gran reto que resolver. ¿Quién acude a ti cuando tiene un dilema o cuando necesita *coaching* o mentoría? ¿Quiénes son las personas a las que acudir dentro de tu red de contacto, y para quién eres la persona a la que acudir?

   1. ....

   2. ....

   3. ....

   4. ....

   5. ....

   6. ....

   7. ....

   8. ....

   9. ....

   10. ....

2. Cuenta las personas que son iguales o distintas a ti en varias categorías. ¿Qué notas sobre aquellas personas con las que eliges conectar o sobre quienes eligen conectar contigo? ¿Cómo impactan o afectan tu influencia aquellas personas con las que conectas?

....

....

Con la lista de personas enfrente, cuenta la cantidad de personas que son iguales o diferentes a ti en cada una de las categorías siguientes.

Igual	Diferente		Igual	Diferente	
		Grupo de edad			Capacidad física
		Color			Aspecto físico
		Nivel educativo			Opiniones políticas
		Experiencia			Raza o etnia
		Situación familiar			Religión
		Género			Orientación o identidad sexual
		País de procedencia			Situación socioeconómica
		Personalidad			

¿Qué notas sobre las personas con las que elegiste conectar?

....

....

¿Cómo afectan tu influencia las personas con las que conectas?

....

....

Capítulo 8
Cómo afrontar las conversaciones difíciles

No tienes derecho a liderar o dirigir a las personas si no reúnes el valor para hablar de lo que no se puede hablar. Nadie nace valiente. Nacemos cobardes, y con la práctica, los errores y la asunción de papeles adquirimos más experiencia para manejar las conversaciones difíciles.[1]

—SCOTT MILLER, coautor del superventas
Everyone Deserves a Great Manager

Pocas veces son fáciles las discusiones sobre los sesgos, pero pueden ser productivas, fomentar la confianza y mejorar el rendimiento si podemos abordarlas desde nuestro cerebro pensante. Pero lo más normal es que las conversaciones difíciles sobre los sesgos activen el cerebro primitivo en ambas partes.

Quienes son objeto de los sesgos pueden estar pensando: "El sistema está amañado contra mí. Las personas como yo no tenemos poder, no podemos ascender, no lideramos proyectos y no ganamos mucho dinero". Sienten que la oportunidad se les ha cerrado, y como nuestra profesión es nuestro principal mecanismo para mantenernos económicamente, ser víctima de sesgos en el trabajo

---

[1] Alissa Carpenter, "How to Embrace Your Mess as a Leader", *Thrive Global*, 9 de septiembre de 2019, <https://thriveglobal.com/stories/how-to-embrace-your-mess-as-a-leader/>.

puede amenazar nuestra capacidad de cuidar de cada cual y, tal vez, de nuestras familias. Nuestro cerebro primitivo siente que está en juego nuestra supervivencia.

Quienes no han sido objeto de sesgos pueden sentir la misma amenaza: "Ninguno de esos sesgos es mi culpa, como persona. No me van a echar porque no tenga el aspecto adecuado. Es como si estas conversaciones fueran para deshacerse de mí". De nuevo se dispara una mentalidad primitiva y defensiva. ¡No me extraña que estas conversaciones sean tan complicadas!

Lo que me resulta increíble es que ambas partes se ven a sí mismas como en oposición a la otra, a pesar de que sus experiencias son bastante parecidas. Ambas partes sienten dañado su sentido de pertenencia.

Podemos comparar la "temperatura" de estas conversaciones con nuestro modelo de rendimiento. Cuando la discusión se va acalorando, ambas partes se deslizan a la zona limitante y a la zona dañina. En la zona dañina nos cerramos por completo, nos ponemos a la defensiva y nos enfrentamos. La confianza cae en picada. Inevitablemente se verá afectado el rendimiento de todas las personas. En las conversaciones en zona limitante la gente pasa de puntitas, malinterpreta las intenciones y se frustra; el rendimiento seguirá viéndose mermado, ya que la confianza sigue siendo baja.

Nuestro objetivo es asegurarnos de que nuestras discusiones sobre los sesgos nos muevan hacia la zona de alto rendimiento o nos mantengan en ella, ya que ahí la intención de nuestras conversaciones es la comprensión, la empatía y el aprendizaje. Aclaramos suposiciones y abordamos los malos entendidos. Es posible que incluso reparemos el daño de conversaciones limitantes o dañinas previas sobre los sesgos. Somos responsables, nos detenemos entre el estímulo y la respuesta y decidimos actuar desde nuestro cerebro pensante, no desde el emocional ni el primitivo.

Puede lograrse. Hablemos de cómo podemos mantenernos en la zona de alto rendimiento, tanto cuando tenemos que hablar de sesgos con alguien superior como cuando alguien habla de sesgos por nuestra parte. Es posible que dispongas de políticas y procedimientos formales que debas seguir cuando surjan conversaciones sobre sesgos, pero en estas páginas nos centramos en estrategias que no se limitan a cumplir, sino que mejoran el rendimiento.

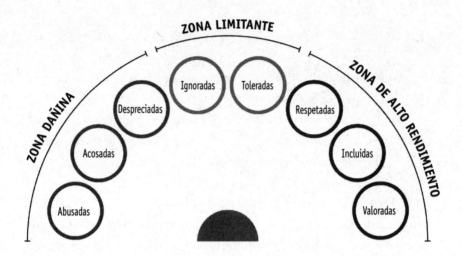

Cuándo debes sacar a relucir los sesgos

Si estás siendo víctima de sesgos en el lugar de trabajo considera la posibilidad de usar estas cuatro estrategias para afrontar la conversación:

Haz preguntas

Si sientes que se está tomando una decisión desde un punto de vista sesgado, pide más detalles y escarba en las impresiones y los sentimientos (donde acecha el sesgo inconsciente) hasta que llegues a los hechos. Por ejemplo, a lo mejor crees que no se está haciendo justicia a la hora de considerar para un ascenso a uno de los miembros de más edad del equipo, Ed, debido a su edad. Esta es una forma en la que puedes manejar la conversación:

Tú: Ed parece ser el candidato más cualificado para el puesto. Su historial es sólido y está deseando ascender.

Gerente de contratación: No creo que sea la persona adecuada para este puesto.

Tú: ¿Por qué piensas eso?

Gerente de contratación: No parece que pueda encargarse del trabajo.

Tú: ¿Podrías explicar lo que quieres decir con "encargarse del trabajo"?

Gerente de contratación: No creo que pueda seguir el ritmo que exigen los desplazamientos.

Tú: El puesto actual de Ed exige 40% de desplazamientos, y ha alcanzado sus objetivos. Para mí eso significa que sí puede seguir el ritmo de los desplazamientos. ¿Estás de acuerdo?

Fácil de escribir como una conversación hipotética… ¡un poco más complicado llevarla a la vida real! Pero el objetivo es olvidarse de los sentimientos, los instintos y las impresiones para fijarnos en hechos más verificables. Puedes usar esta estrategia cuando sientas que estás experimentando en tu propia carne los sesgos. A lo mejor eres la persona que sospecha que no se le está considerando debido a la edad. Pregunta en la dirección: "¿Podría explicarme qué puedo hacer para asegurarme el ascenso en seis meses?".

Sigue indagando hasta que llegues a algunos pasos concretos.

ANNE

¿Alguna vez has oído hablar de una de las cinco cosas que nunca debes preguntar a una persona de color? Algunas personas saben exactamente de lo que estoy hablando. "¿De dónde eres?".

Es una pregunta interesantísima, ¿verdad? Surge de manera espontánea en la conversación cuando estamos conociendo a alguien. La mayoría del tiempo, cuando hacemos esa pregunta, queremos saber dónde vive esa persona o dónde se crio. Son aspectos muy lógicos e inocentes por los que preguntar. Y así es como la mayoría de las personas responderíamos la pregunta. Sin embargo, en algunos casos se pregunta en un contexto distinto. Esta sería la versión:

P: ¿De dónde eres?

R: Vivo en el área metropolitana de Dallas-Fort Worth-Arlington, pero crecí en Nueva Jersey.

P: No, ¿de dónde eres en verdad?

R: Ah, ¿te refieres a dónde nací? En la zona del Medio Oeste de los Estados Unidos.

P: No, que de dónde eres de verdad, verdad.

R: Ah, te refieres a mi etnia. Soy Chinotaiwanesa.

Piensa en esta interacción. Su planteamiento implica que soy de alguna parte que no es aquí. Para algunas personas puede tener el matiz de que no perteneces. Tengo que admitir que en mi juventud me ofendía bastante este tipo de interrogatorio. La joven Anne se caracterizaba por contestar con brusquedad. La Anne madura se da cuenta de que este es un momento de enseñanza, y por ese motivo termino la serie de preguntas anteriores de la siguiente forma:

P: ¿Y tú de dónde eres en verdad?

Otra versión de esta pregunta que tanto yo como otras personas de color escuchamos con frecuencia es: "¿Tú qué eres?". Piensa en esa. Cuando le haces esa pregunta a alguien de ese modo, de nuevo implica que no eres como yo, entonces, ¿qué eres?

El 99% del tiempo la gente no hace esa pregunta porque sea racista. Más bien no conocen o no comprenden las sensibilidades. Así que no supongas lo peor. Supón lo mejor y educa. Ten la conversación. Apuesto lo que quieras a que después de la línea de preguntas y respuestas anteriores esas personas ya no volverán a preguntar "¿de dónde eres?" de la misma forma.

Recuerda, nuestras palabras importan. La intención importa. Así que si te encuentras en la posición de ser quien hizo estas preguntas piensa en cómo puedes reformular tus dudas en el futuro. Estas son algunas formas mejores de dejar claros tus intereses:

"Para ti, ¿dónde está tu hogar?".
"¿Dónde te criaste?".
"¿De qué etnia eres?".
"¿Dónde fuiste a la escuela?".
"¿Dónde se criaron tu madre y tu padre?".

Ten en cuenta que no estoy sugiriendo que este tipo de preguntas sea inadecuado, aunque algunas sí lo serían en una entrevista. Sin embargo, merece la pena pensar qué es lo que hay detrás de tus preguntas. Es absolutamente natural querer conocer a alguien, sobre todo cuando te estás esforzando por establecer una buena relación. Solo date cuenta que algunas personas no querrán recorrer ese camino junto a ti, y a otras tu planteamiento puede resultarles ofensivo. Depende de ti descubrir la mejor manera de tener ese diálogo de la forma más constructiva y positiva posible. No se trata en absoluto de una solución universal para todo el mundo, y es importante ser sensible a las necesidades y reacciones de las demás personas para que tu planteamiento para establecer una conexión sea lo más eficaz posible y vaya en consonancia con el resultado que persigues.

Cuenta historias

A veces tienes que hablar sobre los sesgos con alguien que tiene una opinión muy arraigada sobre ti o sobre una situación. Parece que ni siquiera te escucha. Utiliza el increíble poder de la narrativa para crear empatía.

Una vez le dije a una colega que yo era de República Dominicana, y ella se puso a hablar sobre lo terrible y empobrecida que estaba cuando la visitó hace 30 años. Por supuesto, no me pareció apropiado describir el país como terrible. República Dominicana es la octava economía de Latinoamérica y la primera del Caribe. El equipo de especialistas en desarrollo lo describen como un país emergente de renta media-alta y cuenta con prósperas industrias de minería, agricultura, comercio y turismo. Así que aunque la región del país que visitó mi colega tenía más pobreza de la que nunca había visto, su percepción del país era bastante limitada.

Yo podía haber rebatido su punto de vista con los hechos que expuse antes y mi propia experiencia en el país. En lugar de eso le conté a mi colega sobre cuando llevé a mi hijo a visitar a mi padre en República Dominicana, lo cómodo que era el viaje, las preciosas vistas de las que disfrutamos y que ella nunca vio y ni sabía que existían, y me aseguré de hablarle de los modernos servicios, como el metro y la oferta gastronómica de la ciudad colonial. Mi historia era más cercana que los datos; estaba contrarrestando mi experiencia a la suya. Se dejó llevar por el relato de una hija llevando a su hijo a ver el hogar de su abuelo, y pudo comprender emocionalmente lo especial que fue ese viaje. Pero si me hubiera limitado a decirle que su experiencia estaba equivocada, no iba a llegar a ninguna parte.

Derriba los muros

MARK

Nací en 1960 y soy sin duda un niño nacido durante el *Baby Boom*, un hecho que ha influido en mi experiencia sobre la identidad. Recuerdo ver a los primeros seres humanos poner un pie en la Luna en nuestra televisión en blanco y negro en 1969, y que tuve mis primeros pantalones acampanados al iniciar segundo de primaria. Era una época en la que los sesgos contra las personas de color, la comunidad LGBTQ+, las mujeres y otros grupos marginales estaban mucho más tolerados, y las protecciones jurídicas para estos grupos no existían. Mi papá era piloto del ejército del aire que había servido en Vietnam, y mi madre era ama de casa.

Desde muy temprana edad, yo sabía que era diferente, y no me di cuenta de cuál era esa diferencia hasta mis primeros años de adolescencia. Era un hombre gay, algo de lo que no se hablaba, y mucho menos se veía representado en los medios audiovisuales principales durante esos años. Y en casa mis únicos recuerdos de mi padre reconociendo la existencia de las personas con diversidad sexual eran como el blanco de sus bromas insensibles. Siempre nos costó llevarnos bien, y mi estrategia para sobrellevar esto era evitar el conflicto y evitarlo a él lo máximo posible.

No les confesé mi sexualidad a mi padre ni a mi madre hasta los 35 años y, como esperaba, no fue nada bien. No hubo palabras de apoyo ni declaraciones de reconocimiento, solo órdenes de cosas que tenía que hacer para "arreglar mi problema". Tras semanas evitándoles y planteándome en serio si podría desconectarme de mi familia por completo, decidí inclinarme por una conversación muy difícil. Había pasado demasiado tiempo reprimido por el sesgo totalmente consciente de mi padre y luchando con mi propio sentido de valía que ya no quería sentirme más así.

Me puse en contacto con mi padre y le pregunté si podíamos hablar en persona, con dos condiciones: la primera, seríamos por completo honestos el uno con el otro, y la segunda, no trataríamos de "resolver" nada, sino tan solo tratar de entendernos. Ambos preparamos una lista de preguntas con la advertencia de la total honestidad en la respuesta. Le dije: "Si no quieres oír la respuesta, ¡no hagas la pregunta!".

El siguiente fin de semana voló a Dallas y lo pasamos juntos. Nos reímos, lloramos y hablamos sobre cosas de las que nunca nos habíamos atrevido a hablar antes. Al terminar el fin de semana, me dijo: "Siempre supe que había un muro entre nosotros, pero nunca supe qué era. Ahora estoy comenzando a entenderlo, ¡estoy deseando encontrar formas de derribarlo!".

Aunque nunca he sido de los que se meten en conflictos por naturaleza, desde entonces he tratado de aplicar ese mismo lenguaje a los conflictos de mi vida personal y profesional. Me pregunto: "¿Cuál es el muro que nos separa?". A veces ese muro es un sesgo, y el hacer la pregunta nos permite sacarlo a la superficie, algo que no pasaría de otro modo. Una vez creado el espacio para reconocer los sesgos podemos asociarnos para derribar el muro y así fortalecer las relaciones y establecer conexión en el proceso.

Recurre a alguien que medie extraoficialmente

No siempre tienes que meterte en la refriega. Hay un tiempo y un espacio para recurrir a alguien con más autoridad para que ayude, si tienes una relación de confianza con esa persona. Deja que esa confianza intervenga a tu favor en esta conversación difícil.

Hace años tuve que sacar un tema muy delicado sobre sesgos con alguien superior varios niveles por encima de mí. Podía haberme acercado a esa persona directamente con las estrategias anteriores, pero en este caso me resultó mucho más valioso dejar que una socia común, "Elena", tuviera dicha conversación. Elena tenía un alto grado de confianza con la otra persona y conmigo. Tuve una charla en absoluto honesta con ella; después ella se acercó a la otra persona para hablarle sobre el asunto con mucha mayor eficacia (esta es una función esencial de las personas aliadas, de las que hablaremos con mayor profundidad en el capítulo 12).

Para líderes: cuando alguien del equipo te habla de sesgos

Quienes lideran son seres humanos. Y en conversaciones delicadas somos tan susceptibles de caer en el instinto de "pelear, huir o paralizarnos" como cualquiera.

Sin embargo, como líderes somos responsables de dar rienda suelta al rendimiento de quienes conforman nuestro equipo, y las respuestas reactivas nos hundirán en la zona limitante. Debes superar tus respuestas instintivas y abordar con eficacia los sesgos cuando los veas en ti y cuando nos llamen la atención al respecto.

Escucha, escucha, escucha

Al dirigirse a una clase de estudiantes en el ejército a mitad de la carrera, el general de rango cuatro estrellas Glenn Otis les dijo que quería que recordaran una sola cosa durante su próximo liderazgo militar. Sacó una ficha que llevaba siempre consigo y que decía: "¿Cuándo fue la última vez que permitiste que alguien de rango inferior te hiciera cambiar de opinión sobre algo?". Luego les dijo: "Quiero que recuerden esto cuando se vayan hoy de aquí y se reincorporen al ejército regular: aprendan a escuchar".[2]

Muchas personas que están en puestos de liderazgo creen que son excelentes oyentes, pero en realidad lo que hacen es esperar

---

[2] Martin Dempsey y Ori Brafman, *Radical Inclusion*, Missionday, Arlington, VA, 2018.

su turno para responder. Aquí no estamos hablando de ese tipo de escucha superficial, sino más bien de una habilidad de mayor nivel denominada escucha empática. Significa escuchar con la intención de comprender, no solo de responder. La escucha empática es una competencia de liderazgo, y exige madurez, paciencia y, como el general Otis remarcó, abrirse a dejarse influir por quienes tienen cargos directamente inferiores al tuyo.

En FranklinCovey el jefe de personal Todd Davis es nuestro experto interno en esta materia. En su superventas *Get Better: 15 Proven Practices to Build Effective Relationships at Work* escribe: "Cuando escuchas no estás imponiendo tus opiniones sobre la persona. No estás tratando de descifrar cómo hacer que lo vea a tu modo. En lugar de eso estás suspendiendo tus opiniones el tiempo suficiente para meterte de lleno en el mundo de esa persona y tratar de entenderlo desde su punto de vista".[3]

Cuando quienes pertenecen a tu equipo están hablando no prepares tu respuesta mentalmente. No valores si estás de acuerdo o no. Concéntrate solo en comprender lo que están diciendo y sintiendo. Usa frases sencillas como: "Entonces lo que dices es...". Sigue reflexionando sobre lo que escuchaste hasta que concuerden en que comprendes a fondo su punto de vista.

Si intentas interrumpir este proceso y saltar directamente a responder descubrirás que las emociones se caldean enseguida, la confianza se erosiona y, por tanto, el rendimiento posterior decaerá hasta la zona limitante. La escucha empática exige un tiempo y un esfuerzo adicionales, pero como dijo Stephen R. Covey: "Con las personas lo rápido es lento y lo lento es rápido". El tiempo da sus frutos.

Creo que cuando demostramos comprender mediante la escucha empática y respuestas reflexionadas tanto quienes lideran como quienes pertenecen al equipo tienen mayor probabilidad de

---

[3] Todd Davis, *Get Better: 15 Proven Practices to Build Effective Relationships at Work*, Nueva York, Simon & Schuster, 2017.

pasar al cerebro pensante. Solo entonces podremos encontrar soluciones, fomentar la confianza y progresar respecto al sesgo que nos ocupa. De lo contrario, es de esperar que el problema se propague.

ANNE

La realidad es que no se puede empatizar, aprender ni crecer si estás hablando. ¿Por qué? Porque estás centrado en ti, no en qué o quiénes te rodean. Ya lo dice el viejo dicho, tenemos dos orejas y una sola boca, por lo que deberíamos escuchar al menos el doble de lo que hablamos. Es cierto. Resiste el impulso de lanzarte. Escúchalo todo y obsérvalo todo. Vive el momento. Después reflexiona; a veces las personas tan solo quieren una caja de resonancia. No quieren que respondas a la situación. Aunque puede que te pregunten "¿y tú qué harías", resiste la tentación de tomarte la pregunta al pie de la letra. Lo que en realidad quieren es tu punto de vista para poder tomar la decisión por su cuenta. Yo siempre le digo a la gente que quiere tener una discusión de mentoría conmigo que deberían esperar muchas preguntas, ya que mi papel es ayudarles y apoyarles para que lo descubran por su cuenta.

Deja paso a las emociones

Las conversaciones sobre los sesgos pueden estar cargadas de emociones. Pero cuando alguien saca un problema sobre este asunto el primer instinto de quienes lideran suele ser decirle que se tranquilice o decirle a quien tiene un cargo inmediatamente inferior que el mensaje se está perdiendo debido a las emociones implicadas. Eso no solo es ineficaz (¿en qué momento de la historia de la humanidad ha funcionado alguna vez el decirle a alguien que se tranquilice?), sino que está equivocado. La emoción es fundamental para este tipo de conversaciones.

La escucha empática implica comprender tanto el contenido como la emoción de la otra persona. Cuando uno de mis hijos viene a mí llorando sobre una construcción de LEGO que su hermano ha derribado, solo prolongo su molestia si le digo: "Tranquilízate. Puedes reconstruirlo, y no era tan importante".

Si de verdad quiero que avance hacia una solución tengo que reconocer la validez de su emoción. "Trabajaste mucho para armarlo, y comprendo que es muy molesto que tu hermano no respetara tus cosas".

A veces tenemos la intuición acertada sobre la crianza y nos olvidamos de extender la misma consideración hacia las personas adultas. Cuando salten las emociones durante una conversación no las bloquees. En lugar de eso refleja los sentimientos y las emociones en la otra persona y deja que esta emoción se desarrolle hasta alcanzar una solución.

Cuidado con la manipulación psicológica

La manipulación psicológica es una táctica empleada para lograr que la gente ponga en duda su versión de la realidad. Puede aparecer en conversaciones difíciles si te pones a la defensiva o no estás de acuerdo con la versión de los hechos de la otra parte. Por ejemplo, alguien que trabaja para ti puede comentar que siente que está en la zona limitante por culpa de su raza o porque es la persona más joven del equipo. Puede que comparta ejemplos de ocasiones en las que sus ideas se descartaron o se hicieron bromas insensibles y el equipo se rio, o tú como líder te reíste en lugar de decir que esa broma era problemática. Si te descubres minimizando los pensamientos y sentimientos de la otra persona, desviando la culpa, diciendo que algo no ocurrió u omitiendo detalles, es posible que estés cayendo en esta práctica y manipulando sin querer a la otra persona. Corremos especial peligro de caer en la manipulación psicológica cuando nos ponemos a la defensiva o alguien pone en duda los motivos tras nuestras decisiones o respuestas. Recuerda que cuando alguien del equipo saca a relucir un sesgo tu prioridad como líder debe centrarte en su experiencia, comprenderlo y asociarte con esa persona para hacer un cambio hacia el alto rendimiento. La manipulación psicológica puede sentirse como un debate saludable desde tu perspectiva, pero la persona con quien estás hablando puede sentir que estás minimizando su experiencia; esto puede empujar a alguien que se sienta en la zona limitante directamente a la zona dañina. Si te resulta difícil entablar una relación provechosa con esa persona puede que haya llegado el momento de dar un paso atrás y tomarte un respiro.

Tómate un respiro

A lo mejor necesitas separarte de la noticia inicial antes de responder, y eso no tiene nada de malo. Una vez que hayas escuchado con empatía y la persona perteneciente al equipo sepa que comprendes su punto de vista no tienes que abordar el problema en ese mismo instante. Es totalmente válido decir: "Necesito un poco de tiempo para pensar en esto. ¿Podemos volver a retomar el tema la próxima semana?".

Saca los sesgos a la superficie deliberadamente

Quienes mejor lideran son quienes van más allá de un buen manejo de una conversación sobre sesgos, y preguntan de manera deliberada a su equipo cómo podrían estar afectando los sesgos a su rendimiento.

Muchas personas en puestos de liderazgo se preguntan cómo lo hacen. Es muy sencillo: tienes que preguntar. Como dice la escritora Chimamanda Ngozi Adichie: "Si no comprendes, haz preguntas. Si te resulta incómodo hacer preguntas, di que te resulta incómodo hacer preguntas y luego, de todos modos, pregunta".[4]

---

[4] Chimamanda Ngozi Adichie, *Americanah*, Nueva York, Anchor Books, 2014, p. 406.

Nota: Trabaja con recursos humanos para aclarar qué es lo que puedes hacer y lo que no en tu lugar de trabajo, y luego utiliza las siguientes estrategias:

- **Pregunta solamente si quieres tener la información.** Si pides información sobre los sesgos y luego no haces nada con lo que te dicen, es peor que no haber pedido la información. Asegúrate de que tu mente esté preparada para lo que puedas llegar a escuchar.
- **No dependas de una política de "puertas abiertas".** Una puerta abierta no es una política… es solo eso, una puerta. No significa que tengas que aceptar sin más lo que ocurre cuando alguien la atraviesa ni que hayas creado el tiempo y el espacio para que en verdad hable contigo.

  A nivel de gerencia casi todo el mundo cree que muy pocas personas de un equipo aprovechan la oferta, y no se debe a que no haya ningún problema en su interior. Teniendo en cuenta las dinámicas de poder de la situación, no puedes esperar que quienes reportan directamente ante ti planteen temas complicados con la persona de quien depende su seguridad laboral.

  Mostrar tu interés ante la gente tiene un impacto mucho mayor que contárselo. La mejor oportunidad para estas discusiones son tus reuniones semanales individuales, en las que puedes hacer preguntas que hagan pensar y tratar de obtener sus comentarios. Usa este tiempo para observar el lenguaje corporal y escuchar lo que no se dice tanto como lo que se dice, y después inicia deliberadamente conversaciones difíciles si sospechas que algo va mal.
- **Reequilibra el poder.** Existe un desequilibrio intrínseco de poder en las conversaciones individuales y de otro tipo de gestión del rendimiento. Puedes mitigarlo si le preguntas al personal qué es lo que puedes mejorar y qué es lo que estás haciendo bien: "Quiero empezar diciendo que mi

objetivo es apoyarte y lograr resultados. Quiero darte la oportunidad de decirme una cosa que te gustaría que dejara de hacer, comenzara a hacer o siguiera haciendo en lo que se refiere a la justicia y la equidad en nuestro equipo".

El hecho de hacer la pregunta antes de la conversación, por ejemplo, por correo electrónico o algún otro método, funciona aún mejor. Eso le permite ordenar sus ideas y expresar sus puntos de vista con mayor claridad, y además evita la sensación de emboscada. Si dices: "Dime lo que está funcionando y lo que no", mucha gente te dirá que todo va bien y que nada va mal.

- **Comunica lo que haces con los resultados y lo que puedes y no puedes hacer con claridad y transparencia.** Por ejemplo, alguien del equipo dice: "La forma en la que se distribuyen los aumentos es un problema". Tú puedes responder: "Los planes de salarios están por encima de mí; eso viene de Dirección. Puedo interceder por ello, pero no puedo cambiarlo personalmente". Pero si alguien más comenta: "Siento que a quienes trabajan a distancia se les excluye de la comunicación. Nunca sé qué está pasando".

  Entonces cualquier líder puede hacer algo para resolver ese problema en su equipo.

Mi colega dijo una vez:

—No evito las conversaciones difíciles; evito las conversaciones difíciles con personas en las que no confío.

Algo intrínseco en todas las estrategias de las que hemos hablado en este capítulo es que estas conversaciones, si se manejan de manera adecuada, pueden generar confianza y mejorar el rendimiento. Escuchar, responder deliberadamente y buscar opiniones es como se define un buen liderazgo.

Capítulo 8: Cómo afrontar las conversaciones difíciles
Reflexión individual

Para poder tener una conversación difícil es necesario sentir comodidad ante lo incómodo. Comienza por decir lo que quieres decir y abordando el problema con los hechos, lo que sabes que es cierto. Se trata de tener valor y tener esa conversación que has estado evitando o temiendo para romper las barreras que empeoran el rendimiento. Actualmente la mayoría de las personas nunca nos atreveríamos a entrar en una negociación salarial o una entrevista laboral sin preparación. Sin embargo, solemos meternos en conversaciones difíciles sin haberlas planeado o pensado en qué podría pasar en el transcurso del diálogo. A continuación planteamos una lista de comprobación para prepararse.

Antes de comenzar una conversación difícil revisa estas cinco categorías y subapartados. ¿Está todo listo?

1. ¿He creado seguridad?
   - Crear un entorno seguro.
   - Tener la conversación en privado.
   - Reflexionar antes de hablar.
   - Dar por sentada una buena intención.

2. ¿Estoy deseando ir más allá?
   - Tener una actitud de descubrimiento.
   - Observar el lenguaje corporal.
   - Escuchar activamente.
   - Hacer preguntas de seguimiento.
   - No interrumpir.
   - Repetir lo que escuchaste para garantizar la claridad.
   - Emplear frases reflexivas: "Lo que te escuché decir es...", "¿es esto lo que querías decir cuando dijiste...?".
   - Compartir tu punto de vista.
   - Atenerte a los hechos.
   - No menospreciar su punto de vista.

3. **¿Me baso en el motivo y la concentración?**
   - Exponer el motivo con claridad.
   - Concentrarse en los hechos.
   - Llamar a las cosas por su nombre.
   - Compartir las pruebas y el impacto.

4. **¿Puedo gestionar eficazmente las emociones?**
   - Gestionar la energía emocional.
   - Permanecer con los pies en el suelo.
   - Respirar profundamente; no suspirar.
   - Permanecer en calma y animar a que la otra persona también lo esté.

5. **¿Todo el mundo tiene clara la solución y el cierre?**
   - Señalar los problemas; ofrecer soluciones.
   - Reconocer sus sugerencias.
   - Verificar si la solución está clara.
   - Agradecer que hablen contigo.
   - Establecer una reunión de revisión dentro de 30 días.

ESCRIBE TUS IMPRESIONES

....

....

....

Capítulo 8: Cómo afrontar las conversaciones difíciles
Propuesta para líderes

Como líder, la preparación para una conversación difícil exige pensar adicionalmente en dos áreas clave, sobre todo cuando el diálogo es con alguien que está en un puesto inferior.

Identifica una conversación difícil que tengas próxima. Usa la actividad de "Reflexión individual" y las dos categorías que aparecen a continuación para guiar tu conversación. Conforme vayas hablando ve notando la zona de conducta en la que la otra persona pueda encontrarse (dañina, limitante o de alto rendimiento).

- **Poder.** Lo que sale de tu boca tiene un peso adicional. Sin darte cuenta, puedes terminar una conversación incluso antes de que haya comenzado. Asegúrate de que equilibras el poder antes de la conversación. Esto puede significar reunirse en una zona neutral en lugar de en tu oficina, sentarse lado a lado en lugar de tras un escritorio y dejar claro desde el principio que el punto de vista de la otra persona es tan importante como el tuyo en esta conversación.

....

....

....

ESCRIBE TUS IMPRESIONES

....

....

....

....

- **Defensa/persuasión.** Las conversaciones difíciles no son un debate. Puedes comenzar con una pregunta que ponga el balón en la cancha de la otra persona y aclare tu intención. Por ejemplo: "Sé que quieres hablar sobre la decisión que se tomó la semana pasada. Mi intención es escuchar con atención tus dudas y conjuntamente armar un plan para seguir adelante". Luego proponte no interrumpir ni rebatir ninguno de los comentarios de la otra persona.

....

....

....

ESCRIBE TUS IMPRESIONES

....

....

....

....

> La vida se contrae o se expande en proporción directa con tu valentía.[*]
>
> —Anaïs Nin, escritora

[*] Anaïs Nin, *The Early Diary of Anaïs Nin*, vol. 3 (1923-1927), Boston, Houghton Mifflin Harcourt, 1983.

Parte 3:
Promover la valentía

Cuando sacamos a la superficie los sesgos inconscientes descubrimos que muchas veces no están en consonancia con nuestros valores. Sin embargo, no necesariamente sabemos qué hacer con ese desequilibrio. A lo largo de este apartado descubriremos cuatro formas de actuar con valentía, además de las habilidades y herramientas asociadas que puedes utilizar.

En nuestro planteamiento, identificar los sesgos nos ayuda a progresar en el plano individual. Fomentar una conexión significativa nos ayuda a progresar a nivel interpersonal. Y elegir la valentía nos ayuda a progresar en los sesgos a cualquier nivel, sobre todo en nuestros equipos y organizaciones.

Formulación y reformulación

Formulación:	Reformulación
Si me enfrento a los sesgos solo crearé más división.	Cuando me enfrento eficazmente a los sesgos creo un espacio donde todo el mundo recibe valoración y puede aportar lo mejor de sí.

Me gusta mucho el término "eficaz", porque, dependiendo de la forma en la que nos enfrentemos a los sesgos, podríamos crear división en el proceso. Pero si podemos usar las habilidades de identificar, salir adelante, aliarnos y defender, podemos hacer frente a los sesgos de forma que mejore —y no divida— nuestros equipos y organizaciones.

El principio de crecimiento

Los sesgos no son un grupo cerrado. Nunca tendremos una lista exhaustiva de todos nuestros sesgos. Estos seguirán apareciendo, tanto en nuevas circunstancias como en nuestro interior. Para crecer tenemos que valorar con frecuencia dónde podrían estar apareciendo los sesgos y qué podemos hacer al respecto.

Capítulo 9
¿Qué es la valentía?

La valentía no es la ausencia de miedo;
es la conciencia de que algo más es importante.

—Stephen R. Covey, autor del superventas
The 7 Habits of Highly Effective People

Un gerente lidera un departamento de ingeniería muy exitoso que trabaja en complicados proyectos para la clientela. Una de sus ingenieras más competentes ha pasado por un proceso de transición de género durante este último año. Esta ingeniera ha hablado abiertamente de su transición, y el gerente guarda respeto cuando sale el tema. Sin embargo, se da cuenta de que no la ha estado teniendo en cuenta para los proyectos más visibles de cara a clientes en los últimos meses, a pesar de que ya dirigió proyectos parecidos en el pasado. Hace falta valentía para identificar cuándo podemos estar tomando decisiones basadas en los sesgos.

Preocupado por las repercusiones que pueda tener en su trabajo, un miembro del equipo no muestra ninguna foto de su esposo en su oficina, y ni siquiera en la pantalla de inicio de su teléfono. Algunas de las personas que trabajan con él cuentan chistes homofóbicos, y parte de sus líderes se ríen con ellos. Él trata de ignorar el tema, pero está comenzando a perturbarle, y evitar a esas personas afectará a su trabajo. Se da cuenta de que una mujer del equipo tampoco encuentra graciosos esos chistes, y decide confiar en ella un día durante uno de sus descansos, que aprovechan para tomar café. Solo necesita hablar con alguien. Hace falta valentía para sobrellevar el hecho de ser objeto de los sesgos.

Un grupo de mujeres de alto rango que trabajaba en la Casa Blanca con Obama se dio cuenta de que se hablaba de ellas y no se las tenía en cuenta en reuniones importantes. Decidieron formar equipo e intensificar las voces de las demás. Cuando una de ellas aportaba una buena idea que era ignorada en una reunión, otra volvía a plantear la idea y señalaba de quién había sido. Cuando la idea de una mujer se pasaba por alto y luego la planteaba un hombre, otra mujer decía que había sido idea de la primera. Esta práctica llegó a conocerse como amplificación, y se convirtió en una estrategia muy extendida para establecer alianzas. Hace falta valentía para establecer alianzas.

En 2006 la activista Tarana Burke comenzó a usar la frase *"Me Too"* para sensibilizar sobre el acoso y el abuso sexual. El movimiento no comenzó a extenderse a gran escala hasta octubre de 2017, cuando decenas de miles de personas comenzaron a publicar en las redes sociales sus historias como supervivientes de acoso y agresiones sexuales. Creó un movimiento mundial para proteger a las víctimas, educar en el lugar de trabajo sobre la conducta apropiada y enseñar qué hacer si padecían o presenciaban conductas problemáticas. Hace falta valentía para defender.

La valentía se presenta de muchas formas. En cada uno de estos ejemplos podemos ver su puesta en práctica de distintas maneras.

Definimos la valentía como la fortaleza mental o moral para esforzarse y perseverar en presencia de la incertidumbre, el miedo y las dificultades. Al enmarcarla de cuatro formas distintas tenemos en cuenta la realidad de las circunstancias: no hay una única forma de responder ante las dificultades o la negatividad, ni una única estrategia para cambiar de la zona limitante o la zona dañina a la zona de alto rendimiento.

Piensa en tus ejemplos anteriores sobre ocasiones en las que estuviste en la zona dañina o la zona limitante. ¿De qué te habría servido la valentía para cambiar esa situación? ¿Esa valentía vendría de tu interior o de otra persona? ¿Cómo podría la valentía lograr que esa situación limitante o dañina se convirtiera en una situación de alto rendimiento?

ANNE

Hace muchos años fui la anfitriona en una cena con un grupo de personal directivo de información y otros altos cargos ejecutivos. Asistieron tanto hombres como mujeres de puestos directivos, en compañía de sus invitados e invitadas. Nos pusimos a hablar del talento y de la importancia de apoyar a líderes de la próxima generación. El empresario sentado a mi lado era, en todos los sentidos, un conocido y exitoso líder que incluso pasaba parte de su tiempo enseñando en una de las mejores universidades. Dijo:

"Mira, he tenido algunas mujeres jóvenes increíbles en mi equipo, pero luego se casan y son madres".

Espera... ¿qué? ¿En serio dijo eso? ¡Lo más sorprendente, además, es que su esposa estaba sentada justo a su lado, y que tenía hijas! Sentí que tenía que decir algo. Le pregunté con amabilidad por qué creía que las mujeres que contribuían de forma increíble se volvían menos increíbles después de casarse y tener descendencia. Compartió su razonamiento de que las mujeres que se casaban y eran madres ya no podían quedarse hasta tarde a trabajar, ya que tenían que salir temprano. Sus horarios se veían afectados por el hecho de volverse madres.

Bueno, basta con decir que nos enfrascamos en un animadísimo debate sobre su sesgo (obviamente, no usé esta palabra ante él), y traté con amabilidad de reformular su punto de vista. Le pregunté por qué creía que los hombres no se volvían menos increíbles cuando se casaban o se convertían en padres, y mantuvimos un intenso debate sobre diferencias, similitudes, comunicaciones y expectativas. Tengo que admitir que hubo un breve instante en el que pensé que corría un pequeño riesgo al presionarlo, ya que era un importante cliente, pero me di cuenta de que era más importante tener valentía y participar en esa discusión. La buena noticia es que este diálogo no dañó ni arruinó nuestra relación. Al contrario, gracias a su autenticidad sirvió como una base sólida para nuestras interacciones y crecimiento hacia el futuro.

Valentía prudente y audaz

La escritora Mary Anne Radmacher escribió una vez: "La valentía no siempre ruge. A veces la valentía es la voz calmada que al final del día dice: 'Lo volveré a intentar mañana' ".[1]

Solemos pensar en la valentía como algo audaz y atrevido. Pero puede tener impacto sin necesidad de ser descarado. La valentía eficaz puede ser prudente o audaz, y si se aplica una combinación de estrategias podemos progresar. Es un espectro, y podemos aplicar la valentía de formas distintas dependiendo de las circunstancias en las que nos encontremos.

---

[1] Mary Anne Radmacher, *Courage Doesn't Always Roar*, San Francisco, Conari Press, 2009.

La **valentía audaz** exige acción, progreso y cambio inmediatos. La **valentía prudente** es más adecuada para situaciones en las que puedes correr un riesgo profesional o personal y en las que la seguridad es baja. Y, por supuesto, hay circunstancias que se encuentran en medio de ambas.

Pensemos un momento en esa distinción y en las cuatro formas de actuar con valentía. Si observas sesgos en tu toma de decisiones, por ejemplo, ¿es momento de usar la valentía prudente o la audaz? Puede que elijas la valentía prudente, porque no quieres que tus colegas consideren que tus decisiones están sesgadas irremediablemente. Es posible que practiques algunas de las tácticas recomendadas en "Valentía para identificar", revises tus suposiciones y conozcas más a las personas o las circunstancias sobre las que estás tomando decisiones.

Veamos otro ejemplo. Si te das cuenta de que solo están admitiendo a personas con determinadas funciones laborales al programa de desarrollo de liderazgo, puede que emplees una valentía más audaz para interceder por el cambio. Podrías, por ejemplo, hablar con alguien de tus líderes, o incluso con alguien del equipo ejecutivo o de la dirección general, sobre tu interés por asistir a este programa y emplear estrategias grupales como organizar un comité de aprendizaje para explorar otras opciones disponibles para el personal con este interés.

Hace poco estaba hablando con alguien con quien trabajo sobre una prometedora política a la que apoyo. Mi colega sentía que esta mujer tenía excelentes intenciones, pero hablaba sin pensar y apartaba a la gente con su arrogancia. Mi colega dijo entonces: "Pamela, tú serías mucho mejor en la política, porque dices las cosas de una forma que deja a la gente abierta a explorarlas".

Más colegas me habían dicho algo parecido. Parte de mí pensaba: "¡Uy, eso duele un poco!", porque una gran parte de mi identidad es ser una voz potente y estruendosa sobre los temas que me preocupan. ¿Acaso mi voz se estaba volviendo… poco entusiasta?

Al darle más vueltas me di cuenta de que este comentario era, en realidad, un indicador de que estaba aplicando el tipo correcto de valentía en el contexto adecuado. Aunque mi valentía descarada es adecuada en muchas situaciones, los comentarios de mis colegas reflejaban que la valentía prudente y considerada estaba funcionando en el contexto profesional. Ahí es donde tenemos que progresar, salirnos de nuestras cámaras de resonancia y comunicarnos eficazmente con personas que actúan desde muchos puntos de vista distintos.

¿Cuáles son las fortalezas y las limitaciones de mostrar una valentía prudente? Podemos construir una base de entendimiento con cuidado antes de irnos al otro extremo. La valentía prudente es valiosa cuando nos encontramos en situaciones arriesgadas, inciertas o volátiles... o tan solo cuando tenemos que detenernos y pensar. En las conversaciones basadas en el cerebro emocional o el primitivo podemos comenzar con la valentía prudente.

ANNE

La primera vez que tuve un puesto directivo estaba en una reunión con mi nuevo grupo de colaboradores y muchas personas pertenecientes a nuestro equipo. Al ser nueva en la organización no disponía de todo el contexto para el tema de la reunión, pero en este tipo de situaciones lo que hacía era demostrar una cantidad equilibrada de curiosidad y mientras apoyaba los intereses de mi equipo y tanteaba los límites de mi nuevo cargo. Hice una pregunta sobre los plazos y el calendario de lanzamiento. Un vicepresidente titular me gritó y me llamó "idiota" por hacer esa pregunta. Yo estaba furiosa. Pero sabía que si me enfrentaba ahí con él no sentaría las bases adecuadas para nuestra relación ni para el equipo.

En cuanto terminó la reunión hice que me acompañara a una oficina privada y comencé a decirle por qué mi pregunta no tenía nada de tonta, ya que se basaba en mi experiencia personal (que, por cierto, él no sabía que tenía). También le dije que nunca me llamara idiota, a mí ni a nadie más, ya que era despectivo y nada apropiado, sobre todo para un líder de rango superior. Recuerdo que estuve temblando por dentro durante toda la conversación. En ese momento no sabía que mi planteamiento era valiente ni que mi elección de acciones demostraba valentía de forma más sutil que abierta. Agradezco que en esa situación eligiera la forma correcta de actuar. En cuanto a su respuesta... Me escuchó y se mostró claramente sorprendido por mis comentarios directos y contundentes. No defendió su conducta, pero tampoco se disculpó por lo que dijo. Bueno, en este caso, el avance de nuestra relación fue delicado, había que ir con pies de plomo. Tanto él como yo y nuestros equipos respectivos pudimos colaborar. Pero nunca intimamos.

En lo personal, prefiero la expresión "valentía intencional" a "valentía prudente". A veces hace falta valentía para no actuar o reaccionar, porque tienes que ver el bosque y no los árboles, y tienes que centrarte en la guerra, y no en la batalla que estés librando. Muchas veces el acto valiente es dejar pasar las cosas por un bien o un propósito mayores, aunque en el momento no lo parezca.

MARK

La valentía prudente y audaz también se aplica a los comentarios. En FranklinCovey he tenido la suerte de trabajar para muchas personas que me han fortalecido, aportándome comentarios y ánimos con la mezcla justa de valentía y consideración: la valentía para abordar la situación con honestidad y la consideración de tratarme como un ser humano en el proceso.

Estas personas encargadas de liderar pudieron discernir cuándo usar la valentía prudente y cuándo usar la audaz con sus comentarios, a veces incluso en la misma conversación. Los dos tipos de valentía funcionan cuando la persona ha demostrado en primer lugar su integridad y su intención es transparente.

Por ejemplo, recuerdo una de las primeras veces que me presenté ante un grupo directivo. El ejecutivo de cuentas de FranklinCovey responsable del cliente también asistió a la reunión. El éxito de esta sesión determinaría si seguíamos trabajando con esa entidad. Enseguida noté que no estaba conectando con el grupo. Parecían distantes y su participación era nula. Supongo que también le resultó obvio a mi colega.

En el primer descanso me dijo básicamente: "Mark, no te olvides que la mayoría fundaron sus empresas, y se conocen desde hace años. Han creado algo de lo que sienten mucho orgullo y confían en sus opiniones. Su sesgo es que buscan soluciones hacia lo interno. No saben lo suficiente de ti como para extenderte esa misma confianza aún. Con este grupo, en lugar de compartir lo que sabes de entrada, puedes intentar que primero compartan lo que saben y, a partir de ahí, basarte en eso".

La energía y el compromiso dentro de la sala cambiaron de inmediato. Las conversaciones se volvieron más profundas, enriquecedoras y relevantes para el grupo. El día terminó siendo todo un éxito, y todo gracias a que alguien tuvo la valentía de hacerme unos comentarios directos, relevantes y puntuales sin que yo me sintiera menospreciado ni desalentado, sino, al contrario, mucho más fortalecido.

En los próximos cuatro capítulos leerás sobre 16 estrategias distintas que puedes utilizar cuando te tropieces con sesgos en el lugar de trabajo. Conforme vayas leyendo fíjate en cuáles te interesan y trabaja dentro de tu contexto.

VALENTÍA PARA IDENTIFICAR	VALENTÍA PARA ENFRENTAR	VALENTÍA PARA ALIARSE	VALENTÍA PARA ABOGAR
IDENTIFICA LOS SESGOS	LIDIA CON LOS SESGOS	AYUDA A OTROS CON SESGOS	TRABAJA PROACTIVAMENTE CON LOS SESGOS
DETENTE Y CUESTIÓNATE	PRIORIZA EL AUTOCUIDADO	ACTÚA DE FORMA PROACTIVA, NO PASIVA	COMPARTE TU HISTORIA
REVISA TUS SUPOSICIONES	ESCRIBE SOBRE TU EXPERIENCIA	EXTIENDE UNA INVITACIÓN	ALZA LA VOZ
APRENDE	CREA COMUNIDAD	TRABAJA EN EQUIPO	FORMALIZA LA DISCREPANCIA
	CONTRARRESTA LA FUERZA NEGATIVA	OFRECE APOYO	ORGANIZA REDES DE CONTACTOS
	AJÚSTATE A TU ESTRATEGIA	OFRECE COACHING, MENTORÍA Y PATROCINIO	

ANNE

Soy una ávida estudiosa del trabajo de Maya Angelou. Aunque muchos de sus escritos me hablan y me han ayudado a reafirmarme en la forma en la que pienso en el plano profesional, una de mis citas favoritas de la escritora es: "La valentía es la más importante de todas las virtudes, porque sin ella no puedes practicar ninguna otra virtud de manera consistente".

Detente por un momento. Piensa en la gravedad de esta afirmación. Sí, es posible que sepas lo que es correcto. Puede que creas en la equidad y la igualdad. Puede que creas en la diversidad y la inclusión. Tal vez en el lugar de trabajo desees crear una cultura por la que todas las personas pertenecientes a tu equipo sientan afinidad y, por tanto, rindan al máximo de su potencial y de este modo aumenten el rendimiento de todo el equipo. Pero nada de esto importa si no tienes la valentía de actuar. En ocasiones debes actuar cuando no está bien visto, cuando es incómodo y cuando se desconocen las consecuencias, e incluso pueden ser malas. La valentía es actuar frente al miedo, la incertidumbre y la duda. Y es un rasgo fundamental del liderazgo inclusivo y ejemplar.

Capítulo 9: ¿Qué es la valentía?
Reflexión individual

1. ¿Con qué tipo de valentía te sientes más cómodo(a): la prudente (que se usa cuando tu riesgo profesional o personal son altos y tu seguridad baja) o la audaz (exige acción inmediata)? ¿De qué forma podría estar afectando tu preferencia sobre una valentía a tu experiencia en el lugar de trabajo?

....

....

....

2. Comenta un ejemplo de valentía prudente que hayas visto en el trabajo.

....

....

....

3. Comenta un ejemplo de valentía audaz que hayas visto en el trabajo.

....

....

....

4. ¿Hubo alguna ocasión en la que deberías haber empleado la valentía prudente en lugar de la audaz, o viceversa?

....

....

....

Capítulo 9: ¿Qué es la valentía?
Propuesta para líderes

1. ¿De qué forma se traduce una preferencia por la valentía prudente o la audaz en la dinámica de tu grupo y en la toma de decisiones? ¿Cómo podría afectar eso a la forma en la que otras personas ven tu estilo de liderazgo?

   ....
   ....
   ....

2. ¿Tiendes a reconocer y recompensar a quienes pertenecen a tu equipo y muestran valentía prudente o audaz? ¿A qué crees que se deba?

   ....
   ....
   ....

3. ¿Cómo conseguiste que tu equipo pudiera mostrar ambos tipos de valentía cuando corresponde? ¿Qué cambiarías de tu forma de actuar?

   ....
   ....
   ....

4. Piensa en alguna ocasión en la que alguien de tu equipo demostrara valentía. Sabiendo lo que sabes ahora, ¿qué cambiarías de la forma en la que respondiste?

   ....
   ....

Capítulo 10
Valentía para identificar

La gran mayoría de nuestro procesamiento mental ocurre fuera de nuestra conciencia, lo que significa que a veces cometemos un desliz y no lo vemos. ¿Qué ocurre cuando el desliz se nos hace visible? ¿Nos cerramos en banda o aprendemos y crecemos?

—Dolly Chugh, psicóloga y escritora superventas, New York University Stern School of Business[1]

Identificar los sesgos es una forma fundamental de valentía que respalda los otros tres tipos, y en este apartado revisaremos tres herramientas adicionales con las que trabajar, estrategias con las que identificar los sesgos.

La mayoría de la gente se contenta con asumir que no tiene sesgos y que está tomando decisiones basándose en los hechos y la lógica. Admitir que eso no es así puede resultar, en el mejor de los casos, perturbador. Reconocer que tenemos que mejorar, ir más despacio y cuestionar nuestra toma de decisiones es un acto de valentía.

---

[1] Katherine Milkman, "Are You a "Good-ish" Person? How to Push Past Your Biases", Knowledge@Wharton, 27 de septiembre de 2018, <https://knowledge.wharton.upenn.edu/ article/reexamining-your-unconscious-biases/>.

ANNE

Debemos comenzar por mirar en lo más profundo de nuestro ser para sacar los sesgos a la superficie. Y como muchos de nuestros sesgos son inconscientes y hacen que actuemos de forma automática, necesitamos que otras personas que nos conocen de verdad, personas en las que confiamos, nos den su opinión sincera para ayudarnos. En cuanto lo hagamos podremos ampliar con mayor eficacia nuestro apoyo hacia las demás personas.

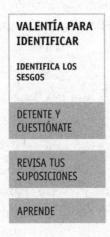

VALENTÍA PARA IDENTIFICAR

IDENTIFICA LOS SESGOS

DETENTE Y CUESTIÓNATE

REVISA TUS SUPOSICIONES

APRENDE

Estas son tres formas de identificar los sesgos propios y los ajenos:

Estrategia: Detente y cuestiónate

Los sesgos ocurren a la velocidad del pensamiento. Cuando nos tomamos un momento para revisar nuestros pensamientos podemos darnos cuenta de si los sesgos están influyendo en nuestras decisiones y reacciones.

Comienza por adquirir el hábito de detenerte antes de asignar una tarea a alguien, tanto en proyectos de gran envergadura que pueden poner en marcha una carrera a toda velocidad como tareas más pequeñas que pueden ralentizarla. Según *Harvard Business Review*:

> En promedio, las mujeres afirman que hacen aproximadamente 20% más de "tareas domésticas de oficina" que sus homólogos blancos hombres, ya se trate de tareas domésticas propiamente dichas (organizar el almuerzo o limpiar después de una reunión), administrativas (encontrar un lugar donde reunirse o preparar un PowerPoint), emocionales ("Está molesto… ¿puedes arreglarlo?") o infravaloradas (ocuparse de quienes llegan a hacer prácticas en verano). Esto es especialmente cierto en lugares de trabajo de alto estatus y en los que hay mucho en juego. Las mujeres ingenieras afirman que se espera que sean "abejas obreras" en mayor medida que los hombres blancos, y las mujeres de color afirman que les ocurre en mayor medida que a las mujeres blancas. Por otra parte, el trabajo glamuroso que conduce a la creación de redes y oportunidades de ascenso, como el liderazgo de proyectos y las presentaciones, acaba de forma desproporcionada en manos de los hombres blancos. Cuando la consultora GapJumpers analizó los informes de rendimiento de un cliente de una compañía tecnológica, descubrió que las mujeres empleadas tenían 42% más de probabilidad que sus colegas masculinos de verse limitadas a proyectos de menor impacto; en consecuencia, muchas menos ascendían a puestos de mayor responsabilidad.[2]

Piensa en alguna ocasión en la que actuaste de manera sesgada y te diste cuenta después. ¿Qué te habría ayudado a darte cuenta antes de actuar?

Estos son algunos consejos para crear esas pausas para seguir adelante:

---

[2] Joan C. Williams y Sky Mihaylo, "How the Best Bosses Interrupt Bias on Their Teams", Harvard Business Review, noviembre-diciembre de 2019, <https://hbr.org/2019/11/how-the-best-bosses-interrupt-bias-on-their-teams>.

- Cuando las emociones son intensas separa lo que estás sintiendo y experimentando del motivo por el que estás sintiendo y experimentando eso. Pregúntate:

  - ¿Qué estoy pensando?
  - ¿Qué estoy sintiendo?
  - ¿Estoy reaccionando antes de tiempo?
  - ¿Qué está causando mi reacción?

- Usa las prácticas de *mindfulness* del capítulo 4 para fortalecer tu capacidad para poner espacio entre el estímulo y la respuesta.
- Anota tres ocasiones dentro de tu rutina de trabajo en las que puedas correr el riesgo de caer en la trampa de los sesgos de "necesidad de rapidez"; por ejemplo, cuando tu equipo va retrasado en fechas de entrega, cuando alguien renuncia y no tienes ningún plan de sustitución en mente o cuando tu grupo tiene muchos viajes programados.

MARK

En mi caso, he llevado esta estrategia de "detenerme y cuestionarme" incluso a mi comunicación por correo electrónico. He configurado una regla para que se retengan automáticamente todos los correos salientes durante un corto periodo antes de enviarlos. De este modo tengo la oportunidad de pensar en lo que envié antes de que el tren salga de la estación.

Estrategia: Revisa tus suposiciones

Las suposiciones son creencias que aceptamos como ciertas, pero que se basan en sentimientos, opiniones y sesgos. Una antigua clienta compartió conmigo su experiencia al ser víctima de una suposición sobre su edad: "Soy una mujer activa y sana de 60 años. Me gusta pensar que soy una pionera y que trabajo bien en equipo. Sin embargo, está clarísimo que en las reuniones de estrategia de *marketing* se me ignora, se habla de mí o se me descarta por completo porque no me consideran dentro del 'grupo demográfico objetivo' que tratamos de alcanzar".

La suposición constante que expresó esta cliente, de que no tenía ningún valor que aportar debido a su edad, la colocó en la zona limitante y privó al equipo del beneficio de su experiencia. Como líder, piensa en cada persona perteneciente a tu equipo y en todo lo que supones actualmente sobre ellas. ¿Crees que esas suposiciones influyen en tus decisiones o en la forma en la que reaccionas ante sus ideas? Quienes se consideran excelentes líderes cuestionan sin parar las suposiciones erróneas.

Una compañía manufacturera que es clienta nuestra tiene una buena práctica en torno a la eliminación de suposiciones perjudiciales respecto a otras personas. En un estado con 80% de desempleo en personas con discapacidades cognitivas e intelectuales, esta empresa lanzó un programa de prácticas para personas con discapacidad con el fin de "acabar con los estereotipos desafiándonos a elevar nuestras expectativas sobre las personas con discapacidades".

Como otro ejemplo, entre quienes lideran a veces se da por sentado que la inequidad de género en el lugar de trabajo se debe a que las mujeres abandonan sus profesiones para cuidar de sus hijos e hijas. Sin embargo, en un estudio de retención de la plantilla llevado a cabo por Catalyst, las dos razones principales que citaron las mujeres para abandonar su trabajo fueron la falta de respeto y de oportunidades para avanzar.[3] Poner en duda las suposiciones cambia la forma en la que planteamos el problema. Comprender el motivo real por el que las mujeres dejan sus puestos de trabajo nos permite crear un plan de acción para abordar esa desigualdad.

---

[3] Mason Donovan y Mark Kaplan, *The Inclusion Dividend: Why Investing in Diversity & Inclusion Pays Off*, Salisbury, NH, DG Press, 2019.

Piensa en alguna ocasión en la que la opinión o la contribución de alguien te sorprendiera. ¿En qué se diferenciaba de lo que tú habías supuesto? ¿Cuáles fueron las repercusiones de tu suposición?

Estas son algunas preguntas que debes hacerte cuando pongas en duda las suposiciones en situaciones futuras:

- ¿Cuáles son los hechos?
- ¿Qué me estoy perdiendo?
- ¿Cómo he llenado los huecos de la información que me falta?
- ¿Cómo puedo llenar estos huecos con hechos en el futuro?

MARK

Aprendí a hablar español con fluidez cuando viví en Argentina, y mi acento es bastante bueno, si se me permite decirlo. Cuando vivía allí traté por todos los medios de integrarme en la cultura, y aun así la gente siempre sabía que era estadounidense.

Muchas veces cuando le hablaba a alguien en español me respondía: "No hablo inglés". Entonces yo le decía, en español, que estaba hablando español, y me repetía: "¡No hablo inglés!". Esto podía durar varios asaltos. Sé (al menos estoy bastante seguro) que mi español no era tan malo, y, además, literalmente, ¡estaba diciendo palabras en español! Pero irradiaba "estadounidense", y algunas personas tan solo no podían oír mi español. Incluso la realidad de la situación no podía superar sus expectativas.

Estrategia: Aprende

"Resolver" los sesgos no es una tarea de una sola vez, sino un proceso constante de crecimiento acompañado de la voluntad de seguir explorando el impacto de los sesgos en tu vida, tu organización y la sociedad. Podemos apoyar esta búsqueda mediante el aprendizaje constante. Alguien para quien trabajamos y pertenece al sector de la salud no solo brinda capacitación sobre sesgos inconscientes, sino que también lleva a cabo conferencias y seminarios de seguimiento anuales sobre los distintos componentes de los sesgos y la inclusión. Gracias a ello se habla continuamente de los sesgos, en lugar de ser algo que se aborda una sola vez y se considera "resuelto".

Piensa en una ocasión en la que aprendiste algo nuevo que cambió tu forma de pensar sobre una creencia previa. ¿Qué es lo que te ayudó a cambiar la forma en la que veías la situación?

Estos son algunos consejos para el aprendizaje continuo:

- Elige un sesgo en ti en el que concentrarte. Fíjate en cómo y cuándo aparece dicho sesgo cuando te relacionas con otras personas y en tus decisiones y acciones durante la próxima semana.
- Comprométete a estar al día sobre los sesgos, la diversidad o la inclusión en el lugar de trabajo. Si estableces una sencilla alerta de noticias o te suscribes a un pódcast, este compromiso puede aparecer directamente en tu bandeja de entrada.
- Accede a tus cuentas de redes sociales y sigue a alguien influyente del mundo del liderazgo, del periodismo, del literario o del activismo con un punto de vista distinto al tuyo. Una de las muchas ventajas de las redes sociales es que pueden abrir camino a conversaciones que antes estaban fuera de nuestro alcance, pero que ahora se dan de manera pública en chats e historias que todo el mundo podemos ver con respeto. En declaraciones a *The Guardian* el activista y músico Will Butler, de Arcade Fire, dijo: "Twitter es un lugar

perfecto para callarse y escuchar", donde puedes escuchar voces a las que normalmente no podrías acceder si no fuera por las redes sociales.[4]

ANNE

Un tipo de sesgo que existe en muchas organizaciones de gran tamaño es el sesgo funcional. He pasado la mayor parte de mi carrera en ventas y frente a la clientela, por lo que veo mi trabajo y a las demás personas a través de una óptica dominada por el mercado. Puede sustituirse "mercado" en esta oración con cualquier función o cargo: finanzas, recursos humanos, *marketing*, informática, gerencia de productos, leyes o cualquier otro departamento.

Este sesgo es natural, pero para que la empresa colectiva tenga éxito líderes y equipos de todas las funciones deben trabajar en conjunto y colaboración. Con demasiada frecuencia los grupos de trabajo son tan homogéneos que es difícil que lleguen a un resultado óptimo. A menudo se carece de la alineación de objetivos, comunicaciones y coordinación interfuncionales. En consecuencia, no se ponen sobre la mesa puntos de vista nuevos y diversos.

Entonces ¿cuál es la respuesta? La inclusión y el compromiso. Supongamos que estás trabajando con tu equipo en un proyecto clave. Da un paso atrás y fíjate en la composición del equipo. ¿Existe un buen equilibrio entre las personas pertenecientes al equipo? ¿Están representados no solo quienes están haciendo el trabajo, sino también quienes aportan información y quienes recibirán el resultado? ¿Quiénes son las partes involucradas? ¿Las has incluido de algún modo en

---

[4] Laura Barton, "Arcade Fire: 'People Have Lost the Ability to Even Know What a Joke Is. It's Very Orwellian'", *The Guardian*, 30 de marzo de 2018, <https://www.theguardian.com/music/2018/mar/30/arcade-fire-interview>.

el proceso, por ejemplo, en las etapas creativas de tu trabajo, las de desarrollo o las operativas? ¿Y has previsto el suficiente tiempo para la repetición? En el mundo actual el mercado se mueve rápido, y si se consigue la participación de un abanico más amplio de gente ya desde el principio y durante todo el proceso, por definición estarás en un camino más sólido hacia la participación y la aceptación.

Y ahora un consejo adicional sobre seguridad. Tal vez el rechazo más común que he recibido al involucrar a más personas en cualquier cosa es porque se preocupan de que las cosas llevarán demasiado tiempo y que "no hay tiempo para eso". En realidad si esta participación se maneja bien ahorrarás tiempo: habrá más personas involucradas al máximo en lo que sea que estés trabajando, porque se habrán sentido parte (aunque solo sea haciendo comentarios) de todo el proceso. Si, por el contrario, esto no se hace así, habrá personas que se opongan y que lo desacrediten —algunas lo harán en silencio— y todas ellas servirán de obstáculos en el camino hacia delante, que se esperaba fluido. Y, en el peor de los casos, algunas personas tratarán de desbaratar por completo tus esfuerzos y tu arduo trabajo.

El procedimiento no tiene por qué ser pesado. En mi caso, por ejemplo, yo incluí a un par de accionistas clave dentro de las personas de mi equipo que se reportan directamente conmigo: finanzas, jurídico, recursos humanos, comunicaciones corporativas y otros. También me pongo en contacto, cuando es necesario, con quienes ostentan mis mismas funciones de vez en cuando para ponerles al corriente, comentarles algo o pedirles consejo. De este modo se crea una asociación auténtica, una cultura de equipo que sirve como la base más fuerte para el éxito de nuestro negocio en su conjunto.

No tienes que formar parte de una gran empresa para sacar partido de esta estrategia. Si eres una compañía pequeña sigue habiendo gente que depende de ti, sobre todo quienes están en tu comunidad cercana. Involúcrales y haz que participen. También tienes colegas en el mercado... también puedes obtener información de su parte. Amplía la red todo lo que puedas. El aprendizaje, la información y el apoyo pueden llegar de cualquier parte. Y, lo más importante, asegúrate de mantener el contacto con tu clientela.

Capítulo 10: Valentía para identificar
Reflexión individual

Las herramientas para este capítulo y los tres siguientes son casos hipotéticos basados en experiencias reales. El objetivo de cada uno es ofrecerte una situación para que reflexiones sobre cómo responderías tú. Repasa las estrategias presentadas en cada sección anterior y decide cuál te resultaría más cómodo aplicar en dicha situación para progresar.

ESTRATEGIAS DE "VALENTÍA PARA IDENTIFICAR"

- Detente y cuestiónate
- Revisa tus suposiciones
- Aprende

CASO HIPOTÉTICO DONDE EXISTE UN SESGO

Formas parte de un equipo que está trabajando en un proyecto multidisciplinario. La mayor parte de tu equipo es local, a excepción de Maya. Ella radica en otro país, y la diferencia horaria es de ocho horas. Te ha costado establecer una buena relación con Maya, y sus conversaciones son casi siempre charlas triviales o sobre tareas del trabajo. No siempre comprendes su acento. Durante las conferencias telefónicas de equipo ha sido complicado comprender lo que dice. No quieres decir algo incorrecto u ofenderla sin querer, pero reconoces que podrías hacer un comentario insensible sin darte cuenta.

1. ¿Qué sesgos podrían estar influyendo?

....

....

....

2. ¿De qué forma podrían estar afectando esos sesgos a tu trabajo y al de Maya (modelo de rendimiento)?

....

....

....

3. ¿Qué estrategia dentro de las de "valentía para identificar" podrías utilizar en esta situación, y por qué?

....

....

....

Capítulo 10: Valentía para identificar
Propuesta para líderes

CASO HIPOTÉTICO DONDE EXISTE UN SESGO

Tres personas que se reportan ante ti están interesadas en asistir al congreso anual de tu profesión, pero solo tienes presupuesto para enviar a una de ellas.

La candidata 1 es la más joven de tu equipo, pero tiene mucho potencial. Te recuerda a ti a su edad.

El candidato 2 es callado y reservado. Su trabajo parece bueno hasta ahora, pero ha sido difícil establecer una conexión con él.

La candidata 3 es la más veterana de tu equipo y fue gerente interina antes de que te contrataran a ti. Ha sido amable, pero a veces se opone a tus decisiones.

1. ¿Qué sesgos podrían estar influyendo?

   ....

   ....

2. ¿De qué forma podrían estar afectando esos sesgos a tu trabajo y al de tu equipo?

   ....

   ....

3. ¿Qué estrategia dentro de las de "valentía para identificar" podrías utilizar en esta situación, y por qué?

   ....

   ....

Capítulo 11
Valentía para salir adelante

Cuidar de mí no es autoindulgencia, es supervivencia.[1]

—Audre Lorde, escritora y activista

Ser objeto de los sesgos no es poca cosa. Si sientes que coartan tus posibilidades y estás en la zona limitante o la zona dañina, las investigaciones demuestran que esas experiencias son perjudiciales para tu bienestar general y repercuten en tu capacidad de contribuir, tanto a nivel personal como profesional.

Los sesgos negativos te empujan a salir de tu propia narrativa, y en su lugar te presentan un panorama más pesimista. Por ejemplo, un joven ingeniero consigue su primer trabajo después de graduarse. Se graduó con honores y recibió un reconocimiento en un concurso nacional por su habilidad en robótica e ingeniería. Nació y creció en Vietnam y llegó a Canadá para estudiar en la universidad. Habla un inglés con mucho acento, y su nuevo gerente y su equipo enseguida se fijan en eso y comentan constantemente lo difícil que es entenderle. Una colega llega a pedirle que participe en la reunión virtual semanal del equipo a través del chat, que mejor no hable. "Escríbelo y ya —le dice—. No merece la pena que te desgastes hablando, porque de todas formas no te entendemos".

---

[1] Audre Lorde, *A Burst of Light and Other Essays, reprinted*, Nueva York, Ixia Press, 2017, 130.

Hace falta valentía para reconocer lo limitante y, en última instancia, dañino, que es ser objeto de los sesgos y superar esa negatividad para volver a centrarte en ti. Dar prioridad al cuidado personal, lo que incluye escribir sobre tu experiencia, crear una comunidad, encontrar una influencia que contrarreste y ajustarte a tu estrategia son todas estrategias que te ayudarán a volver a centrarte en ti.

ANNE

Al principio de mi carrera profesional me trataban diferente por ser una mujer joven. No creo que fuera intencional en muchos casos, ni necesariamente malintencionado, pero, aun así la gente tenía sesgos.

Te daré un ejemplo. Uno de mis primerísimos trabajos de equipo consistió en gestionar una plantilla numerosa y dispersa por toda la geografía, responsable de las operaciones de una de nuestras líneas de servicio. Yo tenía la mitad de la edad de la mayoría del personal. Recuerdo que hice una sesión de formación con un grupo de mi personal técnico de primera línea. Dijeron:

"Ya conocemos a las de tu clase. Eres de las que van por la vía rápida. Dentro de seis meses ya no estarás aquí".

Estaba claro que no querían escuchar nada de lo que tenía que decir, porque sentían que yo solo estaba allí para que me pusieran la palomita. Les dije que me comprometía a apoyarles y aprender de todo el mundo, y que pretendía estar allí mucho más que seis meses. Mi cargo duró tres años. En ese tiempo, sin prisa, pero sin pausa, me fui ganando su confianza y su respeto, e hicimos grandes progresos en lo relativo al servicio a clientes y en la mejora de nuestros procesos de atención a clientes.

Lo que comprendí enseguida fue que el éxito como líder no se trataba tanto de lo que pensabas de tu papel, sino más bien de comprender a plenitud lo que las demás personas piensan de ti. Si no reflexionas de manera consciente sobre esos sesgos ni trabajas para sacarlos a la luz, el progreso se verá mermado. Tu equipo tiene que creer en ti y en su misión colectiva. Pero para lograrlo debemos sacar a la superficie y trabajar los sesgos que tal vez estén moldeados por nuestro aspecto, las experiencias de las demás personas, los rumores, las especulaciones, una falta de entendimiento o algún otro factor. No hay duda de que cada persona se ha enfrentado a retos como este, retos en los que alguien más ha dado por sentado algo sobre ti que no es realmente cierto. He descubierto que no tomarte demasiado en serio y tener buen sentido del humor ayuda para superar este tipo de situaciones. Si todo te lo tomas personal, puede que te dominen tus emociones y desaproveches un momento de aprendizaje, para ti o para quienes te rodean.

**VALENTÍA
PARA
ENFRENTAR**

LIDIA CON LOS
SESGOS

PRIORIZA EL
AUTOCUIDADO

ESCRIBE SOBRE
TU EXPERIENCIA

CREA COMUNIDAD

CONTRARRESTA LA
FUERZA NEGATIVA

AJÚSTATE A TU
ESTRATEGIA

Estrategia: Da prioridad al cuidado personal

Hace poco leí un meme en las redes sociales que decía: "El cuidado personal es un acto revolucionario" (¡se me quedó grabado porque ahora todo el conocimiento que merece la pena recordar puede condensarse en un meme!). El término "cuidado personal" a mucha gente le hace pensar en días de relajación en un spa y en la catarsis de un viaje de compras, pero en realidad sus orígenes están en el activismo y se escribió mucho de él en el libro de 1988 de Audre Lorde, *A Burst of Light*. En su definición, el cuidado personal significaba dar prioridad a tu recuperación después de haber apoyado con valentía la equidad o la justicia. De la misma forma que puedes recuperarte de un entrenamiento agotador con unos estiramientos, deberías dar prioridad al cuidado personal cuando te enfrentes a la tensión que provocan los sesgos.

Atrás quedaron los días en los que se suponía que debíamos "aguantarnos" o "sonreír y soportar" cuando nos trataban mal.

MARK

Me gusta la idea de que "el cuidado personal es un acto revolucionario". Un acto revolucionario de cuidado personal puede ser algo valiente y drástico o algo calculado con el tiempo para crear un cambio.

Piensa en las ideas de valentía prudente y valentía audaz de las que hablamos antes. Creo que, de la misma forma, podemos practicar también el cuidado personal prudente y el cuidado personal audaz. Por ejemplo, si estuviéramos en una reunión contenciosa o tóxica, podríamos poner en práctica el cuidado personal audaz al decir lo que pensamos o salir de la sala. Podríamos ejercer el cuidado personal prudente respirando profundamente un par de veces, haciendo una pausa antes de reaccionar y luego desestresarnos en cuanto terminara la reunión.

Ser objeto de los sesgos o ver cómo repercuten en otras personas puede pasar factura al bienestar, lo que se conoce a menudo como un impuesto emocional (del que se habla en el capítulo 5). Después de ser víctima de un sesgo, la habilidad primordial es dar prioridad al cuidado personal. Asegúrate de que estás bien. Aléjate y afronta con eficacia cualquier estrés o angustia emocional que te haya causado. El cuidado personal puede consistir en alejarte de una situación, meditar, hacer ejercicio, escribir, conversar con alguien en quien confíes o reflexionar sobre ti mismo.

En algunos casos, como las protestas mundiales durante el verano de 2020 por la inclusión y la injusticia racial, hacer frente a los sesgos puede tener menos que ver con una circunstancia o incidente personales y más con la influencia de las fuerzas sociales o de la organización. A la par que arreciaban las protestas, las personas Negras a lo largo y ancho de Estados Unidos y de todo el mundo informaron que nunca habían hablado tanto sobre la raza en el trabajo. Entre ellas había conversaciones internas en grupos de recursos para las personas Negras, pero también una extensa participación de sus colegas de raza Blanca para explicar su experiencia con la injusticia racial o los sesgos en el trabajo. A pesar de que gran parte de estos contactos tenían buenas intenciones, como expresó la escritora y profesora estadounidense Roxane Gay: "Muchas veces no te representas únicamente a ti mismo, sino también a todas aquellas personas que son iguales", y eso puede provocar un tipo específico de agotamiento. El exceso de preguntas sobre en qué eres diferente como resultado de cualquier faceta de tu identidad también puede empujarte fuera de tu propio discurso. El cuidado personal también puede significar establecer los límites adecuados con colegas y líderes a la hora de hablar de temas delicados, remitiéndoles a recursos externos para que respondan a sus preguntas y reorientando las conversaciones hacia los resultados del trabajo.

En el lugar de trabajo las organizaciones pueden apoyar políticas y programas de bienestar laboral que permitan a quienes trabajan en ellas alejarse y distanciarse de la situación. Por ejemplo, una empresa federal de contrataciones ha implementado lo que denomina "salas de concentración", pequeñas salas de conferencias a las que trabajadores y trabajadoras pueden acudir cuando necesitan estar a solas. La compañía también proporciona escritorios para trabajar de pie y con caminadora y ofrece un programa de bienestar para cursos de *fitness*. Todas estas vías contribuyen al bienestar general de la plantilla y también pueden ayudarles a hacer frente a los sesgos. En una conferencia de Recursos Humanos del sistema de la ONU celebrada el año pasado, entre los programas de bienestar más destacados figuraban varias suscripciones para todo el personal a empresas de salud en línea, como Headspace, para fomentar una práctica de meditación, Talkspace, para terapia en línea, y aplicaciones de actividades competitivas que promueven el estar de pie y en movimiento a lo largo del día.

Piensa en alguna época en la que estuvieras en la zona dañina y luchando con el comportamiento sesgado de otras personas. ¿Qué podrías haber hecho para tomarte el espacio y el tiempo que necesitabas para recuperarte?

Aunque las aplicaciones y las plataformas de internet pueden ser útiles, a continuación te mostramos algunas estrategias que podrás poner en práctica sin necesidad de tecnología:

- Busca momentos de tu día para separarte de tu mesa o tu oficina; puedes ir a dar un paseo o reunirte con alguien para tomar café.
- Asegúrate de que la jornada laboral no se meta en tu tiempo personal. Revisar los correos electrónicos mientras estás cenando o llenar la conversación de la tarde con quejas sobre el trabajo puede hacer que parezca que los problemas a los que te enfrentas te están consumiendo. Usa ese tiempo para jugar un juego de mesa con tu familia o impón tu propia versión del "montón de Dallas" (dejar el celular a un lado) del que habló Mark en la página 105.

- Plantéate rutinas fuera del horario laboral. Los sábados de cuidado personal pueden sonar trillados, pero tener algo que esperar toda la semana puede ser increíblemente útil.

Estrategia: Escribe sobre tu experiencia

Cada persona tiene historias que contar sobre su identidad y los sesgos. Poner por escrito nuestras experiencias puede ayudarnos a entendernos y ser una forma de cuidado personal.

Escribir puede parecer un objetivo muy elevado; puede que sientas que debes tener una trama bien pensada y un propósito para la historia que estás contando. Sin embargo, el propósito de escribir para hacer frente a los sesgos no se trata de la perfección, o ni siquiera de la habilidad de escribir en sí. A veces necesitamos dejar de pensar para escribir. Cuando pienso en mi día para escribir sobre mis experiencias e historias tengo un par de estrategias sencillas que me han servido mucho:

- **Busca inspiración.** Una de mis grandes amigas, Elizabeth Acevedo, es una escritora galardonada de literatura juvenil. Una de las estrategias para superar el bloqueo de la página en blanco es leer más. Cuando leemos las historias de otras personas se activa la parte emocional de nuestro cerebro, que busca parecidos. A menudo puede inspirarnos para compartir una historia propia o nos permite arrojar una luz diferente sobre una experiencia que tuvimos. Puedes echar un vistazo a Humans of New York u otros sitios web parecidos para inspirarte en el poder de las historias, no solo para ayudarnos a sobrellevarlas, sino también para permitirnos cambiar.
- **Permítete ser informal.** Puedes escribir en el formato que te resulte más cómodo: prosa, verso, una lista o incluso garabatos. Lo que escribas no tiene que estar perfectamente redactado ni puntuado, tan solo plasmado en la página.

Estrategia: Crea comunidad

Ya hemos hablado de lo solitario que puede sentirse ser objeto de los sesgos. Para soportar los sesgos necesitamos crear una comunidad en la que estemos en el centro. Esta comunidad puede tener formas diversas. En el capítulo 7 mencioné que formo parte de un club de lectura de mujeres profesionales Negras. Aunque sí es cierto que leíamos y hablábamos de libros cada mes, también creamos una comunidad que se centraba en nuestras experiencias en el mundo profesional. Compartíamos historias de cuando nos sentíamos minimizadas por colegas o describíamos ocasiones de comunicaciones no inclusivas. Los grupos de recursos para el personal en tu organización o las organizaciones fraternales de tu comunidad también pueden servir para este fin.

A veces las formas en que creamos comunidad comienzan como algo que satisface una necesidad personal y crece hasta convertirse en algo que construye una comunidad en un grupo aún más amplio. Por ejemplo, en agosto de 2018, Zach Nunn, un estratega sénior de una consultora mundial, fundó Living Corporate en un intento por construir comunidad. Así describe cómo surgió:

> Como profesional de primera generación que también resulta ser un Negro en un entorno predominantemente Blanco, me pregunté: "¿Cómo se vería crear un espacio donde quienes son profesionales y sufren marginación puedan obtener ideas prácticas para prosperar en el trabajo?". De ahí surgió la idea de crear una plataforma de medios digitales que tomara los secretismos de los consejos valiosos que las personas Negras y las Morenas reciben con poca frecuencia y "les diera voz", llamada Living Corporate.
>
> En tan solo un par de años hemos emitido 200 pódcast, docenas de blogs y múltiples seminarios web en los que hemos presentado a grandes exponentes del liderazgo, personas Negras y Morenas, de la Fortune 500, activistas, escritores y escritoras, docentes, personal del equipo creativo, cargos electos, empresarias y empresarios

y personas influyentes, todos centrados en las perspectivas de las personas marginadas en el trabajo (por ejemplo, personas Negras, Morenas, LGBTQIA+, personas trans o no binarias, personas con discapacidad). Hemos debatido sobre cómo defender mejor a las mujeres en el trabajo, los retos de ser estadounidense de primera generación en el lugar de trabajo, la experiencia de ser una persona procedente de Asia oriental en el trabajo, la interseccionalidad de la raza y la orientación sexual, y ser una persona de color en los cargos de alta dirección.

Centrar estas experiencias y perspectivas en una "conversación real" con tanta gente ha sido extraordinario. Ha resultado increíblemente gratificante recibir correos electrónicos, mensajes de LinkedIn y mensajes directos en las redes sociales de personas que a menudo se encuentran en la periferia y que comparten cómo el hecho de que se les vea gracias a este contenido les da el valor para defenderse y "hacer frente a la situación".

Los recursos como Living Corporate pueden hacer posible el crear comunidad sea cual sea la composición de tu red personal de contactos.

ANNE

El impuesto emocional es real. Aunque sean acontecimientos externos los que provocan nuestra agitación, las emociones que despiertan pueden ser difíciles de descartar. Sin embargo, el miedo, la incertidumbre, la duda, la ira, la preocupación y los celos son en gran medida emociones improductivas. Es importante contar con un sistema de apoyo de personas con las que poder hablar de los retos y resolver los problemas, para que las emociones no nos desborden. Soportar la carga de este impuesto por tu cuenta puede ser abrumador y solitario, así que busca la conexión donde puedas encontrarla y, a su vez, ayuda a los demás a conectarse también.

Estrategia: Contrarresta la fuerza negativa

Uno de los problemas de ser objeto de los sesgos —desde el racismo a la discriminación por edad, pasando por ser la única persona que administra un equipo de diseño— es que pueden llevarnos a tener creencias autolimitantes. Empezamos a vernos a través de una lente distorsionada. En lugar de vernos como personas capaces, inteligentes, trabajadoras y dignas de reconocimiento, nos vemos como personas fuera de lugar, inferiores y con pocas probabilidades de éxito. Pero hacer frente a estos sentimientos no tiene por qué ser una actividad solitaria. De hecho, a menudo luchar en solitario puede exacerbar estos sentimientos tan poco ideales. Encuentra un contrapeso en tu vida. ¿Qué quiero decir con contrapeso? Para mí, una fuerza de contrapeso tiene dos facetas. En primer lugar, te conoce bien. En segundo lugar, tiene una perspectiva diferente a la tuya. El contrapeso en mi vida es mi esposo. Cuando soy objeto de sesgos tiendo a dejarme llevar por la injusticia y a lanzarme de cabeza al conflicto para defenderme. Mi esposo me conoce lo suficiente como para saberlo, y me enseña a ser más comedida y proactiva en mi respuesta a los sesgos. Esto me ha servido a lo largo de mi carrera.

Si aún no dispones una fuerza de contrapeso en tu vida (alguien en quien confíes, como describimos en el capítulo 7), puedes decidir cubrir este papel con una especie de *coaching* o de mentoría. En los momentos de dificultad es cuando nuestra red puede tener un impacto más significativo. ¿Hay alguien que ya conozcas y que pueda proporcionarte una mentoría formal? Si no es así, una vez que comprendas mejor los sesgos que te limitan a ti o a las demás personas busca alguien que pueda guiarte y ofrecerte una nueva perspectiva. Empieza por organizaciones locales o plataformas en línea como LinkedIn.com y Meetup.com y sal de tu zona de confort. No pierdas de vista a las personas que te inspiran.

En las mentorías y en el *coaching* nos regalan su experiencia. Pueden compartir lecciones sobre cómo han reconocido y afrontado los sesgos en su vida. Por ejemplo, en una de las universidades que tenemos de clienta, mucha gente de la plantilla —en particular personal de color en puestos de primera línea— se sentía desconectada de la universidad y sin apoyo en su desarrollo profesional. La universidad puso en marcha un programa de mentoría gratuito de un año de duración que emparejaba a quienes ofrecían la mentoría y estudiantes de distintos perfiles demográficos y funciones profesionales para lograr el máximo crecimiento.

Piensa en alguien que te haya dado mentoría o *coaching* en tu vida y te ayudara a afrontar una situación difícil. ¿Cómo te ayudó? ¿Podrías hacer lo mismo por alguien más?

Encontrar alguien que te brinde *coaching* o mentoría es una buena práctica en muchos ámbitos: enfrentarse a los sesgos, ir conformando tu carrera, pasar de una carrera a otra y, en general, mejorar. Pero es más fácil decirlo que hacerlo. Si actualmente tienes a alguien con quien compartir *coaching* o mentoría (lo ideal es que tengas ambas):

- Acércate a través de esta óptica de los sesgos. ¿Te sientes víctima de los sesgos? Comparte tu historia con quien te brinde la mentoría o el *coaching* para que te dé su opinión sobre la mejor manera de afrontar esta situación. Si en la actualidad no gozas de esta ventaja, piensa en quién conoces que pueda desempeñar este papel.

- ¿Hay alguna persona dentro de tu red de contactos de quien te gustaría aprender o cuyas opiniones valores?

- Piensa en la naturaleza de tu relación actual con esta persona. ¿Sabe quién eres? ¿Tenían una relación previa formal o informal? Si la respuesta a ambas preguntas es afirmativa, entabla una conversación de exploración.

- Ten en cuenta que muchas personas en posiciones de liderazgo reciben más solicitudes de mentoría de las que sus agendas les permiten, y que una buena relación de mentoría o *coaching* se construye sobre una sólida base de confianza. Envía un correo electrónico o llama para mantener una conversación preliminar. Pregúntale si le interesa una relación de mentoría más amplia o si podría pasar una hora más o menos contigo examinando un problema específico. A muchas personas en esa posición les encanta entablar una conversación inicial de una hora, frente a la presión de una relación a largo plazo. Y esa interacción inicial puede conducir a algo más sustancioso en el futuro.

- No te cierres ante su punto de vista y muéstrate vulnerable con lo que compartas.

Por último, si no tienes perspectivas de encontrar alguien de mentoría, piensa en la posibilidad de contratar una sesión de *coaching* remunerada. Un sondeo en tu red de contactos, una conversación con recursos humanos o una búsqueda en LinkedIn te proporcionarán una gran cantidad de opciones de *coaching* certificado que puedes contratar.

ANNE

Rodéate de personas que puedan darte *coaching*, mentoría, amistades y patrocinios que te animen, te hagan mejorar y te impulsen positivamente. Rodéate de personas que sean distintas a ti, que te desafíen y te estimulen. Y, lo que es más importante, rodéate de personas que te atrapen si te caes y que se aseguren de que vuelves a levantarte y sigas adelante.

Y te pido que tú también lo seas para otras personas. Así es como seguimos progresando. En colectivo somos mejores.

Estrategia: Ajústate a tu estrategia

Las reacciones inmediatas pueden provenir de la parte primitiva o emocional del cerebro. Cuando reaccionamos con precipitación a las situaciones nuestras respuestas pueden ser impulsivas y, a menudo, perjudiciales. Cuando reaccionamos de forma proactiva elegimos una respuesta mejor, y pasamos al cerebro pensante.

En el plano organizativo e interpersonal la gente suele esperar una respuesta inmediata en conversaciones o reuniones. En la medida de lo posible, crea una nueva norma cultural que te permita recibir información y luego decir: "Te responderé mañana". Dedica tiempo a pensar en la respuesta estratégica.

Piensa en una ocasión en la que dijiste o hiciste algo de lo que te arrepintieras después. ¿Cuáles fueron las consecuencias? Si pudieras revivir esa situación, ¿qué dirías o harías diferente? Hacer frente a los sesgos de forma reactiva puede ser perjudicial para tus oportunidades profesionales. Hace poco, hablando sobre los sesgos con una colega, me contó que había tenido varias experiencias laborales realmente negativas en las que había perdido oportunidades profesionales por culpa de los sesgos. Me dijo que al repasar su carrera había tenido más éxito que cualquiera que hubiera limitado sus posibilidades. No lo dijo de forma insensible, ni deseándoles el mal. Lo más importante para ella era que, independientemente de las experiencias que había tenido en el trabajo y del daño que haber sido objeto de los sesgos había tenido en su bienestar emocional y en su capacidad de contribuir, se esforzaba por responder de manera continua ajustándose a su estrategia. Al crear un espacio entre las veces que había sido objeto de los sesgos y su respuesta a ellos pudo dar prioridad a la trayectoria profesional que ella deseaba.

Gran parte de la elección proactiva de una respuesta consiste en estar en contacto con las emociones que la situación genera en ti. Lo que sigue es una rápida ruta de pensamiento para elegir proactivamente una respuesta y asegurarte de que te estás ajustando a tus objetivos profesionales:

- En primer lugar pregúntate: ¿qué emoción estoy sintiendo al respecto?

- Luego pregúntate: ¿cuál es mi objetivo profesional en este caso? ¿Quiero tener más visibilidad o apoyo para este proyecto? ¿Quiero que me vean como alguien que colabora? ¿Es este el momento de hablar?
- Y después pregúntate: ¿cuál sería la respuesta más constructiva a esta circunstancia que apoye el objetivo?
- A continuación pasa un poco de tiempo planeando lo que puedes hacer o decir de forma proactiva. Dependiendo de la complejidad de la situación, esto puede suponer de dos a cinco minutos en tu mesa escribiendo algunas notas, o una sesión estratégica más larga con alguien de confianza o quien te proporcione *coaching*.
- Por último, practica la respuesta para perfeccionarla y poder usarla en una conversación.

Nota final: Si nada cambia

A veces desplegamos todas estas estrategias para hacer frente a los sesgos y, sin embargo, no ocurre nada en nuestras circunstancias externas. Hemos hecho todo lo que se nos ha ocurrido para progresar, pero seguimos en la zona limitante o la dañina.

En ese momento debemos tomar una decisión. Nos corresponde abandonar las circunstancias perjudiciales, si es posible. Las organizaciones son cada vez más conscientes de que si no crean un entorno inclusivo y equitativo no retendrán a su gente ni a su clientela. Así que te animo a que te alejes y des los pasos necesarios para encontrar un lugar de trabajo que valore tu aportación, si esa es una opción para ti.

Capítulo 11: Valentía para salir adelante
Reflexión individual

ESTRATEGIAS DE "VALENTÍA PARA SALIR ADELANTE"

- Da prioridad al cuidado personal
- Escribe sobre tu experiencia
- Crea comunidad
- Contrarresta la fuerza negativa
- Ajústate a tu estrategia

CASO HIPOTÉTICO DONDE EXISTE UN SESGO

Se aproxima el momento de tu jubilación, y tienes un nuevo gerente, joven, muy preparado y con ganas de obtener resultados. Pero a veces parece suponer cosas sobre las personas que más tiempo llevan trabajando en el equipo. Por ejemplo, a ti te gusta desarrollar aplicaciones en tu tiempo libre. Hace poco le pediste a quien está en un cargo inmediatamente superior a ti recomendaciones para la nueva aplicación de tu empresa. Él te dice: "No pasa nada, Antonio acaba de terminar la universidad y está más familiarizado con ese tipo de cosas". Al día siguiente, reuniendo un poco de valor, compartes tus sentimientos con la gerencia y le invitas a reconsiderar tu petición. Desgraciadamente, parece molestarse y te contesta: "Mira, no quiero darle demasiada importancia. He tomado mi decisión y necesito que la aceptes".

Con desánimo y poca motivación, vuelves a tu puesto de trabajo y miras fijo la fecha de jubilación marcada en tu calendario.

1. ¿Qué sesgos podrían estar influyendo?

    ....

    ....

    ....

2. ¿De qué forma podrían estar afectando esos sesgos a tu trabajo (modelo de rendimiento)?

....

....

....

3. ¿Qué estrategia dentro de las de "valentía para salir adelante" podrías utilizar, y por qué?

....

....

....

Capítulo 11: Valentía para salir adelante
Propuesta para líderes

CASO HIPOTÉTICO DONDE EXISTE UN SESGO

Sigues algunas restricciones específicas en tu dieta como parte de tus creencias religiosas. Diriges un equipo en el sector de la hostelería, donde compartir las comidas es una parte importante de la cultura. Tu equipo empieza a tomarse libertades con tus restricciones dietéticas y a hablar con ligereza de lo "incómodo" que es adaptarse a ellas. Al principio intentas suavizar la situación con un poco de frivolidad y, por supuesto, agradecimiento, pero su hostilidad parece ir en aumento. Como líder, sabes que tienes autoridad, pero no te parece apropiado reprenderles por tu propia confesión religiosa. Te pesa que tu equipo no parezca valorar esta parte de tu identidad, pero no encuentras qué hacer al respecto.

1. ¿Qué sesgos podrían estar influyendo?

    ....

    ....

2. ¿De qué forma podrían estar afectando esos sesgos a tu trabajo o al de tu equipo (modelo de rendimiento)?

    ....

    ....

3. ¿Qué estrategia dentro de las de "valentía para salir adelante" usarías en esta situación, y por qué?

    ....

    ....

Capítulo 12
Valentía para establecer alianzas

Alianza no es un simple sustantivo.
Las alianzas se definen por sus acciones.

—Dra. Makini King, directora de las iniciativas
de diversidad e inclusión, Universidad de Missouri-Kansas City[1]

Es natural reaccionar y responder cuando se está en peligro. Tomar medidas sobre algo que no te afecta de manera directa es algo por completo distinto. Es contradictorio y antinatural lanzarse a la refriega de algo que no nos afecta directamente.

Establecer alianza, prestar nuestra voz en defensa de las demás personas, es un acto valiente. Comprender las experiencias de otra gente y ofrecerles apoyo puede suponer una gran diferencia en cuestiones como el impuesto emocional que mencionamos antes.

Establecer alianzas no es decir "me siento tan mal por esto que voy a ayudarte". No se trata de ira, resentimiento, culpa, vergüenza ni lástima. Quienes ejercen ese papel entienden que abordar los sesgos inconscientes es fundamental para la moral y los imperativos empresariales, sobre todo cuando se encuentran en posiciones de poder relativo en comparación con quienes son objeto de los sesgos.

---

[1] Makini King, "Ally Is Not a Noun", Universidad de Missouri-Kansas City, 15 de mayo de 2018, <https://info.umkc.edu/diversity/ally-is-not-a-noun/>.

"Privilegio" es una palabra que a mucha gente le provoca cuando se habla de este tema, porque piensa que de alguna manera niega su esfuerzo personal y sus logros: "¿Privilegio? ¿Sabes lo duro que he trabajado para llegar hasta aquí? ¿Crees que he llegado a este puesto por arte de magia?". Los privilegios no son eso.

Imaginémonos un maratón metafórico. Cada persona que termina el maratón logró algo complicado. Pero si terminaste con una prótesis, superaste barreras que yo no tenía como persona sin discapacidad. Tener un privilegio no niega mi logro, pero sí reconoce que nos enfrentábamos a un espectro de barreras diferentes, algunas sutiles y otras graves.

Cada persona tiene privilegios (y desventajas) de una forma u otra. Puede que yo no tenga privilegios basados en mi raza o género, pero sí los tengo por estar casada con un hombre, tener un título superior y ser propietaria de mi casa. Otra forma de verlo es en consonancia con el modelo de rendimiento. Como mujer Negra en el mundo empresarial estadounidense, estoy acostumbrada a ser la única persona que se parece a mí en una sala, lo que puede significar que la sala es la zona limitante, sintiendo que no pertenezco porque no veo a nadie como yo. Y hay muchos identificadores sobre los que se puede decir esto; por ejemplo, la única mujer de la sala o la única persona de color, la única veterana o la única con discapacidad. Cuando formas parte de la mayoría en el lugar de trabajo, eso representa un privilegio, una señal de que perteneces a ese lugar. Cuando tienes un privilegio relativo en una circunstancia, ese es el momento de establecer una alianza.

Un ejemplo perfecto es el trío de producción formado por Gloria Calderón Kellett, Norman Lear y Mike Royce. En su exitosa serie *Un día a la vez*, una adaptación de la serie original de 1975 protagonizada por una familia Cubanoestadounidense en Los Ángeles, Lear y Royce fueron las alianzas clave de Calderón Kellett, una de las pocas mujeres de color directora de series en la industria (un *showrunner* es el productor más veterano y la persona con mayor rango en una serie de televisión; 91% son de raza Blanca, y 80%

hombres).[2] En su primera temporada el reparto y el equipo acudían a los *showrunners* masculinos con preguntas y para consultar decisiones. Lear y Royce los redirigían sistemáticamente a Calderón Kellett. "La importancia de los hombres Blancos aliados no es ninguna broma —afirma Calderón Kellett—. Cambió el juego. Para la segunda temporada, la gente solo me preguntaba a mí".

Lear y Royce apoyaron más tarde a Calderón Kellett cuando quiso dedicarse a la dirección. Se convirtió en la primera mujer Cubanoestadounidense en dirigir un programa de televisión multicámara.

A medida que aumentaba su éxito, Calderón Kellett lo compensaba convirtiéndose en aliada de los demás. "También he tenido que reconocer mis propios privilegios. Paso perfectamente por Blanca… Hablo sin acento. Además, mi acceso a la educación ha sido increíble. Tengo mis propios privilegios personales con los que entré en esto, así que tengo que reconocerlos y decir: '¿Cómo puedo abrir puertas a los demás?'".

En lugar de dejarlo en una mera aspiración, decidió crear recursos prácticos para ayudar a las y los cineastas en ciernes a desarrollar su oficio: "El acceso a las herramientas no debería ser un privilegio". Se asoció con BuzzFeed y YouTube para crear una clase magistral gratuita, "Hollywood 101", que cubriera los aspectos básicos para entrar en el negocio, y publicó el guion del piloto de *Un día a la vez* para que los y las estudiantes pudieran aprender técnicas de narración. También fue mentora de dos prometedoras directoras Latinas, Stephanie Beatriz y Melissa Fumero, que pasaron a dirigir episodios de *Brooklyn Nine-Nine*. "Firmé las credenciales de ambas para el Sindicato de Directores de Estados Unidos (DGA, por sus siglas en inglés) —comentó—. La firma me pareció significativa".[3]

---

[2] Darnell Hunt, "Race in the Writers' Room", *Color of Change*, octubre de 2017, <https://hollywood.colorofchange.org/writers-room-report/>.

[3] Roxane Gay y la doctora Tressie McMillan Cottom, "*The Golden Era*", pódcast de audio, *Hear to Slay*, Luminary, 4 de junio de 2019.

Cuando patrocinas a alguien utilizas tu posición de poder en una organización para aumentar su influencia. En un contexto de ventas se recurre a quienes ostentan el puesto de gerencia de ventas cuando su relativa antigüedad ayudará a cerrar la venta. ¿Cuándo recurre quien representa a la atención al cliente a la persona que tiene un cargo inmediatamente superior? Cuando necesita cierta autoridad, cierto privilegio en la conversación para contentar a la clientela.

El privilegio, si lo concebimos así, consiste en preguntarse: "¿Dónde tengo yo una relativa antigüedad o ventaja?", y luego utilizar esa influencia para elevar a otras personas, para establecer alianzas y actuar de forma proactiva, extendiendo una invitación, formando equipo con otras personas, ofreciendo apoyo y haciendo *coaching*, mentoría y patrocinio. Del mismo modo que hacer frente a los sesgos se centra en volver a centrarse en el propio discurso, ser una alianza eficaz tiene sus matices. Las alianzas eficaces no se sobreponen a las voces y experiencias de aquellas personas a las que tratan de apoyar. Por el contrario, trabajan para descentrarse, asegurándose de que el foco no está en su miedo, culpa o dolor, sino en hacer progresar a la gente con la que se alían.

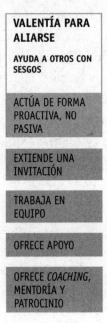

VALENTÍA PARA ALIARSE

AYUDA A OTROS CON SESGOS

ACTÚA DE FORMA PROACTIVA, NO PASIVA

EXTIENDE UNA INVITACIÓN

TRABAJA EN EQUIPO

OFRECE APOYO

OFRECE *COACHING*, MENTORÍA Y PATROCINIO

Estrategia: Actúa de forma proactiva, no pasiva

Como subraya la cita inicial de este capítulo, el papel de una alianza es proactivo. Se trata de un importante cambio de mentalidad. Si se les preguntara directamente, muchas personas líderes dirían que creen en la creación de un entorno integrador, pero una alianza no ofrece un apoyo pasivo. Esto significa que adopta todas las estrategias del capítulo 10, "Valentía para identificar", y aborda la alianza centrándose en la introspección y el aprendizaje. Una verdadera alianza no espera a que se lo pidan, sino que tan solo asume el reto de la desigualdad y se levanta para lograr un cambio positivo.

Estrategia: Extiende una invitación

Utiliza tu acceso para invitar a la mesa a más personas con puntos de vista diversos. En palabras de Kathryn Finney, directora general de Genius Guild:

> Creo que la persona que busca oportunidades tiene una responsabilidad desproporcionada frente a quienes están en posición de crearlas. Hace poco le dije a un amigo, que casualmente es un joven y destacado hombre Blanco del mundo de la tecnología: "Mira, a ti te invitan a salas a las que nunca invitarían a gente que se ve como yo. La próxima vez que te inviten a una cena de 'colegas tecnológicos' en la que sabes que no habrá diversidad invita a alguien que no se parezca a ti. Y presenta a esa persona a quienes estén en ese lugar como alguien a quien respaldas y crees que es el futuro de la tecnología. Es muy sencillo.
>
> Más que cualquier mujer o persona Negra en el mundo de la tecnología, él tiene el poder de tender la mano y dar un empujón a alguien que es "diferente a él". Y ese impulso es gratuito. Ya es hora de que más personas poderosas pongan de su parte para diversificar las salas en las que están y las mesas en las que se sientan. Sencillamente, es buen sentido comercial.

Estas son algunas estrategias para extender una invitación:

- La próxima vez que asistas a un congreso, panel o evento invita a alguien a quien des mentoría o que, de otro modo, no tendría la oportunidad de beneficiarse de ese aprendizaje.
- Si te invitan como ponente principal u otro papel destacado, infórmate sobre la diversidad del cartel. Si no la hay, considera la posibilidad de proponer una alternativa que pueda favorecer la diversidad de puntos de vista.
- Muchas organizaciones tienen equipos interfuncionales asignados a proyectos de alto perfil. Si te llaman para formar parte de un nuevo equipo o proyecto, piensa en cómo aportarle otras perspectivas, ya sea de manera formal o informal.

Estrategia: Trabaja en equipo

Progresar en el tema de los sesgos no tiene por qué ser una labor o un trabajo que hagas tú solo. Si es algo que te preocupa mucho, lo más probable es que a otras personas también les pase. Formar equipo con otra gente puede significar crear una coalición de otras personas aliadas o amplificar el trabajo de grupos marginados prestando tu privilegio y tu voz a su causa. Únete a otras personas para aprender más sobre tus propios sesgos y los suyos, explora los sesgos en tu organización o comunidad, y adapta tus voces con las del colectivo que se ve afectado de forma desproporcionada por los sesgos.

Las investigaciones demuestran que cuando quienes pertenecen a grupos marginados hablan sobre cuestiones de inclusión, esto les perjudica a lo largo de sus carreras, y cuando quienes integran el grupo mayoritario hablan en favor de la inclusión, sus carreras se ven beneficiadas. Teniendo en cuenta este patrón, una agencia de inteligencia tiene una buena práctica en torno a sus grupos de recursos para el personal: cada grupo debe tener alguien de la directiva que lo patrocine y que no pertenezca al grupo. Esta práctica garantiza que la carga de la defensa recaiga en quien patrocina y no en quien integra el grupo de recursos para el personal.

- Piensa en una ocasión en la que formaste parte de un grupo que tuvo repercusión al formar equipo.
- Piensa en un sesgo que no impacte directamente en ti, pero que veas que sí repercute en otras personas de tu organización o comunidad.
- ¿Hay otras personas que vean este impacto?
- Piensa en cómo podrías acercarte para colaborar y encontrar soluciones.

Estrategia: Ofrece apoyo

Piensa de nuevo en la idea de valentía prudente o audaz. Establecer alianzas no siempre consiste en hacer un gesto grande y sonado. A menudo es increíblemente significativo para quienes son víctimas de sesgos saber que cuentan con el apoyo de una amistad o colega que les escuchará, les apoyará y les ofrecerá un lugar donde desahogarse.

Las personas que se enfrentan a los sesgos necesitan un espacio seguro para comunicarse. Si puedes ofrecer apoyo como amistad o alianza de confianza, eso puede marcar la diferencia para ellas, dependiendo de lo que estén experimentando. Recuerda que aunque es posible que tú también sientas emociones fuertes ante esa circunstancia, el establecer alianzas no tiene que ver con tus propias emociones, sino con dejar espacio para centrar las emociones de aquellas personas con las que te alías.

Piensa en una ocasión en la que alguien de entre tus colegas tuviera problemas. ¿Le ofreciste apoyo? Si no fue así, ¿qué es lo que te frenó? Si lo hiciste, ¿cómo te sentiste?

Estos son algunos consejos para ofrecer apoyo de forma eficaz:

- Observa y reconoce cuando la gente parezca estar experimentando sentimientos fuertes.
- Escucha y reconoce las ideas de otras personas.
- Comienza por escuchar para comprender, no para resolver.
- Actúa como una parte pensante para idear formas en las que abordar los sesgos.

MARK

Hoy estoy vivo gracias a que una alianza me ofreció su apoyo. En 1993 estaba viviendo en Virginia, y a la edad de 33 años acabé por darme cuenta de que ser gay no era una fase ni nada que acabaría pasándose. Enfrentar esa realidad me sacudió hasta las entrañas. Me entró una grave depresión y pasé varias semanas encerrado en mi dormitorio con mantas tapando todas las ventanas. Mi depresión fue empeorando progresivamente hasta que un día decidí que no podía seguir viviendo así. Y entonces tomé la decisión de... no vivir más.

Lo tenía todo planeado para que pareciera un accidente y así no avergonzarme a mí ni a mi familia. La noche antes del que iba a ser mi último día decidí que necesitaba contárselo a alguien, a quien fuera. Llamé a mi hermano. En esa época vivía en Dallas. Cuando llamé, contestó y me dijo que tenía suerte de haber llamado entonces, porque se había ido para acampar, olvidó algo y acababa de entrar en la casa. Solo le solté:

—Soy gay.

Creo que lo tomé totalmente desprevenido, porque todo lo que pudo decir fue:

—No, no lo eres.

Le dije que sí. Tras un par de idas y venidas, cuando empezó a darse cuenta de la realidad, sus siguientes palabras me salvaron la vida. Todo lo que dijo fue:

—¿Quieres que me suba en un avión para verte o vienes tú?

Salí de inmediato hacia el aeropuerto y fui volando a Dallas.

Esas sencillas palabras, dichas sin ningún tipo de juicio, me salvaron la vida. No suelen hacer falta grandes actos de valentía para cambiar la vida de la gente. ¡Es increíble el impacto que pueden tener unas simples palabras de aliento dichas con sinceridad!

Todos tenemos nuestra historia de vida. La mía no es más ni menos importante que la de nadie más. Cada persona es mucho más que lo que vemos en la superficie. Podemos aprender muchísimo cuando tratamos de entender las historias de otras personas y tenemos la valentía de compartir la nuestra.

En palabras atribuidas a Ian Maclaren: "Sé amable, porque cada persona que conoces está luchando una dura batalla".

Estrategia: Ofrece *coaching*, mentoría y patrocinio

La investigación lo deja claro: los sesgos pueden tener un impacto considerable en el éxito personal y profesional de una persona. La mentoría, el patrocinio y el *coaching* pueden ayudar a las personas a superar los sesgos negativos en sus carreras (consulta el capítulo 7, "Saca provecho del poder de las redes de contactos", para obtener más detalles sobre la diferencia entre *coaching*, mentoría y patrocinio). Considera la posibilidad de ofrecer tus habilidades y tu punto de vista de esta manera, por medio de canales informales o formales.

Por ejemplo, una institución financiera multinacional se dio cuenta de que las mujeres no ascendían a puestos directivos. Comenzaron una iniciativa de *coaching*; primero capacitaron a quienes pertenecían a la alta gerencia sobre la importancia de crear una cultura de *coaching*, y después organizaron parejas de mujeres con alto potencial y altos cargos del banco.

Me gustaría destacar el patrocinio en particular. Mientras que la mentoría y el *coaching* pueden costarte tiempo, el patrocinio es el esfuerzo más arriesgado de los tres, porque requiere utilizar parte de tu propio capital político para hacer avanzar a otras personas. Hay cierto riesgo en ello, y esto hace que el patrocinio sea más difícil de conseguir que la mentoría o el *coaching*. Herminia Ibarra, profesora de desarrollo organizativo en la Escuela de Negocios de Londres, lo explica así: "En lo que respecta a esta importante distinción, las pruebas también son claras: las mujeres tienden a recibir mentorías en exceso y pocos patrocinios".[4]

Esta realidad se refleja también en el ámbito de la raza y la discapacidad. Mientras que la mentoría puede desarrollar habilidades y el *coaching* se centra en la estrategia de carrera, el patrocinio es lo que realmente puede acelerar un ascenso, ya que aborda las profundas lagunas en la diversidad en los rangos superiores de la mayoría de las organizaciones de todo el mundo.

Piensa en tu último gran logro profesional. ¿Quién te ayudó o te apoyó sin dudar para lograrlo? ¿Hay alguien que conozcas o con quien trabajes en la actualidad que se beneficiaría de tu experiencia?

Estos son algunos consejos para proporcionar *coaching*, mentoría o patrocinio:

- Haz preguntas a quienes te rodean sobre sus objetivos profesionales.
- Pregunta qué es lo que les está frenando.
- Comparte tu experiencia cuando corresponda.
- Da consejos y orientación.
- Piensa en qué lugar tienes el capital político para encumbrar a alguien más.

---

[4] Herminia Ibarra, "A Lack of Sponsorship Is Keeping Women from Advancing into Leadership", *Harvard Business Review*, 19 de agosto de 2019, <https://hbr.org/2019/08/a-lack-of-sponsorship-is-keeping-women-from-advancing-into-leadership>.

- Pide permiso a quien vaya a beneficiarse para desempeñar cualquiera de estos roles.

ANNE

Cuando me nombraron directora ejecutiva de AT&T Business tuve muy claro que mucha gente abogaba por mi ascenso. Me he beneficiado de alianzas a lo largo de mi carrera, y como primera mujer de color que ostentó el cargo de directora ejecutiva en la historia de AT&T tengo la responsabilidad de devolver el favor. He pasado gran parte de mi carrera profesional trabajando para servir de aliada del mayor número posible de personas. Estos son mis consejos para tener una alianza eficaz de las personas marginadas:

- Una forma de comenzar en una alianza es **unirse a un grupo**; puede ser una red de personal, un grupo de recursos para el personal u organizaciones externas que se centren en un determinado grupo demográfico, cultura, orientación o religión, aunque tú no formes parte de ese grupo demográfico. Yo animo a los hombres a que se unan a Mujeres de AT&T, Mujeres empresarias de AT&T y otros grupos; todo el mundo está incluido si quiere estarlo. Es asombroso que la gente quiera participar en algo que le resulta desconocido e, incluso, incómodo. Así es como crecemos.
- También me gustaría reforzar la idea de **desafiar a tu círculo íntimo**. Cuando pienses en unirte a una organización, rodéate con toda la intención posible de otros puntos de vista. Elige personas a las que dar mentorías que sean distintas a ti, sobre todo para que el aprendizaje sea mutuo. Ambas partes podrán estar más informadas y aumentar su experiencia a partir de la relación.

- Un llamamiento a la acción para cada líder que quiera formar una alianza productiva: **patrocina a personas marginadas**. Si ya estás dando mentoría a dos personas de alto potencial, busca dos más. Usa ambas manos, acércalas a ti, vuelve a hacerlo e impulsa a un par de personas más. Encontrar la grandeza en otras personas y ayudarles a alcanzar su máximo potencial aporta una alegría sin igual. No subestimes el profundo impacto que puedes tener sobre alguien.

- Otro paso esencial es **comprometerse**. Si observas sesgos, o sientes que tú tienes algún sesgo, comprométete. Si dudas, pregunta. Ten valentía. Tanto si se trata de cómo formas a tu equipo, cómo diriges tu empresa o cómo celebras el éxito, amplía tu red y comprométete de forma más amplia y profunda con otra gente. No pasa nada por sentir incomodidad; de hecho, si te sientes así es bueno, porque es señal de que te estás oponiendo a tus "normas" y a tu "*statu quo*". Pero no te quedes con esa sensación interiorizada. Actúa. Por poco que sea, haz algo para avanzar, ya sea para desarrollar tu comprensión y perspectiva o para ayudar a otra persona a hacer lo mismo.

- **Hazte oír.** Uno de los mejores consejos que doy sobre este tema es que amplifiquen las voces de las demás personas. Si estás en una reunión y te das cuenta de que alguien es la única mujer, persona de color o joven en la sala, fíjate si se les está pasando por alto o si se están apropiando de sus ideas. Ser la única persona de lo que sea es muy complicado. Y los sesgos, inconscientes o no, se amplifican aún más en caso de ser "lo único". También me aventuraría a decir que cada persona ha sido "la única" al menos una vez durante su carrera, bien fuera la persona más joven de la sala, la única mujer, la única persona del colectivo LGBTQ+, la única persona soltera, la única sin hijos o hijas o la única persona de color. Usa tu propio estatus para elevar las voces de "lo único". Y actúa para asegurarte de que esa "unicidad" sea solamente una situación temporal.

Capítulo 12: Valentía para establecer alianzas
Reflexión individual

ESTRATEGIAS DE "VALENTÍA PARA ESTABLECER ALIANZAS"

- Actúa de forma proactiva, no pasiva
- Extiende una invitación
- Trabaja en equipo
- Ofrece apoyo
- Ofrece *coaching*, mentoría y patrocinio

CASO HIPOTÉTICO DONDE EXISTE UN SESGO

Trabajas para el gobierno federal y tu departamento está a punto de poner en marcha un proyecto relacionado con las zonas urbanas tradicionalmente desatendidas de tu ciudad. Llevas solo seis meses en el departamento y aún estás aprendiendo. En tu entrevista personal le preguntas a la gerente quién cree que dirigirá este proyecto de tan alto nivel. Ella responde: "Creo que Keisha encaja a la perfección en este proyecto. Habla el idioma de esa comunidad".

Keisha te ha dicho que lo que en realidad le interesa es la tecnología y las políticas de apoyo a las ciudades inteligentes. Como única empleada Negra de la oficina, se siente presionada para aceptar proyectos en zonas urbanas y comunidades Negras, y le preocupa no estar adquiriendo experiencia en el área que le apasiona.

1. ¿Qué sesgos podrían estar influyendo?

    ....

    ....

    ....

    ....

2. ¿Cómo podrían repercutir esos sesgos en el trabajo de Keisha (modelo de rendimiento)?

....

....

....

....

3. ¿Qué estrategia dentro de las de "valentía para establecer alianzas" usarías en esta situación y por qué?

....

....

....

....

Capítulo 12: Valentía para establecer alianzas
Propuesta para líderes

CASO HIPOTÉTICO DONDE EXISTE UN SESGO

Tu organización está poniendo en marcha un programa de mentoría (ofrece *coaching* o mentoría). Te han asignado tres posibles aprendices:

El aprendiz 1 forma parte de un grupo tradicionalmente marginado en tu organización al que estás deseando apoyar. Tienen orígenes muy distintos y te preocupa que sus interacciones puedan resultar incómodas.

La aprendiz 2 es nueva en la organización y ha comparado los procesos de su organización con los de su antiguo empleo. Crees que tal vez tenga razón en algunos casos, pero te preocupa su enfoque.

La aprendiz 3 pertenece a una generación más joven. Es una de las mejores colaboradoras individuales de su división, pero ha dicho que no le interesa el liderazgo.

1. ¿A quién eliges y por qué?

....

....

2. ¿Qué sesgos podrían estar influyendo?

....

....

3. ¿Cómo podrías reducir los sesgos en tu proceso de toma de decisiones?

....

....

Capítulo 13

Valentía para defender

En Estados Unidos somos descendientes en sangre y espíritu de revolucionarios y rebeldes, hombres y mujeres que se atrevieron a desafiar la doctrina aceptada. Como herederos, no debemos confundir nunca la disidencia honesta con la subversión desleal.

—Dwight D. Eisenhower, expresidente de los Estados Unidos

Defender es quizás lo que consideraríamos la forma más tradicional de valentía: la de ser la más ruidosa de las vías para progresar a gran escala.

Un ejemplo interesante es CEO Action for Diversity & Inclusion, el mayor compromiso empresarial impulsado por el equipo directivo para promover la diversidad y la inclusión en el lugar de trabajo. En sus propias palabras, "este compromiso está impulsado por la constatación de que abordar la diversidad y la inclusión no es una cuestión competitiva, sino una cuestión social. Al reconocer que el cambio comienza a nivel ejecutivo, más de 900 integrantes del equipo directivo de las principales empresas y organizaciones empresariales del mundo están aprovechando sus voces individuales y colectivas para promover la diversidad y la inclusión en el lugar de trabajo". Su sitio web también permite hacer promesas y compromisos en torno a la diversidad y la inclusión.

Este compromiso es digno de mención, porque hace recaer la responsabilidad en la directiva y no en el personal. No debemos hacer cargar con el peso de mitigar los sesgos inconscientes a quienes los reciben. Un estudio publicado por *Academy of Management Journal* descubrió que a las mujeres y personas no Blancas líderes que intercedían por iniciativas en favor de la diversidad se les penalizaba en sus calificaciones de competencia y rendimiento.[1] Demos un paso adelante para defender estos cambios.

Estrategia: Comparte tu historia

En el capítulo 11 hablamos de una estrategia que consistía en escribir tu historia para ayudarte a hacer frente a los sesgos. Compartir tu historia a gran escala podría ayudar a impulsar el cambio institucional. Muchas personas no comprenden la repercusión de los sesgos; tu experiencia podría ayudarles a hacerse una idea más completa.

---

[1] David R. Hekman *et al.*, "Does Diversity-Valuing Behavior Result in Diminished Performance Ratings for Non-White and Female Leaders?", *Academy of Management Journal* 60, núm. 2 (3 de marzo de 2016), <https://doi.org/10.5465/amj.2014.0538>.

"¿Qué significa para ti mi pañuelo?", una charla TED de Yassmin Abdel-Magied, había sido vista más de dos millones de veces y traducida a más de 31 idiomas en el momento de escribir este libro.[2] Abdel-Magied comparte su experiencia como inmigrante, ingeniera, Musulmana y mujer. Los cientos de comentarios sobre el video muestran debates que tal vez no se habrían producido de otro modo, y Yassmin ganó posteriormente un premio a la joven australiana del año gracias a este primer paso: compartir su historia.

Todas las charlas TED, pódcast, artículos, entradas de blogs, fragmentos de investigación y libros escritos sobre los sesgos y la inclusión han hecho avanzar el diálogo y son formas de defensa. La curiosidad y la empatía surgen de las historias, que ayudan a la gente a no solo a comprender una estadística, sino a sentir su impacto. Las historias personales de cómo han resultado afectadas personas de carne y hueso por los sesgos inspiran a otras personas a reflexionar sobre el tema con mayor profundidad y luego actuar.

Piensa en la última vez que cambiaste de opinión sobre algo importante. ¿Qué te llevó a cambiar de opinión? ¿Fue una historia, una experiencia o un dato?

Estos son algunos consejos para compartir tu historia en un contexto más amplio:

- Busca en las publicaciones virales de las redes sociales historias de sesgos que hayan entrado en la conciencia colectiva y provocado un cambio real. ¿Cuál fue su impacto positivo?
- Comparte tu historia sobre cómo revelar y abordar los sesgos a través de los medios de comunicación que te resulten apropiados. Haz que sea una historia humana que ayude a la gente a verte y a entender tu contexto y tu punto de vista.

---

[2] Yassmin Abdel-Magied, "What Does My Headscarf Mean to You?", charla TED, 27 de mayo de 2015, <https://www.ted.com/talks/yassmin_abdel_magied_what_does_my_headscarf_mean_to_you>.

MARK

Mi homosexualidad es una parte de mi identidad que mantuve oculta frente a todo el mundo durante muchos años. Primero tuve que aceptarla yo mismo. Luego la compartí con mi familia, mis amistades más cercanas y, al final, con las personas con las que trabajaba. Como ya dije, nada de esto fue fácil.

Compartir mi historia fue un acto de valentía que comenzó como algo pequeño —solo mi círculo de familia y amistades cercanas— y fue creciendo poco a poco. Ahora comparto mi historia siempre que doy talleres sobre los sesgos inconscientes y, por supuesto, has leído sobre ella en este libro. Las historias que no ven la luz del día nunca son visibles para otra gente. En el trabajo a alguien puede no ocurrírsele preguntar a otra persona con quien trabaja sobre su vida personal. Pero si esa persona está preocupada por si su orientación sexual o su identidad de género pueda resultar un tema de controversia, esa sencilla pregunta puede ser aterradora. Al compartir mi historia espero haber arrojado algo de luz sobre lo difícil que esto puede ser. Al sacar a la luz estos desafíos podemos generar el cambio. Por ejemplo, una invitación al pícnic de la compañía podría mencionar a las parejas, en lugar de al esposo o la esposa, y el plan de atención médica de la compañía podría cubrir a las parejas de hecho en lugar de simplemente a los matrimonios tradicionales.

Comienza en una zona de confort. Conforme vaya aumentando tu valentía, busca oportunidades para ampliar tu influencia, no solo por tu bien, sino por el de todas aquellas personas que pueden aprender de tu historia o ver su reflejo en ella.

Estrategia: Alza la voz

Si te sientes a salvo y con apoyos al hacerlo, a veces la mejor manera de demostrar valentía es identificar el problema. Alzar la voz puede ser algo circunstancial y espontáneo, como en una reunión o una conversación alrededor del dispensador de agua, o puede ser algo más grande y audaz, como reunirte formalmente con alguien superior a ti para hablar de un problema y sus posibles soluciones.

Por ejemplo, en un programa obligatorio reciente de formación para cargos electos nos centramos en lograr que el personal subordinado sintiera seguridad al hablar alto, claro y con frecuencia. El hecho de que los altos cargos manifiesten con sinceridad ante toda la oficina u organización que les gustaría que se les plantearan los problemas, aunque estos tengan relación con las personas en cargos superiores y que no habrá ningún tipo de penalización profesional por sacar a la luz dichos temas, puede tener una gran repercusión. Al comunicar con claridad el deseo de recibir comentarios y garantizar al personal que no habrá represalias por hacerlo, el alto liderazgo está dando poder a quienes están bajo su mando que intercedan por otras personas y que ofrezcan comentarios importantes y necesarios que beneficiarán a toda la compañía.

Piensa en una ocasión en la que defendiste una creencia o identificaste un problema. ¿Qué es lo que hizo que fuera fácil o difícil? ¿Qué tipo de respuesta recibiste?

Estos son algunos consejos para alzar la voz en un contexto más amplio:

- Cuando veas que los sesgos te afectan a ti u otras personas, da un paso atrás y busca pruebas. ¿Es una tendencia o algo que solo viste una vez?
- Practica lo que te gustaría decir. La práctica nos ayuda a pasar de la parte emocional del cerebro a la parte pensante, donde podemos conectarnos de forma lógica con otras personas.

- Considera la posibilidad de llevar aparte a la persona adecuada y tener una conversación en privado.
- Emplea frases conciliadoras para comenzar la conversación.

Estrategia: Formaliza la discrepancia

Es posible que la cultura de tu organización no suela permitir los desacuerdos. Pero cuando se asigna a las personas el papel de discrepantes activos, se les puede recompensar, o al menos reconocer, por encontrar los defectos de un argumento y empujar al grupo a pensar de forma diferente sobre los problemas y retos.

Formaliza el papel de abogado del diablo. Cuando se trata de decisiones importantes, el hecho de tener a alguien en este papel es esencial para adquirir nuevas perspectivas. Tanto si estás tratando de desarrollar un nuevo producto o proceso o si estás tomando importantes decisiones o planes estratégicos, pídele a alguien de tu equipo que desempeñe el papel de discrepante activo o de abogado del diablo.

El abogado del diablo debe:

- Encontrar los agujeros o lagunas de un plan.
- Usar la empatía para considerar nuevas perspectivas sobre el tema.
- Rechazar cualquier suposición.
- Asegurarse de que su papel sirve para añadir valor y no solo para discrepar por el mero hecho de hacerlo. Hacer agujeros en las normas establecidas es útil; discutir sobre cualquier cosa no lo es.

Estrategia: Organiza redes de contactos

Una de nuestras necesidades primarias es formar grupos: nuestro grupo frente al resto. La poderosa sensación de grupo también puede acelerar el rendimiento. Las investigaciones han demostrado que construir redes de contactos para reunir grupos similares puede ayudar a contrarrestar el impacto de los sesgos en el crecimiento profesional. También conectan de manera formal los grupos marginales con las redes informales de probada eficacia para el avance profesional.

Tradicionalmente, las organizaciones usaban el término "grupo de recursos para el personal" para dichas redes, pero la mayoría de las que han avanzado mucho en el tema de la diversidad y la inclusión ahora hablan también de grupos de afinidad y grupos de recursos empresariales. Cada uno tiene una función distinta:

Los **grupos de recursos para el personal** (GRE, por sus siglas en inglés) se ocupan de hacer avanzar a las y los aspirantes con diversidad por el entramado de la organización y garantizar su acceso a las oportunidades. Dichos grupos se centran en el *coaching*, la mentoría y el patrocinio, actividades que pueden aumentar la representación en gerencia de los grupos de interés hasta 24 por ciento.

Como ya se dijo, los estudios demuestran sistemáticamente que cuando las personas marginadas interceden por su grupo pueden salir perjudicadas en el plano profesional a largo plazo. Por eso una de las buenas prácticas es contar con alguien que te patrocine dentro del grupo directivo y que no pertenezca al grupo. Los GRE suelen enfocarse en trabajadores y trabajadoras que comparten una perspectiva única: como mujeres, padres o madres, por grado de veteranía, personas con discapacidad o pertenecientes a una raza o religión específicas, o de la comunidad LGBTQ+. Los GRE también existen en torno a otros identificadores o intereses comunes. Los GRE eficaces ofrecen oportunidades educativas, exploran estrategias de contratación para hacer crecer su comunidad con las personas con más talento y vinculan sus objetivos con los objetivos estratégicos de su organización de varias formas.

Los **grupos de recursos empresariales** contribuyen al desarrollo de productos y ofrecen conocimientos culturales al negocio. Por ejemplo, el grupo de recursos empresariales Afroestadounidense de Pepsi aconseja a la organización sobre cómo comercializar los nuevos productos para las comunidades Afroestadounidenses.

Los **grupos de afinidad** son muy parecidos a los clubes sociales, ya que ofrecen al personal la oportunidad de ir en grupo a la hora feliz, participar en aficiones grupales como bailar salsa, armar un grupo informal, como un equipo de softbol, o simplemente divertirse fuera del trabajo.

Cuando es posible, el ofrecer los tres tipos de grupos permite a la gente participar de acuerdo con sus objetivos personales. Una vez trabajé en un equipo que administraba una encuesta cultural anónima, y alguien entre mis colegas escribió: "Como hay tantas personas casadas con descendencia en el equipo, no hacemos suficientes actividades para fomentar el trabajo en equipo. Necesitamos kickball u horas felices". Esa es una sugerencia válida, pero con un calendario de viajes agotador, yo era una de las integrantes del equipo que no tenía interés alguno en las actividades fuera del horario laboral. Mi colega andaba buscando un grupo de afinidad, para establecer lazos con quienes pertenecían a su equipo, en un entorno divertido, mientras que yo estaba más interesada en un GRE, para establecer relaciones con cargos directivos y avanzar en el terreno profesional. El poder disponer de los dos tipos de grupos hace que todo el equipo participe, sea cual sea su interés.

¿Pueden unirse a los grupos de recursos las personas que son aliadas? En general, cualquiera puede unirse a un grupo de recursos. La gente participa en grupos por diferentes motivos, y unirse como alianza puede generar una gran empatía. Recientemente alguien de mi grupo de clientes creó varios grupos de recursos para el personal, y en la reunión inaugural el responsable ejecutivo del grupo de recursos para personas con discapacidad contó la historia de sus tres hijos con autismo. Le importaba mucho el papel de las personas con discapacidad en el lugar de trabajo y cómo podían contribuir, y por eso era el responsable máximo de ese grupo. Otro patrocinador ejecutivo contó una historia sobre la primera vez que alguien mencionó lo poco que se parecía a su hija, a la que adoptó de China, y por qué eso le importaba.

Estos son algunos consejos para pensar en organizar redes de contactos. Hazte las siguientes preguntas:

- ¿Siento que me excluyen de las redes de contactos formales o informales en el trabajo?
- ¿He vivido experiencias con las que siento que mi equipo no se identifica?
- ¿Existen redes de trabajo o en mi comunidad que puedan ayudarme a sentir que se me comprende y se me apoya? Si no es así, ¿puedo organizar una?

ANNE

Creo que en AT&T somos líderes mundiales en grupos de recursos y redes de personal. Tenemos más de dos docenas de estos grupos, organizados en torno a muchos componentes distintos. Yo soy la patrocinadora ejecutiva de la red de empleadas de AT&T Mujeres Empresarias y de la Organización de Mujeres de Asia y el Pacífico. Tenemos grupos centrados en las personas veteranas, en nuestro personal nativo e indígena y muchos otros.

Para cualquier líder es importante apoyar estas comunidades y la reunión de grupos de interés. Si estas organizaciones no existen, créalas. Si ya existen, únete a ellas.

Una de las grandes ideas equivocadas sobre las organizaciones de mujeres es que hay que ser mujer para afiliarse a una. ¡Eso no es cierto! Conozco a muchos hombres que dicen que la mejor mentoría que han recibido ha sido a través de nuestras redes de mujeres; amplían tu perspectiva y tu red de contactos más allá de tus actividades y rutinas cotidianas.

Además, unirse a grupos ajenos a tu experiencia puede permitirte alinearte con ellos. Hace poco uno de mis clientes

266 | SESGOS INCONSCIENTES

comenzó una red de mujeres. Su papel como defensor de esa red de mujeres no tiene precio, porque ese grupo de mujeres (junto con sus aliados masculinos) sabe que el director ejecutivo está comprometido con ello.

Si tu organización carece de este tipo de redes, ¡inícialas! Solo necesitas un par de personas. Y con la tecnología puedes crear una comunidad global. Asegúrate de conseguir patrocinadores de nivel ejecutivo desde el principio para aumentar las probabilidades de éxito mediante un apoyo y una defensa visibles.

Capítulo 13: Valentía para defender
Reflexión individual

ESTRATEGIAS DE "VALENTÍA PARA DEFENDER"

- Comparte tu historia
- Alza la voz
- Formaliza la discrepancia
- Organiza redes de contactos

CASO HIPOTÉTICO DONDE EXISTE UN SESGO

Formas parte del equipo de selección de personal de una compañía perteneciente a la lista de Fortune 500. Aunque trabajas mucho para proponer una lista diversa de postulantes, te das cuenta de que hay alguien del grupo de líderes que rechaza sistemáticamente a las personas con nombres extranjeros o que suenan distintos.

1. ¿Qué sesgos podrían estar influyendo?

   ....

   ....

   ....

   ....

2. ¿De qué forma podrían estar afectando esos sesgos a tu trabajo o al de la compañía (modelo de rendimiento)?

   ....

   ....

   ....

   ....

3. ¿Qué estrategia de "valentía para defender" usarías en esta situación y por qué?

....

....

....

....

Capítulo 13: Valentía para defender
Propuesta para líderes

CASO HIPOTÉTICO DONDE EXISTE UN SESGO

Acabas de aceptar un puesto directivo en una nueva organización con un equipo de alto rendimiento y muy comprometido. Al revisar el presupuesto te das cuenta de que hay integrantes del equipo con la misma experiencia y rendimiento que reciben salarios muy dispares.

1. ¿Qué sesgos podrían estar influyendo?

   ....

   ....

2. ¿Cómo podrían impactar esos sesgos en el trabajo en equipo o en el tuyo (modelo de rendimiento)?

   ....

   ....

3. ¿Qué estrategia dentro de las de "valentía para defender" usarías en esta situación, y por qué?

   ....

   ....

REFLEXIÓN ADICIONAL

Una vez vistos los ocho casos hipotéticos y ya que pensaste en cómo aplicar las 16 estrategias de valentía, ¿puedes pensar en una circunstancia en la vida real a la que te estés enfrentando?

....

....

....

....

Describe los componentes de esa circunstancia. ¿Qué sesgos pueden estar influyendo y cómo pueden afectar a tu trabajo y al de las demás personas dentro de esa circunstancia?

....

....

....

....

¿Qué estrategia de valentía usarías en esta situación, y por qué?

....

....

....

....

El cambio relacionado con la diversidad no se ve en un mes, ni en dos ni en seis. Se ve en un año, en dos o en cinco. Así es como funciona. Es un partido largo, y muy pocas compañías están dispuestas a jugarlo... Quien lidera tiene que comunicar "estoy en esto a largo plazo, y no dejaré de buscarlo".*

—Bo Young Lee, directora de diversidad e inclusión, Uber

* Barbara Booth, "How Troubled Ride-Hailing Giant Uber Put an End to Internal 'Name-Calling and Finger-Pointing'", CNBC, 29 de noviembre de 2018, <https://www.cnbc.com/2018/11/29/how-uber-put-an-end-to-internal-name-calling-and-finger-pointing-.html>.

Parte 4:
Aplicar el ciclo
de vida del talento

ANNE

Como líderes y gerentes debemos darnos cuenta de que los sesgos inconscientes residen en cada persona y también están presentes en la administración integral, en los sistemas de toma de decisiones y en los procesos de las organizaciones. Esto quizás sea más frecuente en las fases clave del ciclo de vida del talento, y si no los abordamos de forma proactiva, estos sesgos se quedarán y servirán de inhibidor del desarrollo de los equipos de alto rendimiento que ofrecen resultados de primera.

Uno de los aspectos esenciales para crear y construir equipos fuertes es la creación de una sólida cantera de talento en la organización. Desde el punto de vista del ciclo de vida del talento, se puede pensar en esto como los procesos de marketing, contratación y dotación de personal necesarios para garantizar que las mejores personas —aquellas que pueden aportar la voluntad y las habilidades que necesitas— se sientan atraídas por tu marca y tengan interés en trabajar contigo. ¿Existen los sesgos en tu planteamiento actual? ¿Está anticuada tu forma de contratar (también el dónde y el cómo)? ¿Estás ganando las batallas del talento en tu sector? ¿Crees que tu proceso de selección refleja no solo el talento que necesitas ahora, sino también el que necesitarás en el futuro?

Cuando alguien ha decidido unirse a tu equipo, ¿qué haces para que se desarrolle? ¿Cómo te planteas la formación, el aprendizaje y el apoyo? ¿Cómo se plantea tu organización la mentoría? ¿Te centras en la persona integral o solo en su lado trabajador? ¿Cuál es el grado de compromiso de quienes trabajan para ti? ¿Cómo identificas el talento de alto potencial? ¿Están anticuados esos planteamientos? ¿Ese talento de alto potencial representa el conjunto diverso de líderes que sabes que necesitas actualmente y en el futuro? Me atrevería a decir que es probable que haya un sesgo en las respuestas a estas preguntas, y que merece la pena explorarlo si quieres que tu cultura organizativa evolucione al ritmo del mercado y se mantenga por delante de la competencia existente y la emergente.

¿Y qué pasa con los ascensos en la profesión? ¿Cómo es esa lista de empleados y empleadas de alto potencial? ¿Es más bien homogénea o diversa? ¿Te está costando armar una lista sucesoria, o tus aspirantes tienden a venir del mismo lugar de tu organización? ¿Hay un arquetipo de persona líder que tenga éxito en tu compañía? ¿Y refleja el mercado en el que estás compitiendo en la actualidad? ¿Esa lista te preparará de la mejor manera para la competencia del futuro? ¿Cómo se organizan hoy en día las mesas redondas de talentos? ¿Todo el mundo tiene la misma voz o hay algunas en la mesa más dominantes que otras? ¿Deberían serlo?

No estoy haciendo todas estas preguntas retóricas para que te frustres. Al contrario, las estoy usando para ayudar a sacar a la superficie la posibilidad y la noción de los sesgos arraigada en tus estructuras y sistemas de toma de decisiones. La vitalidad de tu personal es clave para su éxito. Si tu organización no examina con determinación y revisa periódicamente la forma en la que apoya y gestiona su talento, pueden reinar los sesgos, y eso frenaría su progreso, la innovación y la transformación que necesitas sin que te dieras cuenta.

Hace poco trabajé con una compañía de tecnología sanitaria sobre su estrategia de diversidad e inclusión. La sesión estratégica se centró principalmente en dos aspectos: el ciclo de vida del talento y la puesta en marcha de un consejo de diversidad e inclusión. Antes de la sesión había hablado por teléfono muchas veces con la líder responsable de capacitación y desarrollo, una auténtica defensora de la inclusión en esta organización, para planificarla. Estaba ansiosa por avanzar y garantizar una estrategia sólida en torno a la diversidad y la inclusión para la compañía. Hubo algo que me llamó la atención en estas llamadas de planificación, e incluso en nuestra sesión: esta líder seguía repitiendo que la estrategia no podía versar sobre las cuotas. Le pedí que me contara más sobre eso, y ella me dijo que hace años contrataron a una consultora para que ayudara a armar una estrategia de diversidad e inclusión. La consultora presentó sus recomendaciones al equipo directivo, y su tesis fue que la empresa tenía que establecer cuotas en función de los grupos raciales y el género y trabajar enérgicamente para cumplirlas. El equipo directivo no reaccionó bien.

Esto habla de la evolución de la diversidad e inclusión profesional y este espacio. Cuando se pregunta a quienes lideran sobre la diversidad y la inclusión y el ciclo de vida del talento, muchas personas recurren por defecto a la discriminación positiva y a las cuotas. Si son mayoría, esto suele activar la parte primitiva de su cerebro. "¿Me estás diciendo que tienes que sustituirme para cubrir esta cuota?". Estos sentimientos de escasez pueden dar lugar a un tratamiento muy limitador, incluso perjudicial, de esa parte de la plantilla, que puede ser vista como "contratación de diversidad".

Otro problema que he visto con las cuotas es que a menudo se convierten en el techo en lugar de en el piso. Eso puede provocar una participación simbólica, la idea de que una empresa hizo una "contratación de diversidad" para cubrir la cuota, no porque esa persona fuera la más cualificada y capaz para el puesto. "Mira, tenemos una mujer, una persona Negra y una veterana" y cosas así. Imagina lo limitante que se sentiría si alguien se refiriera a ti como "contratación de diversidad", negando así la gran cantidad de tiempo y energía que dedicaste a tu educación y tu carrera.

La mayoría de los países, sin contar Estados Unidos, ni siquiera tienen permitido recopilar datos demográficos sobre su personal. Incluso en Estados Unidos estos datos se usan como referencia, no como un objetivo en firme. Aunque las cuotas de contratación se han eliminado en gran medida, esta sensación de participación simbólica permanece cuando quienes lideran piensan en iniciativas de contratación de diversidad, y ha dado paso a un fenómeno derivado que plantea la idea de que si tenemos al menos dos personas diversas representadas en un grupo determinado, entonces hemos cumplido nuestro objetivo. Esta mentalidad y planteamiento pueden ser limitantes.

En lugar de eso, nuestro debate del ciclo de vida del talento se centra en la forma en la que podemos aplicar los principios de autoconsciencia, apertura y crecimiento, con autenticidad y sinceridad, al ciclo de vida del talento, no porque se nos obligue a hacerlo, sino porque reconocemos que la diversidad y la inclusión son esenciales para mantener una organización con alto rendimiento. Al poner en práctica las tácticas descritas en la parte 4, quienes lideran pueden garantizar que el comportamiento de liderazgo, los procesos relacionados con la gente y la cultura organizativa refuerzan la zona de alto rendimiento, en la que la plantilla se siente valorada, respetada e incluida.

IDENTIFICAR LOS SESGOS · TRABAJAR LA CONEXIÓN · PROMOVER LA VALENTÍA

APLICAR EL CICLO DE VIDA DEL TALENTO

Formulación y reformulación

Formulación:	Reformulación
El ciclo de vida del talento son políticas y legislación obligatorias de recursos humanos. Como líder, simplemente sigo las políticas.	El ciclo de vida del talento se rige por las políticas y la legislación de recursos humanos. Como líder, puedo influir y repercutir en la experiencia de la plantilla en cualquier punto del ciclo de vida.

El principio de propósito

Hemos defendido la introspección, la vulnerabilidad, la empatía, la curiosidad y la valentía para crear equipos de alto rendimiento. Pero tienes que estar de acuerdo. Como líder, tienes que ver la diversidad y la inclusión como un componente crucial de lo que te propones y cómo te planteas tu liderazgo. Si estás de acuerdo, lo que sigue es una hoja de ruta para aplicar ese propósito en todo el ciclo de vida del talento. El ciclo de vida del talento está formado por los procesos y decisiones de tu equipo y organización que afectan a las personas. Como ocurre con la mayoría de las cosas buenas de la vida, tratar la diversidad y la inclusión como una prioridad es más fácil de decir que de hacer, pero no es imposible. Hará falta valor para aplicar lo que has aprendido hasta ahora y revisar tus respuestas previas a las herramientas, y hacer algo diferente. Pero tales acciones se alinearán con tu propósito más amplio de liderazgo, y verás los resultados positivos en tu rendimiento y en el rendimiento de tus equipos.

El ciclo de vida del talento abarca los puntos de decisión que se producen a lo largo de la carrera de una persona: si la contratan, a qué proyectos la asignan y si asciende o no. Existen innumerables variaciones del ciclo de vida del talento, ya que este modelo varía un poco entre sectores y organizaciones. Por ejemplo, trabajé con una consultora cuyo ciclo de vida del talento incluía asignaciones a proyectos internos debido a la forma en que asignaban a sus consultores o consultoras a las sedes de clientes. Así que había esencialmente dos niveles de selección: el primero, el empleo en la empresa; el segundo, la incorporación a un equipo de mi cliente. A nuestros efectos, clasificaremos las decisiones del ciclo de vida del talento en tres categorías: el proceso de contratación, la contribución y el compromiso y el ascenso.

Solemos ver el ciclo de vida del talento como un ciclo continuo. Por ejemplo, nos contrata una organización, trabajamos en ella du-

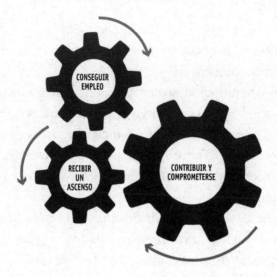

rante unos años, conseguimos un ascenso y, a continuación, aban-
donamos la organización y volvemos a empezar en otra nueva, al
mismo nivel o en un puesto superior. Para nuestro propósito, me
gustaría que pensaras en estas tres categorías como más interdepen-
dientes. Son engranajes que giran unos sobre otros. Las prestaciones
laborales, que se consideran importantes en algún momento de la
carrera, pueden cambiar con el tiempo. Las oportunidades de desarrollo disponibles en cualquier organización repercutirán en el
compromiso del personal y en la reputación de la organización en
el mercado, lo que, en última instancia, influirá en el perfil de los y
las aspirantes. Cada componente del ciclo de vida del talento y las
decisiones, políticas, procedimientos y normas de ese componente
están intrínsecamente conectados con los demás.

De acuerdo, ¡esto da mucho que pensar! La idea no es que trans-
formes todo el ciclo de vida del talento de tu organización. Más
bien queremos asegurarnos de que, como líder, intentes comprender cada componente del ciclo de vida del talento y las decisiones
que se toman en cada parte del modelo, y luego pienses en dónde
podrías mejorar. Cuando se trata de aplicar estrategias de mitigación de sesgos al ciclo de vida del talento, a menudo me preguntan:
"¿Por qué componente deberíamos empezar?". Las organizaciones

se preguntan si deberían centrarse en ampliar la contratación y las incorporaciones, diversificar su junta directiva o crear un programa de liderazgo de mujeres, por ejemplo.

El componente por el que empieces dependerá de cómo sea el ciclo de vida del talento en tu organización. ¿Cuáles son sus puntos fuertes y sus oportunidades? ¿Qué dicen tus datos cuantitativos y cualitativos actuales sobre dónde están las diferencias de rendimiento? ¿Dispones al menos de esos datos? Y si no es así, ¿cómo puedes obtenerlos?

Supongamos que tu organización está a la vanguardia de los programas de contratación de diversidad y ha puesto en marcha un proceso de revisiones encubiertas de los currículums (se han eliminado todos los datos de identidad, como el nombre y el sexo), entrevistas en grupo y decisiones de contratación conjuntas. Pero tus datos de compromiso del personal son bajos, especialmente entre las personas más veteranas, las personas de color y las mujeres. Es posible que tengas verdaderos problemas para retener más de dos años a quienes acaban de empezar a trabajar allí y decidas empezar por eso. Por el contrario, empezarías en un lugar diferente si tuvieras una empresa familiar que fuera bastante homogénea y mantuviera un alto nivel de compromiso y retención del personal y una increíble fidelidad de la clientela, pero se enfrenta a un crecimiento considerable.

Ambas situaciones te dan una idea de hacia dónde dirigir tus esfuerzos. En el primer caso empezarías con la experiencia de la persona y los componentes de contribuir y comprometerse. En el segundo podrías centrarte específicamente en los procesos de contratación, teniendo en cuenta el importante crecimiento al que te enfrentas. Cualquiera que sea tu realidad, el primer paso es comprender tu estado actual y dónde puede estar afectando más el sesgo al rendimiento en tu ciclo de vida del talento específico.

ANNE

Una decisión a la que muchas personas se enfrentan en su carrera profesional es la de pasar o no de una colaboración individual a un puesto con responsabilidades directas de supervisión. Mucha gente supone que se trata de una transición sencilla y que todo el mundo aspira a dirigir personas. Nada más lejos de la realidad. Animo a quienes les interese una trayectoria profesional que implique el liderazgo directo del equipo a que primero busquen oportunidades de liderazgo a través de proyectos, encargos especiales e incluso entornos situacionales como reuniones o conversaciones en grupo. Desarrollar y afirmar el propio liderazgo requiere práctica y experiencias. Y como todo el mundo sabe, el liderazgo tiene que ver con las personas: inspirarlas, entrenarlas, desarrollarlas y, sí, liderarlas. El liderazgo no es una práctica estática.

A la larga, cualquier líder debe comprender, dar forma y apoyar el ciclo de vida del talento completo, para su gente, sus equipos y la organización en su conjunto. Un objetivo clave del liderazgo es asegurarse de que tienes el equipo adecuado sobre el terreno en el momento adecuado... y eso incluye tener a las personas adecuadas en las funciones adecuadas en ese momento. Con la aceleración del ritmo de cambio y la evolución dinámica del mercado, quienes lideran deben asegurarse de calibrar y recalibrar constantemente si su organización está preparada para el éxito, no solo en el presente, sino también para el futuro.

Por último, aunque existe todo un componente de legalidad que acompaña a cualquier tipo de decisión y procedimiento de recursos humanos, me parece que las organizaciones adolecen a menudo de falta de imaginación. En esta parte hemos repasado la superficie de las mejores prácticas y de las cuestiones a tener en cuenta al examinar el ciclo de vida del talento. A medida que vayas poniendo en práctica las mejoras tendrás oportunidad de salirte de las líneas. El término "interseccionalidad" no existía hasta que la abogada y defensora Kimberlé Williams Crenshaw lo acuñó en su defensa de un caso de derechos civiles.[1] Ahora la interseccionalidad, la noción de que existe una interconexión en nuestras categorizaciones e identificadores sociales como la raza, la clase, la orientación sexual y la identidad de género, define las iniciativas de diversidad e inclusión en todo el mundo. El concepto de "amplificación" no existía hasta que un grupo de mujeres de alto rango de la Casa Blanca de Obama lo concibió y puso en práctica. Ahora la amplificación se utiliza en muchos lugares para reconocer la contribución de mujeres tradicionalmente marginadas en todas las organizaciones. El estudio a gran escala de Google sobre lo que hace grandes a los equipos dio lugar a estrategias sencillas pero profundas, como una lista de comprobación de seguridad psicológica para personal directivo. Y la creación de equipos ágiles es una idea que funciona solo porque las organizaciones están dispuestas a rechazar las jerarquías tradicionales de mando y control. La Fundación Bill y Melinda Gates ofrece 52 semanas de baja por paternidad o maternidad retribuida. Marc Benioff, director gerente de Salesforce, dedicó seis millones de dólares en dos años a corregir la brecha salarial por género, raza y etnia en toda la compañía.

Es cierto que algunas de estas estrategias requieren un cierto presupuesto; es posible que la realidad financiera de cada organización no permita tomar decisiones tan amplias y radicales. Pero muchos comportamientos y estrategias de liderazgo integrador tienen un coste mínimo o nulo. Solo nos limita nuestra imaginación y lo que no nos permitimos hacer. Como líder de cualquier nivel, tienes influencia y puedes dejar una marca que mejore las posibilidades en toda la organización.

---

[1] Kimberlé Crenshaw, "Demarginalizing the Intersection of Race and Sex: A Black Feminist Critique of Antidiscrimination Doctrine, Feminist Theory, and Antiracist Politics", *University of Chicago Legal Forum*, vol. 1989, artículo 8, <https://chicagounbound.uchicago.edu/uclf/vol1989/iss1/8>.

Capítulo 14
Proceso de contratación

No podría contarte cuántas veces tuve una entrevista
alucinante por teléfono, por lo obvio. Pero cuando
llegué allí, un hombre entró, me miró de arriba abajo y
salió... Ese tipo perdió a una empleada increíble,
y eso lo dañó. Su gordofobia lo dañó.
Vas a limitar tu reserva de talentos si permites que nos
echen. Porque algunas personas gordas, yo diría la mayoría,
como en cualquier otro grupo de personas, somos increíbles.
Deberías elegirnos. Somos personas magníficas. Solo porque
tengo que usar el elevador y no las escaleras cada día no
me hace pertenecer menos a la plantilla. No hace que se me
vea menos. No me hace menos útil para una organización.

—Lisa Love, coordinadora de producción del
programa de la PBS *SciGirls*, ganador de un Emmy[1]

La **contratación** se compone de las decisiones que determinan si
alguien tiene un lugar en la mesa: las incorporaciones, la contratación y las entrevistas y las prestaciones laborales. Incluye cuestiones como la forma de anunciar un puesto, qué información está
incluida en la descripción del empleo, la forma en la que se llevan

---

[1] Love, Lisa, "What is the Big Fat Deal?", Presentación, Forum for Workplace
Inclusion, 2018.

a cabo las entrevistas y por quién, en qué consiste el proceso de entrevistas y cómo se toma la decisión final de contratación.

PROCESO DE CONTRATACIÓN

INCORPORACIONES

- Examina tu oportunidad de asociarte
- Piensa en el futuro del trabajo
- Usa los datos, no solo los instintos, como criterios de contratación
- Optimiza tus descripciones de empleo

CONTRATACIÓN Y ENTREVISTAS

- Crea grupos de contratación con formación
- Permite complementos en el currículum
- Adapta la entrevista al puesto

PRESTACIONES LABORALES

- Lleva a cabo una auditoría de inclusión de tus programas de prestaciones
- Asegúrate de que se incluye una auditoría salarial
- Permite flexibilidad y negociación
- Cree en los datos
- Haz señales a todo el mundo
- Compruébalo tú mismo

La remuneración también forma parte del proceso de contratación: cómo se determinan los salarios, qué prestaciones se ofrecen y a quién, y cómo se lleva a cabo el proceso de negociación. Se puede considerar que las prestaciones laborales son un tema que hay que decidir una vez que ya te contrataron en una organización, pero también pueden determinar si hay solicitantes que se plantean siquiera pedir, entrevistar o aceptar un puesto en la organización. Por ejemplo, la en apariencia simple decisión de si las prácticas son remuneradas o no puede sesgar significativamente el grupo de solicitantes. Prestaciones como la baja por paternidad o maternidad, el seguro médico, la flexibilidad laboral y las oportunidades de desarrollo formal son aspectos que gran parte de quienes solicitan un trabajo consideran importantes. El hecho de que una organización conceda o no visas de trabajo puede determinar si es una opción viable para el talento internacional. También es importante evaluar las políticas de reubicación y la forma en que las organizaciones apoyan o no las transiciones vitales, como la adaptación al cuidado de personas, la provisión de rampas de entrada y salida para quienes necesitan abandonar temporalmente y reincorporarse a la plantilla por cualquier motivo, el apoyo a la discapacidad y la concesión de años sabáticos. A veces estas políticas afectan de forma desproporcionada a unos grupos demográficos en detrimento de otros.

Incorporaciones

Muchas personas en puestos directivos asumen que la contratación es tarea de recursos humanos, pero si se comprometen a diversificar la plantilla para mejorar los resultados, tendrán que asumir un papel más activo. Los sesgos, como ya hemos visto, afectan a nuestra toma de decisiones. Y las incorporaciones y la contratación son algunas de las decisiones más críticas que tomamos sobre la carrera profesional de las personas.

Las incorporaciones se centran en la forma en la que se anuncia un puesto, quién lo conoce y cómo se distribuye la información. Un problema habitual que nos han planteado clientes (y que el estudio confirma) es la escasez de recursos de los que se nutren las incorporaciones. Por ejemplo, si se confía en la plantilla actual para que recomienden aspirantes o se anuncia solo en universidades o sitios web específicos, se está contratando solo dentro de redes limitadas. Si has seguido la misma estrategia de contratación durante mucho tiempo no has ampliado ni diversificado tu grupo de aspirantes. Puedes ampliar la red con estas cuatro estrategias.

Examina tu oportunidad de asociarte

Uno de los obstáculos más comunes a la hora de contratar es cuando las personas en cargos directivos argumentan que tienen las manos atadas porque, sencillamente, no reciben solicitudes de aspirantes con las capacidades suficientes. Además, durante el proceso de contratación está prohibido hablar de la orientación sexual, el estado civil, la edad o la raza. Quienes lideran dirán: "¿Cómo voy a contratar a más personas homosexuales? No puedo preguntar a la gente si es gay, ¿no? ¿Cómo voy a conseguir más diversidad si no puedo hacer esas preguntas?". Las asociaciones son una forma relativamente fácil y accesible de ampliar tu grupo de aspirantes sin hacer preguntas invasivas durante el proceso de contratación.

Asociarse con universidades de tradición Negra es una buena práctica habitual, pero se utiliza menos para captar a personas de otros grupos infrarrepresentados. Puedes ponerte en contacto con instituciones académicas para dirigirte a sus estudiantes de grados superiores y de primera generación, a sus organizaciones LGBTQ+ o a su oficina de servicios para personas con discapacidad. Considera la posibilidad de instituir programas de prácticas y cooperativas, en los que la gente trabaja y estudia, para diversificar aún más tu grupo de aspirantes.

¿No buscas aspirantes de nivel inicial? También pueden establecerse asociaciones con asociaciones de exalumnos y exalumnas, organizaciones fraternales, el Departamento de Asuntos de los Veteranos u otras instituciones al servicio de quienes sirvieron en el ejército, embajadas internacionales y grupos de defensa de diversos grupos de población, como la religión, la orientación sexual, la identidad de género, la raza y el sexo.

Algunos programas destinados a ayudar con las incorporaciones pueden obstaculizar involuntariamente la diversidad de sus aspirantes, como los programas de recomendación de personal.

Si no formas parte de una estrategia de contratación más amplia, las incorporaciones a través de las redes de personal existentes pueden perpetuar la reserva de aspirantes existente. Si dispones de un programa de recomendación, trabaja con tus grupos de recursos para el personal para asegurarte de que esos programas de recomendación se extienden lo suficiente.

Piensa en el futuro del trabajo

Algunas organizaciones tienen dificultades con la incorporación de aspirantes con diversidad o más jóvenes porque siguen teniendo obsesión por los modelos tradicionales de empleo. He oído historias terribles sobre personas interesadas en un puesto que preguntaron por la posibilidad de teletrabajo y a quienes se descartó. Pero ¿por qué? Para bien o para mal, el futuro del trabajo se basa en la economía bajo demanda. Las personas que trabajan con las nuevas tecnologías (nómadas digitales) están buscando trabajo por proyecto y flexibilidad. Incluso quienes buscan trabajo de tiempo completo y la posibilidad de crecer dentro de una organización le están dando prioridad a la posibilidad de vivir y trabajar en cualquier parte mientras contribuyen. Amplía tu visión de cómo se verá el trabajo en el futuro y asegúrate de que estás contratando con esa idea en mente.

Algunas compañías con personal con diversidad dicen que su población tan solo refleja la del lugar donde están ubicadas. Pero los nuevos modelos de trabajo pueden permitirte eludir esa cuestión. La Agencia Logística de Defensa (DLA, por sus siglas en inglés) es un organismo federal que ofrece el equipo y los servicios que necesita el ejército de Estados Unidos para cumplir sus funciones cruciales. Hace unos años decidieron eliminar la ubicación geográfica de sus anuncios de empleo. Puedes vivir donde sea y solicitar un trabajo para la DLA. Tomaron esa decisión intencionalmente para ampliar su grupo de aspirantes… y funcionó.

Piensa en la posibilidad de que los puestos de trabajo de tu organización puedan hacerse fuera de ella, y plantéate abrirlos a solicitantes que no se encuentren en tu zona geográfica. Podrías subcontratar trabajo y usar un contrato como rampa de acceso a la organización.

Usa los datos, no solo los instintos, como criterios de contratación

Un cliente, que trabajó en la selección de personal, me contó sobre un gerente que tenía un puesto en su equipo. Este gerente insistía en que cualquier persona que se contratara debía tener un título determinado de una institución educativa en particular. Mi cliente dijo: "¿Hay algún motivo por el que deba ser así?". El gerente no pudo explicar el motivo, más allá de una sensación general de prestigio.

En su favor, la persona encargada de contratación presionó al director y le dijo: "¿Por qué no nos olvidamos de esa institución un momento y ampliamos los criterios? ¿Cuál es el puesto que necesita cubrir y qué competencias busca? ¿Qué actitudes busca? ¿Qué funciona en su equipo actual?".

La persona encargada de contratación analizó los currículums del equipo existente y descubrió que nadie tenía ese título específico ni había ido a ese tipo de institución educativa. Entonces regresó ante el gerente con los datos y dijo: "Este es el perfil de tu equipo actual, con el que estás contento, y esto es lo que dices que estás buscando. Así que en lugar de buscar en esta institución específica para este título en concreto, ¿por qué no armamos una descripción del puesto que refleje mejor las cualidades que estás buscando?". Pudieron contratar a alguien con mucho talento para el equipo, que habrían excluido si se hubieran mantenido los requisitos originales.

Ese gerente tenía una idea en la cabeza (esta escuela es buena; las demás no) y solo registraba información que lo confirmara... el sesgo de confirmación en acción. Su vaga impresión del prestigio que traería ese título específico era un atajo y no se basaba en los hechos reales de las cualidades de alto rendimiento de su equipo. Como la persona encargada de contratación investigó más a fondo para descubrir los hechos, pudo ampliar el grupo de aspirantes en el proceso.

¿Cómo se ve tu grupo de aspirantes? ¿Cómo se ve el éxito en tu equipo? Haz entrevistas de entrada para comprender mejor dónde se enteraron las y los aspirantes del puesto de trabajo y qué es lo que les interesó de él; luego documenta los datos en lugar de dejar que el sesgo de confirmación refuerce tus ideas preconcebidas.

Optimiza tus descripciones de empleo

Muchas organizaciones utilizan descripciones heredadas año tras año. La descripción del empleo no ha cambiado en una década, pero el empleo sí. Actualiza las descripciones de tus empleos con frecuencia para comunicar de manera adecuada las competencias necesarias.

De paso asegúrate de que no estás limitando tu grupo de aspirantes con requisitos excesivamente estrictos sobre su experiencia anterior.

Los expertos en talento Josh Bersin y Tomas Chamorro-Premuzic explican: "Si no te limitas a ascender a aquellas personas con la mayor competencia y comienzas a pensar más en aquellas que pueden llevarte a donde quieres ir, tu compañía prosperará".[2]

Cuando analices las descripciones de los puestos añade una pregunta de filtro adicional a los requisitos: ¿este título es un requisito para el cargo o algo que suponemos que es necesario por el estatus del puesto?

Por ejemplo, el servicio militar es muy difícil de traducir a una descripción de trabajo en el sector privado. Fíjate en cómo están escritas las descripciones laborales en el sector privado; muy pocas veces aparece un requisito del tipo "de 10 a 15 años de experiencia en gestión directiva o el equivalente militar". Estas son las mismas

---

[2] Josh Bersin y Tomas Chamorro-Premuzic, "Hire Leaders for What They Can Do, Not What They Have Done", *Harvard Business Review*, 27 de agosto de 2019, <https://hbr.org/2019/08/hire-leaders-for-what-they-can-do-not-what-they-have-done>.

organizaciones que quieren trabajando allí a más personas que sirvieron en el ejército, pero no permiten la equivalencia de experiencia.

Por último, ten en cuenta el lenguaje utilizado en la descripción del puesto. Evita términos sexistas como "estrella de rock" y "ninja", lenguaje deportivo como "taclear" y "peso pesado" y jerga o acrónimos sin significado fuera de tu organización. Este lenguaje puede limitar involuntariamente a quienes aspiren al puesto. La mayoría de las organizaciones incluyen una declaración de cumplimiento de la EEOC [la Comisión para la Igualdad de Oportunidades en el Empleo, por sus siglas en inglés] en la que afirman que son contratantes que ofrecen igualdad de oportunidades y no discriminan. Dos tercios de quienes solicitan empleo evalúan una empresa en función de su diversidad,[3] así que establece con claridad tus prioridades en la descripción del empleo. Ve más allá del cumplimiento e incluye los valores y el compromiso de tu organización con la diversidad, la equidad y la inclusión; asegúrate de decir por qué son importantes para tu organización.

ANNE

Muchas personas subestiman la importancia de su proceso de contratación. La vitalidad de cualquier plantilla es clave para que tenga éxito, y para conseguirla hay que concentrarse de modo constante en el proceso de contratación actual. He visto organizaciones que cometen el error de cerrar esa vía y se atrincheran en su base actual de personal. También he visto organizaciones que se concentran exclusivamente en sus esfuerzos de contratación externa, sin preocuparse de desarrollar su base de personal actual. Este es el problema de un enfoque binario: los tiempos cambian. La tecnología cambia.

---

3 "Two Thirds of People Consider Diversity Important When Deciding Where to Work, Glassdoor Survey", *Glassdoor*, 17 de noviembre de 2014, <https://www.glassdoor.com/about-us/twothirds-people-diversity-important-deciding-work-glassdoor-survey-2/>.

El mercado cambia. Las preferencias de la clientela cambian. Tu competencia cambia. A lo mejor crees que lo que te diferencia de tu competencia son tus productos o servicios, tus precios o tu experiencia. Conclusión: nada de eso es posible si no cuentas con las personas adecuadas que se vean fortalecidas por la cultura correcta. Tu ventaja competitiva es tu gente. Y no hay duda de que, al igual que el mercado es ultracompetitivo en todos los sectores para la clientela, lo es aún más para el talento. Todos queremos a las mejores personas en nuestro equipo, y para ello debemos concentrarnos en garantizar que el talento que tenemos es el que necesitamos.

Quienes lideran deben asegurarse de que sus procesos de recursos humanos están en consonancia con la visión que tienen de su plantilla. Esto no solo se refiere a dónde y cómo contratas, sino por qué. La propuesta de valor que elaboras para las personas que vayan a trabajar contigo en el futuro es tan importante como la que elaboras para tu clientela. Están entrelazadas.

Como sabemos, los sesgos inconscientes pueden hacer mucho daño a nuestra capacidad para atraer y contratar a los mejores talentos. Lo que se consideraba el mejor talento en el pasado o en la actualidad puede no ser el mejor talento para el futuro. ¿Cuántas veces hemos oído eso de "hay que contratar según su voluntad, no su habilidad"? Bueno, yo diría que hay que contratar por ambas cualidades, pero debemos pensar de forma más amplia y estratégica sobre las habilidades. En el pasado las habilidades equivalían a los conocimientos técnicos, y no se les daba mucho valor a las habilidades humanas. Debemos exigirlo todo: voluntad, habilidades técnicas y humanas y conductas. Cuanta más diversidad haya en nuestro talento tendremos resultados más innovadores y mejores. Y como tal, debes asegurarte de que tu liderazgo y tus prácticas de recursos humanos sean tan contemporáneas como quieres que lo sea tu personal.

Claro que esto no ocurre de la noche a la mañana siguiente, y necesita inversión interna y externa (constante) para tener éxito. Piensa en ello como una inversión en tu marca. De la misma forma que necesitas que tu marca le hable a tu clientela y represente qué tipo de compañía eres, necesitas que tu marca haga lo mismo para aquellas personas que representarán tu futura plantilla. Y tu marca de contratación se conformará por tu presencia en el mercado y en las universidades, tus prestaciones, comentarios de otra gente que haya trabajado para ti o haya hecho una entrevista contigo, y mucho más.

MARK

En mi experiencia con clientes, las organizaciones que dicen que valoran la inclusión, pero no lo aterrizan con el trabajo duro de vivir dicho valor, crean mucho más cinismo y escepticismo que compromiso.

Por otra parte, las organizaciones que son muy claras sobre cómo valoran la inclusión y cómo se refleja eso en el ciclo de vida del talento y la experiencia del personal tienen muchísimo más éxito. En última instancia, la inclusión no vive solo como una hermosa declaración en el informe anual o en el sitio web, sino en las conductas y las acciones de las personas de la organización en todos sus niveles. Como el doctor Covey solía decir: "No puedes persuadirte de salir de un problema en el que te metiste por tu forma de comportarte".

Cuando pienses en tus prácticas de contratación y todos los pasos del ciclo de vida del talento, hazte esta pregunta: "¿La inclusión se ve reflejada en la forma en la que hacemos esto?".

Contratación y entrevistas

Desafortunadamente gran parte del proceso de contratación no tiene nada que ver con el rendimiento real. Dolly Chugh en el libro *The Person You Mean to Be*, cita una investigación llevada a cabo en una gran consultora que reveló que la mayor parte del tiempo de la entrevista de trabajo se dedicaba a hablar de aficiones y escuelas de élite.[4] Más golf, remo y universidades de la Ivy League y menos métricas, funciones laborales y habilidades. Las decisiones de contratación se basaban en estos puntos de conversación, en lugar de en la capacidad de la persona para hacer el trabajo, un proceso que tendría un efecto obvio en la igualdad de oportunidades para personas con diversidad que aspiren al puesto.

El proceso de contratación puede ser muy subjetivo. Los datos muestran que si quien entrevista es una persona zurda, sentirá más afinidad por alguien que se presente al puesto y se siente a su izquierda que por quien se siente a su derecha.[5] Y puede que sienta más calidez por alguien que opta por una bebida caliente y más frialdad por alguien que pida una bebida fría. Es importante que nos basemos en lo que ya hemos dicho sobre la autoconsciencia. La base para una buena contratación es tener conciencia de los sentimientos que afloran cuando interactúas con cada una de las personas entrevistadas. Si te topas con sentimientos negativos, asegúrate de contrastarlos con posibles sesgos. Estas son algunas estrategias para mitigar los sesgos negativos en los procesos de contratación y selección.

---

[4] Dolly Chugh, *The Person You Mean to Be: How Good People Fight Bias*, Nueva York, Harper Business, 2018.

[5] Christine Blackman, "Lefty or Righty? A New Hold on How We Think", *Stanford News*, 4 de agosto de 2009, <https://news.stanford.edu/news/2009/august3/lefty-decision-study-080509.html>.

Crea grupos de contratación con formación

Aléjate de las entrevistas personales. Sabemos que muchos de nuestros instintos y decisiones se rigen por los sesgos. Con eso en mente, colabora desde distintos puntos de vista para mitigar los sesgos. Establece un proceso por el que las personas responsables de la contratación tengan que formarse sobre sesgos, técnicas de entrevista eficaces y determinación de competencias y habilidades. Exige que participen muchas personas en el proceso y que colaboren durante las entrevistas. Dependiendo del tamaño y el alcance de tu organización, esa cifra puede variar. Para muchas organizaciones los grupos están formados por tres personas: la responsable de contratación o de quien dependerá el puesto, alguien dentro de la directiva con quien poder colaborar y alguien superior o del mismo nivel en el puesto. A veces también incluye a una persona de un nivel inferior, lo que puede suponer una poderosa declaración de que todas las voces importan en las decisiones de liderazgo. Termina el proceso con entrevistas informativas justo después de la sesión, para que la experiencia no se vea distorsionada por el tiempo. Cuanto más tiempo pase entre la entrevista y la sesión informativa, más nos inclinaremos hacia lo que nos hizo sentir la entrevista en lugar de lo que ocurrió de verdad.

MARK

Cuando empecé en el Franklin International Institute en 1992 el paso final en el proceso de contratación consistía en una entrevista en dos partes con muchas personas de distintas áreas de la compañía. Quienes integraban el panel no solo eran de A+D (aprendizaje y desarrollo), sino también de un amplio abanico de áreas como operaciones, ventas, almacén, finanzas, etcétera.

Me dieron todo el material necesario para impartir los talleres y el tiempo de preparación necesario para uno de los talleres de ese momento. Cuando me sentí preparado me llevaron en avión a la oficina corporativa, donde impartí al grupo media hora de lo que eligieron. Luego respondí a las preguntas de quienes integraban el panel sobre cualquier aspecto de todo el curso que considerasen que podría tener alguien que participara en la realidad.

Después el panel se reunió y compartieron sus impresiones. El grupo llegó a un consenso sobre una decisión de contratación. Me sentí más cómodo con una entrevista en panel de lo que me habría sentido hablando con una sola persona. Me reconfortó saber que mi futuro no estaba en manos de una sola persona. También me permitió conocer mejor varios aspectos de la organización. En cierto sentido, me permitió "entrevistarles". Pude experimentar un poco de la cultura organizativa en un microcosmos. La decisión no la tomó una sola persona y un solo papel. Las entrevistas de grupo pueden ofrecer una mayor perspectiva y menos sesgos, y brindan la oportunidad de ver hasta qué punto la persona entrevistada encaja en la cultura de la organización y si posee las aptitudes necesarias para el puesto. Además, la persona entrevistada también puede recibir algunas de esas mismas percepciones.

Permite complementos en el currículum

Los currículums pueden ser limitantes. En lugar de ser una reflexión real sobre la experiencia de una persona, suelen indicar la habilidad de una persona para escribir o su capacidad para pagar a alguien profesional que redacte su currículum. Aunque el currículum proporciona una base de referencia sobre la experiencia previa y la educación de una persona, existen alternativas o componentes complementarios de la solicitud que pueden resaltar mejor su talento, sus capacidades y sus posibilidades.

En el caso de puestos técnicos como la codificación, cada vez más organizaciones piden a las personas que solicitan empleo que presenten proyectos de muestra en lugar de simplemente un currículum. Esta práctica también puede extenderse a muchos puestos no técnicos. Conozco a alguien que pide a quienes le solicitan consultoría que acudan a la entrevista con la intención de hacer una presentación e impartir en directo de su contenido. Otra organización pide a quienes pueden optar al puesto de gestión de proyectos que expliquen cómo abordarían un proyecto. La presentación de trabajos anteriores puede cumplir la misma función de ir más allá del currículum estándar. Los portafolios de diseño, los clips de escritura y de video ya son habituales en sus respectivos campos, pero hay que ser creativo a la hora de aplicar este componente a otras funciones laborales.

La entrevista basada en el producto es otra estrategia para nivelar el terreno de juego. Puede que quienes aspiran al puesto no tengan un título prestigioso o un currículum de primera, pero tienen la oportunidad de demostrarte su potencial a través de lo único que importa: su trabajo.

Adapta la entrevista al puesto

Es probable que la palabra "entrevista" te produzca una imagen similar a la que me produce a mí: ponte un traje, preséntate en una oficina a una hora y un día señalados, con copias de tu currículum en la mano, espera en la recepción a que te acompañen a un despacho o a una sala de conferencias para una entrevista y responde a preguntas sobre tu formación, lo que sabes sobre el trabajo, por qué lo quieres y cómo podrías enfocarlo. Para quienes trabajamos en una oficina tradicional, esta entrevista puede ser el formato adecuado. Pero si el trabajo no es tradicional piensa en cómo puedes adaptar mejor la entrevista al puesto. Esto podría significar una entrevista de pie al aire libre para un puesto de jardinería o una entrevista en el aula para un puesto en educación. Situar a quien aspira al puesto en el entorno correspondiente garantiza que pueda dar lo mejor de sí y le muestra cómo podría desempeñarlo realmente.

Prestaciones laborales

Lleva a cabo una auditoría de inclusión de tus programas de prestaciones

Muchas organizaciones llevarán a cabo una auditoría de inclusión en las prestaciones de tu plantilla. Desde luego, hemos visto una evolución en estas políticas durante la última década para incluir cosas como la transición de "baja por maternidad" a "baja parental" a "baja por vinculación afectiva". En este caso el lenguaje abre la prestación, literalmente, a más personas y circunstancias. Muchas organizaciones también han implantado permisos por vinculación afectiva más largos y permisos retribuidos por encima de lo que exige la ley. Lo mismo ocurre con la cobertura sanitaria y a quién se aplica: cónyuge o pareja de hecho. Las prestaciones también incluyen aspectos formales como el acceso a instalaciones adecuadas y cómodas para la lactancia y la extracción de leche, cierta cantidad de tiempo libre remunerado, horarios de trabajo flexibles y políticas de trabajo desde casa. He visto empresas que flexibilizan sus calendarios de vacaciones para incluir una amplia gama de fiestas celebradas por diversas religiones y culturas. También incluyen prestaciones más informales, como programas de salud y bienestar, responsabilidad social u otros programas de donaciones. Desde el punto de vista de la cuenta de pérdidas y ganancias, el impulso puede consistir en encontrar formas de mantener bajo el coste de las prestaciones cada año. Pero yo recomendaría hacer una auditoría de inclusión para saber qué lagunas pueden existir y cómo esas lagunas pueden estar afectando a la contratación y la retención, ya que también afectan a la cuenta de resultados.

Asegúrate de que se incluye una auditoría salarial

Quizás la prestación más destacada para la plantilla sea la remuneración. Muchas personas con mayor experiencia que yo han investigado y escrito sobre las diferencias salariales entre hombres y mujeres y entre razas. Con el fin de examinar el ciclo de vida del talento en tu organización, recomendaría incluir una auditoría salarial dentro de tu auditoría de inclusión más amplia de las prestaciones para el personal. Según mi experiencia, las organizaciones se burlan cuando se menciona una brecha salarial de género o racial. La dirección puede insistir en que se remunere a las personas en función de su experiencia, cargo y resultados. También es posible que desestimen por completo la conversación, alegando privacidad y confidencialidad. Pero la única forma de saber realmente si existe una disparidad es revisar los datos. FranklinCovey realiza de forma rutinaria auditorías salariales para garantizar la igualdad de retribución por el mismo trabajo.

Permite flexibilidad y negociación

En 2018 la firma a escala mundial de dotación de personal Robert Half, en Menlo Park, California, descubrió que 68% de los hombres y 45% de las mujeres negociaban sus salarios. Se ha escrito mucho sobre el hecho de que las mujeres son menos propensas a pedir más dinero. Pero creo que la historia es más compleja que eso. Una investigación publicada en enero de 2019 descubrió que, cuando se les da la oportunidad, las mujeres son tan propensas como los hombres a negociar su salario; lo que pasa es que, sencillamente, esa oportunidad no se presenta tan a menudo para las mujeres. El equipo australiano de investigación en este caso descubrió que una proporción mucho mayor de hombres en su muestra indicaron que tienen la oportunidad de negociar el salario (49% de los hombres y 35% de las mujeres, respectivamente). Esto demuestra que el problema no es el que las mujeres no pregunten, sino que es menos probable que se les indique que la negociación es factible.[6]

---

[6] Kathy Gurchiek, "Study: Women Negotiate Pay When Given the Chance", SHRM, 20 de mayo de 2019, <https://www.shrm.org/hr-today/news/hr-news/pages/more-professionals-are-negotiating-salaries-than-in-the-past.aspx>.

Cuando se analizan los aumentos una vez que alguien ocupa un puesto, el equipo de investigación descubrió en 2018 que las mujeres piden aumentos con la misma frecuencia que los hombres, pero tienen menos probabilidades de obtenerlos, lo que lleva a suponer que el listón podría ser más alto para las primeras.[7] En conversaciones sobre la brecha salarial de género o las brechas salariales que existen en torno a otras dimensiones con líderes, me han preguntado: "¿Es mi responsabilidad enseñar a alguien a negociar? No es culpa mía que no defienda sus intereses". Entiendo esta perspectiva, pero si nuestro objetivo es el alto rendimiento y la mitigación del sesgo en el ciclo de vida del talento, tal vez seamos más responsables de lo que habíamos imaginado. ¿Cómo podemos igualar las condiciones en términos de negociación y compensación?

Cree en los datos

Puede aparecer el instinto de explicar las discrepancias salariales en la remuneración, por ejemplo, diciendo que el trabajo entre dos personas no es exactamente el mismo o que una persona ha estado aquí dos años más que otra, por lo que esto no tiene nada que ver con la discapacidad de la segunda. También puede entrar en juego el estatus percibido basado en las titulaciones o los antecedentes, o el lenguaje incapacitante que descarta a alguien por su discapacidad, o incluso los estereotipos sobre con quién es más fácil trabajar o más agradable. Por tanto, si la auditoría de compensaciones indica que hay una diferencia salarial, si los datos sobre ascensos señalan que un grupo tarda más en progresar que otro o si las entrevistas de entrada y salida muestran una discrepancia en la forma en que se gestionan las negociaciones, toma esta información al pie de la letra. Hay algo de cierto.

---

[7] Benjamin Artz, Amanda Goodall y Andrew J. Oswald, "Research: Women Ask for Raises as Often as Men, but Are Less Likely to Get Them", *Harvard Business Review*, 25 de junio de 2018, <https://hbr.org/2018/06/research-women-ask-for-raises-as-often-as-men-but-are-less-likely-to-get-them>.

Haz señales a todo el mundo

Puedes tomar algunas medidas sencillas para indicar que la negociación es posible. Cuando presentes una oferta por escrito dales la oportunidad a quienes se postulen de tener al menos 24 horas para responder. Hazles saber que estás a su disposición para cualquier pregunta o duda que puedan tener. Si alguien responde con una contraoferta dale la oportunidad de exponer sus argumentos. ¿Por qué cree que una oferta más alta está justificada o es necesaria? A continuación piensa con creatividad en lo que tienes a tu alcance. Tal vez no dispongas de presupuesto para cumplir el requisito salarial, pero puedes poner sobre la mesa otro tipo de ventajas para esa persona. No te cierres a ninguna posibilidad.

Compruébalo por tu cuenta

La estrategia del panel de contratación funciona también para la negociación salarial. Incorpora a recursos humanos, a pares e investigaciones de plataformas como Glassdoor para que tu respuesta a una petición de aumento de salario no sea tan solo una revisión visceral, sino una basada exactamente en las capacidades, las tasas de mercado y los estándares de la organización.

Capítulo 14: Proceso de contratación
Reflexión individual

Las herramientas de este capítulo y de los dos siguientes te guiarán por una auditoría de tu ciclo de vida del talento. Si no eres profesional de recursos humanos, piensa más allá de los límites de tu compromiso normal con este ciclo de vida. Después haz que quienes integran tu equipo y su liderazgo participen para que consideren la posibilidad de poner en marcha el cambio.

1. Reflexiona sobre tus experiencias acerca de la incorporación, la contratación o las prestaciones. ¿Has experimentado en persona (o visto otros ejemplos) algún momento en el que dichas decisiones pudieron haberse tomado como consecuencia de un sesgo? Si es así, ¿qué repercusiones tuvo en ti y en otras personas involucradas?

....

....

....

2. ¿Cómo mitigar los posibles sesgos de entrada si se actúa desde la óptica del rendimiento?

....

....

....

3. ¿Cómo podrían las incorporaciones, la contratación o la distribución de prestaciones aplicados desde la óptica de los sesgos disminuir la moral, el esfuerzo discrecional y la retención?

....

....

Capítulo 14: Proceso de contratación
Propuesta para líderes

Piensa en tu cultura y tus prácticas en lo relacionado con las incorporaciones, la contratación y la distribución de prestaciones para tu equipo.

1. Haz una lista de los posibles sesgos que podrían intervenir.

....

....

....

....

2. ¿Cómo podría un aumento de la empatía y la curiosidad aportar nuevos conocimientos sobre los costes de tales prácticas?

....

....

....

....

3. ¿Dónde podrías aplicar valentía prudente o audaz para hacer un cambio?

....

....

....

....

Capítulo 15
Contribuir y comprometerse

*Una experiencia de incorporación integradora es como
añadir a alguien al juego de las sillas musicales: no
puedes añadir a alguien más sin parar la música y añadir
una silla. Crear una experiencia valiosa significa ir más
despacio, hacer ajustes e incluir a la nueva persona
integrante de tu personal.*[1]

—SONJA GITTENS-OTTLEY, directora de diversidad
e inclusión, Asana

Contribuir y comprometerse se centra en el periodo posterior a
tu contratación en la organización e incluye estrategias de incorporación, compromiso y retención. ¿Cuál es el proceso de incorporación? ¿Es coherente en todos los ámbitos profesionales, ubicaciones
y personas? ¿Existen oportunidades de tutoría y formación? ¿Cómo
se asignan las tareas y se forman los equipos? ¿Qué tipo de redes
existen en la organización? ¿Considera la organización los datos de
compromiso y retención del personal y despliega estrategias proac-
tivas para mejorarlos?

---

[1] Sonja Gittens-Ottley, "Inclusion Starts on Day One: 10 Ways to Build an Inclu-
sive Onboarding Experience", *Asana Wavelength*, <https://wavelength.asana.com/
inclusive-onboarding-experience/>.

MARK

Mientras trabajaba con un grupo de líderes de alto potencial en una agencia federal, surgió el tema del "ajuste" organizativo. Habíamos estado hablando de algunos de los lugares en los que se puede experimentar el sesgo inconsciente a lo largo del ciclo de vida del talento; en concreto, de algunos de los peligros potenciales de centrarse en el "ajuste" organizativo al considerar la contratación, pero también los ascensos, los encargos de trabajo y las dinámicas de equipo. El ajuste, o, lo que es lo mismo, "encajar", es una palabra muy pequeña con implicaciones muy grandes.

Alguien preguntó: "¿Qué hay de malo en centrarse en encajar? ¿No es importante que quienes trabajan aquí se ajusten a los valores de la organización?".

Muy buena pregunta. A menudo aceptamos más las ideas a las que hemos llegado por nuestra cuenta en lugar de que nos digan cuál es la respuesta correcta. "Encajar" es una palabra con mucho peso emocional para algunas personas, que creen firmemente que su instinto visceral sobre el hecho de encajar es la forma de tomar una buena decisión. Siguió una interesante conversación. Aquí es donde acabamos.

Cuando "encajar" significa que los valores y creencias de una persona son acordes a la cultura de la organización, sus valores principales y su misión, hay una mayor probabilidad de éxito. Sin embargo, hay posibles señales de alarma si "encajar" se está empleando para describir cómo las características se prestan a los sesgos dentro del grupo o si "encajar" es garantizar que alguien no llame la atención o arme problemas; la palabra que elegimos fue "agradable". Encajar culturalmente es importante; el ser agradable, no tanto. El mejor personal puede ser aquel que comparte las mismas creencias y los mismos valores fundamentales, pero aborda los asuntos de formas únicas y brinda puntos de vista nuevos y diferentes.

CONTRIBUIR Y COMPROMETERSE

INCORPORACIÓN

- Todo el mundo necesita una guía turística
- Crea un proceso formal

ESTRATEGIAS DE RETENCIÓN Y COMPROMISO DEL PERSONAL

- Haz encuestas de pulso
- Usa la ludificación y los marcadores
- Amplía la inclusión hacia lo externo
- Comunica las victorias

Incorporación

Cuando era estudiante de primer año en la Universidad George Washington, una hermandad Latina del campus publicó una pequeña guía que indicaba a estudiantes "Latinx" dónde podíamos comprar tacos y pupusas caseros, qué tiendas de comestibles tenían los alimentos que solíamos comprar, dónde arreglarnos el pelo y cuándo era la Noche Latina en los locales. Como yo llegaba a D. C. desde Nueva York, esta guía me ayudó a sentirme bienvenida en una institución predominantemente blanca. Del mismo modo, quienes empiezan a trabajar en las organizaciones necesitan guías formales e informales para sentir una conexión con sus nuevos equipos y orientarse en un entorno desconocido.

La mayoría de las organizaciones cuentan con algún tipo de proceso de incorporación, pero la experiencia no es la misma para quienes empiezan en la empresa. Algunos equipos pueden seguir un proceso exacto, mientras que otros pueden señalar a alguien a su mesa y considerar que el trabajo está hecho. La clave de la incorporación es garantizar que no se trata solo de un proceso sólido sobre el papel, sino que se vive "de forma externa" en los equipos y las personas de la organización.

Se puede hacer esta misma afirmación sobre todos los componentes del ciclo de vida del talento, pero en mi experiencia la variación existe con más fuerza en la incorporación, que puede ser un punto de inflexión crítico para el personal con diversidad. Tanto quien es responsable de la contratación como la persona que aspira al puesto han trabajado duro para llegar a este punto del ciclo de vida del talento, así que no dejes que un proceso de incorporación informal, incoherente o inexistente haga descarrilar el progreso.

Todo el mundo necesita una guía turística

Al igual que hizo mi hermandad con su guía, ayuda a quien empieza en la compañía a orientarse en su nuevo entorno, sobre todo en los procesos de tu organización. Presta especial atención a las oportunidades para establecer contactos iniciales. Establece un proceso para poner en contacto al personal nuevo con alguien que les guíe, alguien que no pertenezca a la cadena de mando y pueda ayudarles a conocer los entresijos de tu cultura. Esa persona puede ser alguien de los grupos de recursos para el personal para contrataciones con diversidad o alguien relacionado con uno de esos grupos.

Crea un proceso formal

Algunas organizaciones se basan casi por completo en la incorporación informal por parte de colegas y el equipo, y siempre que algo es informal pueden aparecer sesgos. Establece referencias y plazos más formales. Elabora una lista de comprobación sencilla, tanto para quien acabas de contratar como para quien tiene un cargo superior al tuyo. Incorpora estructuras organizativas acordes, ya sea una sesión de orientación o formación inicial o una base de datos en línea.

ANNE

He visto organizaciones que se centran en atraer y contratar a grandes talentos, pero que fallan a la hora de retenerles. La incorporación del talento es mucho más que formación o asegurarse de que quienes entran por primera vez en la compañía disponen de las herramientas y la tecnología adecuadas. Se trata también de la asimilación cultural y del equipo. La atención se centra con demasiada frecuencia en lo que la nueva incorporación al equipo tiene que hacer, sin ayuda en cuanto a cómo puede hacerlo o quién está disponible para ayudarle.

Un método que hemos utilizado en nuestro negocio y que también he visto que utilizan otras compañías son los programas para personal nuevo. A lo largo de los años hemos creado programas que abarcan áreas como el desarrollo del liderazgo, el desarrollo técnico, el liderazgo financiero, el análisis de datos, la ciberseguridad, el desarrollo de ventas B2B y mucho más. Estos programas suelen durar entre medio año y varios años, y a través de ellos podemos centrarnos en la formación, la creación de equipos, la mentoría y el desarrollo, y además ofrecer una perspectiva estratégica más amplia a nuestro negocio en la fase inicial de la experiencia del personal. Algunos programas también incluyen rotaciones de varios meses o anuales para exponer a la plantilla a diversas experiencias y personas, una vez más, muy al principio de su carrera. Es imprescindible que estos programas ofrezcan no solo excelentes experiencias "durante el programa", sino también una conexión de seguimiento con las "clases graduadas", ya que estas cohortes de personal representan integrantes clave de su plantilla.

Cada líder debería dedicar tiempo para el desarrollo de su plantilla, su compromiso y su retención. Todos esos aspectos están inextricablemente entrelazados. Piensa en ello.

Si no me encuentro en un entorno en el que estoy creciendo y aprendiendo, o si estoy en un ambiente donde no siento compromiso (por ejemplo, no me importa y tengo menos interés en los resultados) o si no tengo lealtad hacia el grupo, ¿de verdad voy a rendir al máximo? ¿De verdad voy a contribuir, innovar y concentrarme en hacer avanzar el negocio? Obviamente no.

Esta es la clave para el desarrollo del personal, su compromiso y su retención. No es eso de que la misma talla vale para todo el mundo. Si contratas aspirantes con diversidad, pero no la fomentas y no te aseguras de que los sesgos inconscientes no estén actuando en su contra, ten por seguro que dichos sesgos te retendrán. ¿Cómo lo puedes saber? Fíjate en los datos. ¿Estás progresando donde tienes que hacerlo? ¿Dónde quieres hacerlo? Si no es así, pregunta por qué. Y emplea rigor, compromiso y patrocinio para abordarlo.

Estrategias de retención y compromiso del personal

Durante la recesión de principios del siglo XXI muchas organizaciones se encontraron apretándose el cinturón. Se deshicieron de todo menos de lo que consideraban necesario, incluso del aprendizaje y desarrollo y de las iniciativas destinadas a impulsar el compromiso del personal. En consecuencia, el talento se estancó en muchas organizaciones, y conforme la economía se fue recuperando empresas como FranklinCovey vieron una avalancha de clientela pidiendo apoyo para armar estrategias de retención y compromiso de su personal. A medida que la economía se recuperaba y el desempleo disminuía, el listón sobre la experiencia del personal subió. Si adaptamos esto al modelo de rendimiento de FranklinCovey, podemos reformularlo para decir que el personal podía exigir una zona de alto rendimiento en la que sintieran validación, respeto e inclusión.

Ya hemos hablado de la zona de alto rendimiento, y todo el mundo sabe lo que se siente al estar en esa zona y cómo crear una zona de alto rendimiento como líder. Otra forma de medir si alguien que trabaja para la compañía se encuentra en una zona de alto rendimiento es mediante el modelo de niveles de compromiso.

Piensa en un proyecto que tengas próximamente. ¿Cómo te calificarías en este modelo en relación con dicho proyecto? ¿Sientes ganas de colaborar, un compromiso sincero y un entusiasmo creativo, o percibes una conformidad indiferente, una obediencia resentida o rebelión y ganas de abandonar?

Los niveles de compromiso son deliberados: por debajo de la línea de puntos las personas no están comprometidas; pueden o no cumplirlo. Por encima de la línea de puntos hay varios niveles de compromiso, desde la colaboración entusiasta hasta el entusiasmo creativo. Al considerar las estrategias de compromiso y retención del personal es imposible estar por encima de la línea si te encuentras en la zona limitante o dañina. Nuestro objetivo es crear las condiciones para que la gente se comprometa mucho más a menudo a un nivel por encima de la línea. Entonces ¿qué estrategias de compromiso y retención de personal crean ese sentido de inclusión?

Haz encuestas de pulso

Como dijo Anne, la retroalimentación es un regalo. Muchas organizaciones lanzan una encuesta anual de compromiso del personal o una evaluación de la cultura. Suele haber una campaña de comunicaciones pertinente que empuja a la gente a responder, se dan a conocer los resultados y a un comité se le da la responsabilidad de obtener dichos resultados deseados. Aunque estos esfuerzos a gran escala pueden señalar tendencias organizativas en comportamientos o liderazgos problemáticos y poner de relieve los puntos fuertes de la organización, para las más pequeñas pueden resultar complicados de aplicar y difíciles de poner en práctica, dependiendo del alcance de los resultados. Además, la decisión de lanzar una encuesta de este tipo no recae en los cargos directivos de todos los niveles, sino normalmente en el equipo ejecutivo o en quien dirige recursos humanos.

Como líder, piensa cómo puedes poner en marcha un bucle de retroalimentación constante a través de pequeñas encuestas de pulso. Al final de un proyecto, al comienzo de un nuevo trimestre o al mes de asumir un nuevo cargo, envía a tu equipo una encuesta de dos a cinco preguntas. Deja claro tu interés sincero en crear un entorno de alto rendimiento y sé transparente sobre los resultados y lo que puedes poner en práctica. Por ejemplo, al final de un proyecto, puedes enviar al equipo lo siguiente:

1. ¿Cuál fue tu nivel de compromiso con este proyecto?
2. Si es menor a emoción creativa, ¿qué podría haber hecho yo para elevar el listón?
3. ¿Tuviste sensación de inclusión, validación y respeto? ¿Por qué sí o por qué no?

Puedes decidir emplear preguntas más concretas, como:

1. ¿Quedaste satisfecho(a) con el resultado de este proyecto?
2. ¿Sentiste que tu voz se escuchó durante el proyecto?
3. ¿Se reconoció adecuadamente tu aportación?

Como ocurre con todas las estrategias de este libro, adapta esta idea a tu estilo de liderazgo y a la cultura de tu organización. Recuerda que una puerta abierta no es una política, es solo una puerta. Si queremos que el personal sienta compromiso, debemos preguntar por sus experiencias de forma proactiva y tener la flexibilidad suficiente para poner en práctica lo que escuchemos.

Usa la ludificación y los marcadores

Cuando hace casi una década pasé del sector público a mi puesto en FranklinCovey en el sector privado, me dijeron que encontraría muchas diferencias, así que me preparé para el cambio. Como integrante del equipo de ventas en mi función de socia para clientes mundiales, recibía un marcador diario que registraba mi progreso en ingresos y lo comparaba con el de mis colegas. Chris McChesney, uno de ellos y autor del superventas *The 4 Disciplines of Execution*, dice: "Nada impulsa más la moral y el compromiso que ganar". En mis funciones dentro del sector público a menudo tenía que medir mi éxito por lo que pensaba de mí quien tenía un cargo inmediatamente superior al mío. Esto no quiere decir que el sector público no pueda cuantificar los resultados. Claro que puede hacerlo y cada vez se le pide más. Solo quiero decir que cuando me incorporé a FranklinCovey era la primera vez en mi carrera profesional que me sentía en control de si estaba ganando o no. Ganar se basaba muy clara y públicamente en mi rendimiento, y el marcador diario se convirtió para mí en un juego, un ejercicio competitivo para ascender en la tabla. Al principio de mi vida laboral sentía que la sensación de ganar o perder venía sobre todo de la dirección y estaba ligada a que yo era demasiado de algo: demasiado joven, demasiado gorda, demasiado embarazada, demasiado Negra, demasiado testaruda... simplemente demasiado.

Piensa en formas en las que puedes incorporar un juego que se pueda ganar en tu equipo. En su trabajo sobre ejecución, Chris también dice que el personal se compromete gracias a un juego que pueden ganar, y muchas veces se comprometen aún más si formaron parte de la planeación de dicho juego. ¿Tu equipo sabe a qué juego están jugando? ¿Llevas un marcador de una forma cuantitativa?

Los marcadores sacan tus preferencias y juicios de valor de la ecuación. Por ejemplo, antes de recibir formación para hablar en público, si alguien me preguntaba cuántas veces decía "eh" en un discurso de apertura, habría dicho una o dos. Cuando alguien las contó, fueron más de dos docenas. Si eliminamos la subjetividad mediante un juego que se pueda ganar, nuestras decisiones sobre el rendimiento tienen menos que ver con cómo nos hace sentir alguien y más con los resultados que consigue. Ludificar el trabajo también garantiza que el personal sepa cómo es ganar y pueda trabajar para conseguirlo; el éxito ya no es algo más subjetivo, como las preferencias de comunicación de alguien en específico que lidera.

Amplía la inclusión hacia lo externo

Ya hemos hablado del poder de ver tu reflejo en los rangos de liderazgo de una organización. El personal también quiere ver su reflejo en el trabajo que lleva a cabo la organización, ya sea una iniciativa de marketing multicultural o programas corporativos de responsabilidad social como iniciativas de sustentabilidad, programas de voluntariado de la plantilla y donaciones a organizaciones benéficas. Ampliar tus objetivos de inclusión más allá de la organización refuerza tu compromiso con el tema. Esto fortalece la autenticidad de la organización a ojos de su plantilla y apoya el compromiso del personal y su retención.

Comunica las victorias

Quienes lideran tienden a comunicar muy poco su visión. Esto es cierto para todo, desde la estrategia organizativa hasta el compromiso con ciertas iniciativas, como la diversidad y la inclusión. Hace poco estaba ayudando a una empleada de recursos humanos de un cliente con el despliegue estratégico de nuestra sesión de trabajo sobre sesgos inconscientes, y me dijo que el personal de la organización no creía que la diversidad y la inclusión fueran una prioridad para quienes estaban en puestos de liderazgo. Más tarde dijo que acababa de terminar una sesión informativa para el consejo de administración sobre la estrategia de inclusión de la empresa, y que las personas pertenecientes al consejo se habían llevado tan buena impresión que preguntaron si podían compartir esta estrategia con otros consejos de los que formaran parte. Les pregunté: "¿Por qué es un secreto? ¿Por qué su personal no sabe que esto está ocurriendo?". La plantilla solo puede reaccionar ante lo que ve. Así que, sobre todo cuando pensamos en la retención, si el personal se va porque no ve su reflejo en las filas de liderazgo o porque quien tiene un cargo superior no apoya su voz o la diversidad en general, el hecho de conocer la estrategia organizativa más amplia podría tener una repercusión.

Capítulo 15: Contribuir y comprometerse
Reflexión individual

1. Reflexiona sobre tus experiencias en el tema de contribuir y comprometerse. ¿Has experimentado en persona (o visto otros ejemplos) en los que se viera afectada la capacidad de contribuir de alguien por culpa de los sesgos? Si es así, ¿qué repercusiones tuvo en ti y en las demás personas involucradas?

   ....

   ....

   ....

   ....

2. ¿Cómo mitiga los posibles sesgos de contribuir y comprometerse si se actúa desde la óptica del rendimiento?

   ....

   ....

   ....

   ....

3. ¿Cómo podrían los encargos, los procesos de trabajo, la distribución de herramientas y equipo u otros aspectos del flujo de trabajo diario aplicados desde la óptica de los sesgos disminuir la moral, el esfuerzo discrecional y la retención?

   ....

   ....

   ....

   ....

Capítulo 15: Contribuir y comprometerse
Propuesta para líderes

Piensa en tu cultura y tus prácticas en lo relacionado con las formas en las que tu equipo contribuye y se compromete con su flujo de trabajo diario.

1. Haz una lista de los posibles sesgos que podrían intervenir.

   ....
   ....
   ....
   ....

2. ¿Cómo podría un aumento de la empatía y la curiosidad aportar nuevos conocimientos sobre los costes de tales prácticas?

   ....
   ....
   ....
   ....

3. ¿Dónde podrías aplicar valentía prudente o audaz para hacer un cambio?

   ....
   ....
   ....
   ....

Capítulo 16

Ascender

Lo que importa no es cuánto sabes. Lo que importa es cuánto acceso tienes a lo que otras personas saben. No se trata solo de lo inteligentes que son las personas que integran tu equipo; se trata de cuánta de esa inteligencia puedes extraer y poner en práctica.

—Liz Wiseman, autora del superventas *Multipliers*

Las decisiones en la etapa de ascender del ciclo de vida del talento tienen que ver con la gestión del rendimiento, con todo el espectro de oportunidades de desarrollo disponibles en una organización, sus ascensos, patrocinios y planificación de la transición.

ASCENDER

GESTIÓN DEL RENDIMIENTO

- Establece conexión pronto y con frecuencia
- Fijen objetivos colectivamente
- Asigna tareas que estén por encima de los conocimientos o habilidades de las personas

PLANIFICACIÓN DE LA TRANSICIÓN

- Ten siempre una lista de preselección

Gestión del rendimiento

En la mayoría de las organizaciones la orientación para el papel de líder de primera línea incluye todas las leyes y procedimientos correspondientes (horario y asistencia, remuneración, prestaciones laborales, lo que se puede y no se puede preguntar y la revisión de rendimiento anual). Pero la mayoría de líderes también saben que la gestión del rendimiento es más que una revisión de rendimiento anual. El personal progresa gracias a la retroalimentación, y los sesgos, o incluso la percepción de los sesgos, progresa en silencio. Es decir, si no hay una gestión continua del rendimiento —retroalimentación, formación y expectativas claras— y por eso es mala la evaluación anual de rendimiento, el personal puede asumir que la evaluación negativa se basa en sesgos. Por otra parte, basándonos en todo lo que sabemos sobre los atajos cognitivos del cerebro, si tú, como integrante de la dirección, no mantienes conversaciones continuas sobre el rendimiento, podrías caer con facilidad en el sesgo de actualidad, el sesgo de negatividad, el efecto halo u otro atajo cognitivo cuando finalmente llegue la evaluación anual del rendimiento. La buena noticia, como ocurre con todos los componentes del ciclo de vida del talento, es que podemos aplicar las mejores prácticas para evitar esta contingencia.

MARK

Casi todas las organizaciones presumen de su buena disposición con el compromiso del personal y de la importancia de su gente. Pero en algunas esto puede parecer palabrería, sobre todo cuando sus cuadros de indicadores y sus indicadores clave de rendimiento se centran exclusivamente en las ventas o en métricas de resultados como los ingresos obtenidos o el tiempo medio de procesamiento. Muchas organizaciones se están alejando de la tradicional evaluación anual del rendimiento basada solo en cifras e indicadores clave de rendimiento y están analizando un panorama más holístico. Por ejemplo, quienes lideran pueden estar cumpliendo con las métricas, pero en la realidad están luchando con la retención basada en un estilo de liderazgo tóxico que hace que su gente se sienta subestimada y en la zona limitante. Parte de esta toxicidad suele estar vinculada a problemas de sesgos no resueltos. Las organizaciones se fijan cada vez más no solo en lo que se ha conseguido, sino también en cómo se ha conseguido.

Trabajo con una empresa internacional de manufactura y suministro de productos petroquímicos que incluye elementos de confianza, seguridad psicológica y pertenencia en sus evaluaciones anuales de rendimiento. Además de los indicadores clave de rendimiento, el personal ahora recibe su valoración según su capacidad de comunicar con eficacia, adaptarse al cambio, crear conciencia de responsabilidad en sus equipos y crear una cultura de retroalimentación y desarrollo. La intención general es garantizar que la organización esté en la zona de alto rendimiento... ¡y está funcionando!

Establece conexión pronto y con frecuencia

Cuando existen sesgos hacia las personas —vinculados a su estilo de comunicación, sus motivos o alguna parte de su identidad—, nuestro instinto es no molestarlas. Puede que las dejemos de lado, y las evitemos hasta que tengamos que tratar con ellas para su evaluación anual de rendimiento. No es justo para esas personas. Y les aboca al fracaso, un fracaso que se convierte en la profecía autocumplida de quien ostenta el cargo superior.

Si nos comunicamos pronto y con frecuencia estamos creando una conexión de forma intencional y dejando atrás cualquier sesgo para concentrarnos en el trabajo. La retroalimentación frecuente puede llevarse a cabo de muchas formas, desde lo formal a lo informal. Puede ser tan sencillo como enviar un mensaje de texto a alguien que ostente un cargo inferior después de una reunión en la que hizo un buen trabajo describiendo el problema o proponiendo soluciones. Si la retroalimentación es problemática puedes invitar a un café a la persona afectada y pensar en conjunto en formas para aumentar la eficacia o la organización en la puesta en marcha de un proyecto. Usar el modelo de rendimiento o de niveles de compromiso para enmarcar la conversación también puede ser útil. Hazle saber a la persona con la que estás hablando que quieres asegurarte de que están en la misma página. ¿Cómo calificaría su nivel de compromiso con el equipo o con los nuevos objetivos trimestrales? ¿Siente que tiene un alto rendimiento con las demás divisiones que participan en este proyecto o contigo como líder? Estos modelos nos ofrecen una base para mantener una conversación más sólida. Y aunque cada persona mide de forma distinta su límite de lo que comparte en el trabajo, encontrar oportunidades para conectar personalmente puede facilitar la transición a las conversaciones de retroalimentación. Saber que alguien está trabajando para conseguir un objetivo respecto a su forma física, que le interesa mucho una afición concreta o que pasa los fines de semana manejando por todo el estado para asistir a partidos de futbol itinerantes es útil para crear confianza y conexión, y también para asegurarse de que puedes verle como una persona completa en sus evaluaciones y retroalimentación.

Fijen objetivos colectivamente

Como líder, se te mide según los resultados que obtengas. Sin embargo, tú no los obtienes de manera directa, sino por medio de otras personas. Esta distinción es la transición a líder de alguien que contribuye de forma individual. Como se te mide por eso, es fácil caer en la trampa de pertenecer a la directiva. Cuando reflexionamos sobre el papel que desempeñan los sesgos a la hora de ascender y en todos los datos que señalan lo difícil que puede ser ascender para personas de color, mujeres, personas introvertidas, personas sin títulos de posgrado o quienes pasan de la vida militar a la civil, por ejemplo, establecer objetivos colectivamente puede garantizar que los sesgos no se infiltren. Hay muchas maneras de hacerlo. Puedes establecer algunos parámetros para un objetivo y luego pedir a la persona interesada que opine sobre cómo puede influir en ese objetivo o cuál cree que es la mejor manera de lograrlo. Antes mencioné que en la universidad tuve una líder en especial influyente que se propuso trabajar conmigo para establecer objetivos trimestrales, no solo para el trabajo, sino también en mi vida personal. Ahora bien, yo era estudiante y ella educadora, así que el contexto era diferente del típico lugar de trabajo. Pero puede ser increíblemente valioso, como lo fue para mí y lo ha sido desde entonces, no solo establecer objetivos específicos para la función actual de alguien que trabaje para ti, sino también ayudarle a establecer objetivos futuros. Para eso puede ser necesario cierto apoyo de tu parte. Tal vez a esta persona le gustaría ser líder en el futuro, pero en la actualidad no tiene una licenciatura, que, aunque no se exige para un papel de liderazgo, informalmente ha sido un estándar para quienes tienen cargos de líderes en la organización. En este caso podrías establecer un objetivo en torno a la finalización de un programa de certificación o cursos universitarios, y podrías ponerle en contacto con recursos humanos para que acceda a un programa de ayuda para la matrícula. Una evaluación de 360 grados es también una posible base para esta conversación sobre el establecimiento de objetivos. Una opción es sentar a alguien y decirle: "Esto es lo que he observado". Como estoy segura de que te habrá pasado, eso puede derivar con rapidez en una conversación desigual en la que tú estás en la parte pensante del cerebro y la otra persona en la parte emocional o primitiva del suyo mientras se preparan para la retroalimentación. Empezar con una evaluación de 360 grados puede darte una imagen más amplia de cómo se perciben el trabajo y el temperamento de la persona que está trabajando para ti y, como líder, puedes posicionar con facilidad su éxito como una asociación entre ambas personas.

Asigna tareas que estén por encima de los conocimientos o habilidades de las personas

Una de las maneras informales en que quienes lideran gestionan el rendimiento es a través del "cuadro interno": asignan a algunas personas del equipo tareas de gran envergadura u oportunidades de gran visibilidad que otras personas tan solo no reciben. Para que la gestión informal del rendimiento sea más intencional reparte las oportunidades de manera equitativa. Asegúrate de no relegar tareas administrativas o de bajo perfil al mismo grupo de personas; rota esas tareas por igual. Y cuando planifiques tareas de perfil más alto piensa más allá de delegar solo en las personas más activas de tu equipo y considera a quién podría interesarle un nuevo reto. Si tienes cinco tareas y cinco personas, asigna deliberadamente una tarea a cada persona.

ANNE

A decir verdad, no me gusta la idea de "ascender" en la carrera profesional. ¿Por qué? Porque creo que está ligada a la anticuada noción de la "escalera corporativa", un término que implica que solo hay un movimiento al que todos deberíamos aspirar, y es el de ascender en dicha escalera. Según mi experiencia, no hay nada más lejos de la realidad. Piénsalo: si todo el mundo quisiera "ascender", la mayoría de la gente se "caería" porque, sencillamente, no hay sitio en lo alto de esa escalera para todo el mundo.

Más bien, siempre he pensado que las carreras son como copos de nieve, donde no hay principio ni fin y, lo que es más importante, cada carrera es diferente. Creo con firmeza que hay que centrarse en avanzar. ¿Qué significa avanzar en la carrera profesional y cómo influyen los sesgos? Voy a compartir un ejemplo de mi propia vida profesional.

Comencé en AT&T en un puesto de ingeniería y pasé a desempeñar funciones operativas y de producto. Cuando llevaba unos cuatro encargos, varias de las personas que me daban mentoría me dijeron que tendría que dedicarme a las ventas si algún día aspiraba a entrar en puestos directivos. Con sinceridad, en aquel momento no sabía lo que quería, pero sí sabía que no quería estar limitada, así que empecé a buscar un puesto en ventas (por cierto, en esa época la mayoría de personas de la alta dirección de la compañía tenían bastante experiencia en ventas, por lo que eso era prueba suficiente para mí de que la experiencia valdría la pena, aunque era algo a lo que nunca había aspirado). Me rechazaron una y otra vez. El principal motivo que me daban era que no había forma de que yo tuviera éxito, porque no había comenzado mi carrera en ventas. Tampoco había entre sus filas ningún contingente de especialistas en ingeniería que se hubieran pasado a ventas. Al final, aunque en el transcurso de tres a cuatro años, conseguí meterme e, irónicamente, ¡he pasado la mitad de mi carrera actual en ventas y servicios a empresas!

Los sesgos inconscientes son poderosos. La gente busca modelos de conducta, y es natural que tiendan a buscar a aquellas personas cuyo parecido sea más obvio. Esto puede referirse a la identidad de género, la etnia, la educación, la procedencia, las raíces geográficas u otros factores. Debes resistir la inclinación natural a apoyar a otras personas que se parecen a ti. Claro que esto no significa que no debamos apoyarlas, sino que debemos asegurarnos de que en nuestros pensamientos esté incluida la diversidad, así como en nuestros planteamientos y nuestras acciones.

Como líderes tenemos la obligación de ayudar a cada integrante de nuestro equipo a desarrollar una carrera tan sólida y gratificante como desee; recuerda, no hay dos copos de nieve iguales. No existe lo de una "talla única" en el *coaching*, la mentoría ni el patrocinio. Cada persona merece la oportunidad de tener una carrera satisfactoria y no verse obstaculizada por sesgos inconscientes. Recuerda que se trata de avanzar, de progresar y de sentir y saber que estás creciendo. Para algunas personas el crecimiento y las aspiraciones se manifiestan en el deseo de convertirse en alguien que supervise un grupo o que lidere directamente un equipo, organización o unidad. Para otras el crecimiento y las aspiraciones podrían estar representados en una cartera de experiencias laborales que impliquen las últimas y mejores tecnologías... o en la oportunidad de viajar y vivir por todo el mundo... o en tener un puesto estable que proporcione el tiempo y la energía necesarios para contribuir paralelamente en la comunidad o en otros lugares. Ya me entiendes. Avanzar en la carrera profesional debe ser el objetivo. El liderazgo adopta innumerables formas. Y lo mejor es que el viaje de la búsqueda y el logro de la plenitud en la propia vida no acaba nunca.

Aunque se ha avanzado mucho, aún queda trabajo por hacer. Cada líder puede desempeñar un papel importante a la hora de garantizar que los sesgos salgan a la luz y se aborden de forma que cada integrante de su equipo tenga la oportunidad de brillar, no solo ayer u hoy, sino en el futuro. Ha llegado el momento de que todo el mundo ponga de su parte.

Planificación de la transición

Muchas organizaciones solo tienen diversidad en sus rangos inferiores. Por ejemplo, en el ejército hay una diversidad increíble. Hay más diversidad en los rangos de quienes se alistan y menos a medida que se asciende. Todavía hay lugares en el ejército donde una mujer o una persona de color no ha desempeñado un alto cargo.

Muchas organizaciones tienen problemas con la diversidad en los niveles de liderazgo, porque no tienen a nadie de quien tirar en los niveles inferiores. Recuerda que diversificar tu primera línea es una inversión en el futuro de tu cantera de liderazgo.

Ten siempre una lista de preselección

La gente está absorta en lo que tiene que hacer y no siempre se plantea la planificación de la transición. De hecho, esta es una buena práctica que tenemos en nuestro equipo directivo. FranklinCovey exige que cada integrante de la directiva nombre a dos personas.

Después ve más allá de tu lista de preselección. Ve más allá de aquellas personas a las que siempre recurres. Consulta la actividad de la red. Pregúntate si las personas a las que quieres ascender se parecen a ti en algo. ¿Surgieron de la misma manera que tú? ¿Fueron a las mismas escuelas? ¿Tienen la misma identidad? Ten en cuenta a aspirantes que puedan estar fuera de los límites de estos identificadores.

MARK

Pensando en los límites, hace poco hablaba de ascensos con un gran proveedor estadounidense de servicios sanitarios. Estaban buscando alguien para "consultoría de desarrollo organizativo" y "dirección de recursos humanos". Estas personas debían ser líderes con iniciativa y trabajar a un alto nivel. En un momento dado la conversación giró en torno al hecho de que ninguna de las personas presentes podía ascender por encima de su nivel actual, a pesar de sus décadas de experiencia. Todos los puestos por encima del nivel directivo exigían un título de posgrado, que nadie en la sala tenía.

En esta organización, uno de los límites para el ascenso era un título de posgrado, y esto significaba que muchos de sus puestos de liderazgo se cubrían con aspirantes de fuera de la compañía. En una organización como esta deberíamos plantearnos cómo construir un camino hacia el ascenso para quienes se han ganado esa oportunidad a través de su permanencia en el puesto. En otras organizaciones el sesgo opuesto podría ser cierto. Por ejemplo, trabajo con una gran empresa de consultoría que cree firmemente que quienes lideran deben recibir su ascenso desde dentro, porque un aspirante de fuera no podría desenvolverse en las estructuras y matices internos. Su tendencia es valorar el conocimiento institucional. Podrían plantearse examinar su lista de aspirantes al ascenso y exigir que incluya posibilidades internas y externas.

¿Qué talento potencial se está pasando por alto debido a los sesgos, tanto conscientes como inconscientes, que impulsan las decisiones de ascenso? ¿Existen normas similares en tu organización que puedan estar reduciendo sin darte cuenta tu reserva de talento y las oportunidades para quienes trabajan para ti?

¿Por dónde empezar?

Volvamos a la pregunta que tan a menudo me hacen: "¿Por dónde empezamos?". Cuando se trata del ciclo de vida del talento no existe una circunstancia única y constante. Las organizaciones difieren en tamaño, función, demografía y cultura.

El primer paso es conocer el estado de tu organización. Traza el ciclo de vida del talento a un nivel alto: proceso de contratación, contribución y compromiso y ascender. Después ve profundizando. ¿Cómo se ve el proceso de contratación en tu organización? ¿Cuáles son los procesos formales, y cuál es la experiencia informal? Proponte no hacer ninguna conjetura cuando respondas estas preguntas. Si no lo sabes, averígualo. Así tendrás una instantánea de la realidad de tu organización que incluirá sus fortalezas, sus oportunidades y la información que te falte reunir.

Contribuir y comprometerse exige colaboración. El ciclo de vida del talento se relega con demasiada frecuencia a recursos humanos, pero en una circunstancia ideal, el cambio a un alto rendimiento en este modelo exige de perspectivas interfuncionales que incluyan los departamentos de recursos humanos, el jurídico y el de diversidad, equidad e inclusión, así como liderazgo en todos los niveles de la organización. Muchas organizaciones forman un consejo asesor sobre diversidad u otro tipo de consejo de altos cargos para garantizar un planteamiento interfuncional. Abordar el ciclo de vida del talento no es tarea de una sola persona o división. Dado que afecta a todas las personas de la organización, necesita una diversidad de puntos de vista.

Capítulo 16: Ascender
Reflexión individual

1. Reflexiona sobre tus experiencias en el tema de la gestión del rendimiento y los ascensos. ¿Has experimentado en persona (o visto otros ejemplos) en los que se viera afectado el avance de alguien por culpa de los sesgos? Si es así, ¿qué repercusiones tuvo en ti y en las demás personas involucradas?

   ....

   ....

   ....

   ....

2. ¿Cómo mitiga los posibles sesgos de ascender si se actúa desde la óptica del rendimiento?

   ....

   ....

   ....

   ....

3. ¿Cómo podrían los ascensos y avances aplicados desde la óptica de los sesgos disminuir la moral, el esfuerzo discrecional y la retención?

   ....

   ....

   ....

   ....

Capítulo 16: Ascender
Propuesta para líderes

Piensa en tu cultura y tus prácticas en lo relacionado con el avance de quienes integran tu equipo y se les asciende dentro de tu organización.

1. Haz una lista de los posibles sesgos que podrían intervenir.

    ....

    ....

    ....

    ....

2. ¿Cómo podría un aumento de la empatía y la curiosidad aportar nuevos conocimientos sobre los costes de tales prácticas?

    ....

    ....

    ....

    ....

3. ¿Dónde podrías aplicar valentía prudente o audaz para hacer un cambio?

    ....

    ....

    ....

    ....

    ....

Conclusión

Si no hay lucha, no hay progreso.

—Frederick Douglass, abolicionista y escritor

Un día mi esposo, mi hijo y yo íbamos manejando de regreso a casa tras pasar la tarde del sábado en el McDonald's de Alexandria, Virginia. Mi esposo y yo teníamos acreditaciones de seguridad nacional por nuestro trabajo con el gobierno estadounidense, y vivíamos a propósito a unos pocos kilómetros del Pentágono. Nos dimos cuenta de que había una patrulla detrás, y durante el último kilómetro y medio antes de llegar a casa se nos fue acercando más y más sin prender las sirenas. Entramos en nuestra comunidad y nos estacionamos frente a nuestro departamento. Cuando mi esposo se estacionó y nos quitamos los cinturones de seguridad, la patrulla dio un volantazo por detrás, de forma que no le permitía a mi esposo dar marcha atrás. El policía bajó de su auto, con la mano en la cartuchera, buscando su pistola, cuando mi hijo de cinco años se bajó del asiento trasero, cerca de donde estaba parado el policía. Yo salí del asiento de copiloto justo a tiempo de ver a mi hijo de cinco años parado frente a un policía con la mano en su pistola. Salté frente a él y le pregunté si había algún problema. Sobresaltado, se disculpó y dijo que mi esposo coincidía con la descripción de un sospechoso de un delito que había sido visto en un auto parecido al nuestro. Nos hizo un par de preguntas y siguió su camino. Puede que fuera un simple error, pero fue aterrador si se tiene en cuenta el contexto de niños y hombres Negros en Estados Unidos. En esa ocasión no tuve miedo por mí, sino por mi esposo y por mi hijo.

Es innegable que los sesgos contra las personas Negras están muy extendidos en Estados Unidos y son un problema con el que luchan todas las comunidades y organizaciones policiales. Cuando somos víctimas de los sesgos (ya sea por circunstancias individuales o por la sociedad en general) podemos experimentar la zona dañina de formas radicalmente distintas, tanto en lo personal como en lo profesional. Nunca se insistirá lo suficiente en el poder y la importancia de tomar medidas para erradicar los sesgos, tanto conscientes como inconscientes.

MARK

En mi función de consultor experto en FranklinCovey a veces estoy en las instalaciones de un nuevo cliente cada día. En el transcurso de un mes puedo estar ofreciendo una variedad de soluciones de FranklinCovey en 15 empresas distintas. Cada mañana, cuando entro en la sede del cliente, no siempre lo conozco (si es la primera vez que trabajo allí), ni su cultura o sus sesgos. Y dependiendo de la zona del país o del tipo de empresa, puedo llegar con mis propios sesgos sobre cómo aceptan o no a quienes pertenecen a la comunidad LGBTQ+, a quienes nacieron durante el *Baby Boom* o a los texanos, por poner un ejemplo.

Esto significa que casi todos los días tengo que acelerar el proceso de dejar atrás los sesgos, porque siempre estoy entrando en un entorno nuevo y conociendo a gente nueva. Mi trabajo se guía por las primeras impresiones, que, como hemos comentado, pueden estar plagadas de inexactitudes. Como hemos mencionado a lo largo de este texto, los sesgos pueden tener que ver con muchas cosas, y en mi vida uno de los sesgos más profundos que he experimentado tiene que ver con mi orientación sexual. A veces vuelvo a caer en esa sensación de inseguridad que tenía en mi juventud y dudo en compartir este detalle de mi identidad y mi vida. Pero me he dado cuenta de que cuanto más vulnerable soy, más resuenan las ideas que soy responsable de divulgar y más gente es capaz de ser vulnerable sobre sus propios sesgos y sus experiencias con los sesgos. Así es como progresamos y crecemos conjuntamente.

Cuando imparto nuestra solución sobre sesgos inconscientes mi diapositiva inicial es una foto de mis hijos. Michael tiene 10 años y Máximo cuatro. Están sentados en un gran columpio circular de red, como los que suele haber en los parques infantiles nuevos, llevan playeras de superhéroes y me sonríen con alegría mientras capto el raro momento de armonía entre hermanos. Estos dos me motivan como nada lo ha hecho nunca. Aunque parezca contradictorio, algunos de mis mayores logros profesionales están ligados a estos dos pequeños seres humanos. ¡Ellos me hacen mejor!

Mi responsabilidad hacia mis hijos es contribuir para construir un mundo en el que puedan vivir sin miedo de los sesgos, conscientes o inconscientes, donde sus posibilidades no se vean limitadas por ningún componente de su identidad. Me empeño en ello todos los días. Pero los datos dicen que, haga lo que haga (el barrio en el que vivimos, la casa que tenemos, las escuelas a las que los envío, el volumen de libros en nuestras estanterías, el hogar biparental y la educación y los ingresos de mi esposo y míos), es posible que sus resultados sigan siendo inferiores a los de sus congéneres Blancos. Esa es la realidad de ser madre de dos niños Negros en Estados Unidos. Esta realidad, mi realidad, es el motivo por el que las conversaciones sobre inclusión y sesgos son tan importantes para mí.

ANNE

El trabajo de replantear los sesgos, cultivar la conexión y crear equipos de alto rendimiento consiste en elevar el todo: la persona, el equipo, la organización, la comunidad y, en última instancia, el mundo.

No entendí lo que esto significaba en verdad hasta bien entrada mi carrera. De hecho, cuando pienso en mi infancia y en los primeros años de mi vida adulta, dediqué mucho tiempo y energía a intentar ser quien las demás personas creían que era o que debía ser. De niña me movía entre dos mundos: quería que mi madre y mi padre sintieran orgullo por mí y, al mismo tiempo, deseaba encajar y "ser popular". En casa experimentaba diferencias culturales, generacionales y lingüísticas con mi padre y mi madre, y en la escuela me sentía como una anomalía.

Si avanzamos rápido a los inicios de mi carrera, aunque me iba bien en todos los aspectos, no era del todo auténtica ni capaz de mostrarme como una persona íntegra. En el trabajo sentía la presión de comportarme de una determinada manera para encajar. Debido a mi educación, sentía la necesidad de reprimir mi voz, incluso cuando sabía que tenía más que aportar. Estaba en la zona limitante. Pero había visto la travesía de mi madre y mi padre como estadounidenses de primera generación y la perseverancia, resiliencia y valentía que habían demostrado, levantándose una y otra vez después de que les derribaran. No podía ser yo misma si no adoptaba ese mismo valor. Y al final aprendí que para conectar de verdad con otra gente tenía que superar ese deseo de "encajar". Primero tenía que conectar auténticamente con todo mi ser. Eso significaba aceptar mis defectos y debilidades, así como mis fortalezas y pasiones. Y sí, también significaba una exploración constante de mis sesgos.

Te reto y te animo a que hagas lo mismo: acepta todo tu ser y confronta y saca a la luz tus sesgos inconscientes. Todo el mundo los tenemos. Es por completo normal. Pero hasta que no los hagamos visibles y empecemos a entenderlos, no podremos trabajar de manera constructiva con ellos. Y no podremos desarrollar a plenitud nuestro mayor potencial ni ayudar a las demás personas a que lo hagan para que, colectivamente, podamos tener el mayor impacto positivo posible.

Como líder puedes tener un profundo impacto en el trabajo, en tu comunidad y en el mundo. Como persona, cada una tiene experiencias, habilidades y perspectivas únicas a través de las cuales podemos aplicar las prácticas descritas en este libro. Nuestra fuerza reside tanto en nuestras similitudes como en nuestras diferencias, y siempre podemos progresar en lo colectivo. De hecho, creo con firmeza que para impulsar, motivar e inspirar un cambio sostenible y sistémico debemos hacerlo colectivamente. Esa es la belleza y el poder de la humanidad. En colectivo somos mejores.

Los sesgos, la equidad, la diversidad y la inclusión siempre han sido aspectos importantes de la eficiencia y el compromiso de una plantilla. La Ley de Derechos Civiles que prohíbe la discriminación por raza, color, religión, sexo y nacionalidad se aprobó en 1964. Si naciste el año en el que esta legislación se aprobó, cumplirás 59 años en 2023. Eso no fue hace tanto. Antes de 1978 y la aprobación de la Ley contra la Discriminación por el Embarazo, las mujeres podían ser despedidas por estar embarazadas sin ninguna protección jurídica. Tuvieron que pasar otros 12 años para que las protecciones en el lugar de trabajo se extendieran a las personas con discapacidades gracias a la Ley para Estadounidenses con Discapacidades de 1990. Aunque a finales de los años sesenta y los setenta se hicieron algunos esfuerzos por reintegrar en el mercado laboral a quienes habían luchado en la guerra de Vietnam, solo se generalizaron las iniciativas de contratación de estas personas en los sectores público y privado durante la primera década del siglo XXI, en un intento de reintegrar a dicha población, que había luchado en las guerras de Irak y Afganistán. En Estados Unidos las víctimas de discriminación y acoso laboral por orientación sexual o identidad de género no recibieron protección federal hasta junio de 2020.

Con cada uno de estos cambios en políticas hemos visto ampliarse la mano de obra. Y con cada cambio en la composición o la demografía de la mano de obra también vemos una necesidad de abordar los sesgos, aquellos que la mano de obra tradicional y la nueva tienen respecto a la otra. Estos sesgos pueden apoderarse de la cultura organizativa, y este no es un problema que tienda a la baja. Será un reto constante conforme vaya cambiando la situación demográfica de nuestra sociedad con el tiempo. Cuando quienes nacieron durante el *Baby Boom* siguen trabajando, los sesgos respecto a que sigan contribuyendo son increíbles. Cuando quienes pertenecen a la Generación Z comienzan a trabajar, surgen sesgos sobre cómo se comunican y sobre lo que se espera de esas personas. Los datos de 2018 de la oficina del censo de Estados Unidos mostraron que por primera vez las personas residentes Blancas no Hispanas constituían menos de la mitad de la población del país menor de 15 años, y las personas expertas en demografía predicen que las personas Blancas se convertirán en una minoría en Estados Unidos para 2045.[1] La forma en la que nuestra sociedad y el lugar de trabajo ven la contribución de las personas con discapacidades de cualquier tipo y neurodiversidad en particular significa que tenemos que reimaginar el trabajo para dar cabida a las prioridades de este talentoso grupo. Muchas organizaciones se centran en cómo seguir siendo relevantes y aprovechar los mejores talentos a la luz de la composición demográfica del futuro. Esto incluye las segun-

---

[1] William H. Frey, "Less Than Half of US Children Under 15 Are White, Census Shows", *Brookings*, 24 de junio de 2019, <www.brookings.edu/research/less-than-half-of-us-children-under-15-are-white-census-shows/>.

das carreras y el trabajo proactivo para abordar las preocupaciones de una persona profesional y experimentada en transición hacia un nuevo sector, un padre, una madre o alguien que se ocupe de cuidar a personas ancianas que se reincorpore al mercado laboral después de un tiempo ausente y, por supuesto, quienes pertenecieron al ejército.

No pretendo abrumarte con toda esta información, sino poner de relieve lo intemporal y realmente perenne que es la cuestión de los sesgos. Los detalles evolucionarán, pero los sesgos seguirán siendo una parte natural de la condición humana y de nuestras relaciones mutuas. Reformular la forma en que pensamos sobre los sesgos, cultivar una conexión significativa y elegir la valentía garantizarán que siempre seamos capaces de crear equipos de alto rendimiento.

El liderazgo es una vocación elevada, y en sus momentos más difíciles, cuando estamos en las trincheras de la gestión, debemos recordarnos que se trata tanto de un privilegio como de un trabajo importante. El difunto profesor de la Escuela de Negocios de Harvard Clayton Christensen escribió que "si se hace bien, la gestión es una de las profesiones más nobles", debido a la gran influencia diaria que tenemos en el bienestar de nuestra plantilla, sus familias y nuestras comunidades.

Muchas personas nos consideramos grandes líderes. Entendemos la importancia de liderar desde donde estamos, utilizando la autoridad formal e informal y generando confianza con nuestra gente. Somos menos quienes nos definimos como líderes integradores. Pero el liderazgo no puede ser eficaz si no hay inclusión. Siempre ha sido así y seguirá siéndolo.

Por nuestra profesión dentro de la escritura a menudo nos preguntan cómo sabremos que hemos tenido éxito en la equidad, la diversidad y la inclusión en el lugar de trabajo. Creemos que lo habremos logrado cuando todas las personas que lideran cualquier organización vinculen sus sentimientos sobre estas ideas con el rendimiento. Tenemos que hacer constantemente ese cambio a la zona de alto rendimiento, y asegurarnos de que todo el mundo en la organización, de arriba abajo, sienta que se le valora, se le incluye y se le respeta. Si no es así, aún queda trabajo por hacer y estamos desaprovechando toda la contribución que esas personas pueden hacer a nuestras organizaciones.

Está claro que todos tenemos mucho que hacer, y somos responsables de más de lo que a veces podemos soportar. Como líderes intentamos dirigir reuniones eficaces, presentar de forma persuasiva, aumentar los ingresos, satisfacer a los clientes, innovar, reorganizar la empresa y, en definitiva, obtener resultados. La única manera de que quienes lideran apliquen los comportamientos de los que hemos hablado en este libro trabajen con las herramientas y añadan esta óptica de los sesgos a sus acciones, interacciones y decisiones es que crean de verdad en el valor que la diversidad, la inclusión y la conquista de nuestros sesgos limitadores aportan a nuestra cultura organizativa.

Para progresar en el tema de los sesgos en medio de tu ya ocupada carrera de liderazgo debes tener una razón para que esto tenga espacio entre las prioridades de tu vida. Tu razón no tiene por qué parecerse a la mía (mis hijos), ni a la de Mark (un sentimiento de valía y valor) ni a la de Anne (la experiencia de estar a caballo entre dos mundos). De hecho, es poco probable que se parezca.

Espero que en este libro hayas descubierto algunas chispas de conocimiento o resonancia. Piensa más en ellas. Construye la historia de por qué importa este asunto en tu caso. Y con ese punto de conexión actúa y pon en marcha el cambio positivo.

Conclusión
Reflexión individual

Abordar los sesgos inconscientes es un trabajo duro: no olvides detenerte y reconocer tus progresos. Celebra las victorias, tanto las graduales como las decisivas. ¿Has creado una práctica de meditación de cinco minutos? ¿Has buscado retroalimentación sobre los sesgos y lo has gestionado con elegancia? ¿Has hecho voluntariado en tu comunidad? Anota tus logros cada semana y comparte tus progresos con una amistad o quien te dé mentoría.

Repasa tus respuestas a las herramientas que aparecen al final de cada capítulo y los compromisos que tomaste. Después sigue adelante.

1. ¿Qué pequeña práctica instaurarás para progresar en el tema de los sesgos?

    ....

    ....

2. ¿Cómo lo celebrarás cuando lo hayas convertido en un hábito?

    ....

    ....

3. Identifica una oportunidad para que tu equipo u organización avance en la lucha contra los sesgos inconscientes, como la creación de un programa de mentoría, la institución de un papel de abogado del diablo en las reuniones de toma de decisiones o el uso de un lenguaje no sexista en el manual del personal. Comenta tu idea con quien tenga un cargo superior directo al tuyo en la próxima reunión individual. No olvides planificar cómo lo celebrarás cuando veas que esta idea se hace realidad.

    ....

    ....

Conclusión
Propuesta para líderes

Si estuviste trabajando en el tema de los sesgos inconscientes con tu equipo, es aún más importante celebrar el progreso. Establece un gran objetivo, como crear un panel de contratación para sustituir las entrevistas individuales o poner en marcha un "martes sin correos electrónicos", para crear conexión; luego decide cómo lo celebrarás en cuanto lo logres. En el caso de victorias más pequeñas reserva un tiempo normal en una reunión semanal para que el equipo comparta sus progresos.

1. ¿Qué pequeños cambios podría poner en marcha tu equipo para progresar en el tema de los sesgos inconscientes?

   ....

   ....

   ....

2. ¿Qué gran objetivo podría establecer tu equipo para progresar en el tema de los sesgos inconscientes?

   ....

   ....

   ....

3. ¿Cómo lo celebrarás cuando lo hayas logrado?

   ....

   ....

   ....

Agradecimientos

Pamela Fuller
Esto es para mi Papi, quien me enseñó a exigir mi lugar en el mundo; para la maestra que me dijo que publicaría un libro algún día; para Cicely Washington, que sabía que yo me encargaba de escribir todos nuestros proyectos de grupo; para la gran cantidad de colegas de FranklinCovey que creen en la importancia de esta obra y mi capacidad de ponerle voz: Julienne Stathis, Preston Luke, Chris Miller, Brittany Forbes, Vivien Price, Catherine Nelson, Scott Miller y Meg Hackett (por nombrar algunas personas), y para mi increíble esposo y mis hijos que me inspiran y me apoyan cada día. ¡Gracias!

Mark Murphy
Para mi familia de origen: mi padre, mi madre, mi hermano Scott y mis hermanas Leslie y Tiffany, sin cuyo apoyo incondicional no estaría aquí para compartir mis pensamientos. Para mi familia por elección: sobre todo para Tim, Keith, Jorge y Eileen, que han estado a mi lado durante la mayoría de aventuras de mi vida y me están demostrando constantemente lo que significa la amistad verdadera. Para mi familia profesional en FranklinCovey: sus líderes, el equipo asociado de clientes, el equipo de consultoría y la clientela que durante los últimos 29 años me han enseñado la importancia de llevar mi auténtico yo al trabajo.

Anne Chow

A la gran cantidad de colegas con quienes he trabajado durante toda mi carrera les agradezco nuestra relación y nuestras experiencias compartidas. Este proyecto es una cadena de favores. Al equipo de FranklinCovey le agradezco profundamente la inclusión en esta obra vital que permite que los equipos avancen juntos con mayor poder. Por último, mi más sincera gratitud a mi familia. A mi padre y mi madre, Ming y Joann, les agradezco sus incontables sacrificios. A mi esposo, Bob, por todo. Y a mis hijas, Alana y Camryn, por el regalo que son ambas. Hagan que el futuro sea brillante, para las demás personas y para ustedes.

Sobre FranklinCovey

FranklinCovey es una compañía pública mundial especializada en la mejora del rendimiento organizativo. Ayudamos a organizaciones y personas a alcanzar los resultados que exigen un cambio en el comportamiento humano. Nos especializamos en siete áreas: liderazgo, ejecución, productividad, confianza, rendimiento de ventas, lealtad de clientes y educación. Entre la clientela de FranklinCovey se encuentra 90% de la lista de Fortune 100, más de 75% de la lista de Fortune 500, miles de pequeñas y medianas empresas y numerosas entidades gubernamentales e instituciones educativas. FranklinCovey cuenta con más de 100 oficinas directas y asociadas que prestan servicios profesionales en más de 160 países y territorios.

Sobre quien escribe esta obra

Pamela Fuller es la líder de opinión de FranklinCovey sobre sesgos inconscientes, arquitecta principal de su solución organizativa y una de las principales líderes de ventas globales de la compañía. Pamela fue la artífice de la sesión de trabajo sobre sesgos inconscientes de FranklinCovey y ha impartido dicha sesión, así como debates sobre la estrategia de diversidad e inclusión (DEI), a miles de líderes de todo el mundo. También es responsable de ayudar a la clientela a personalizar y poner en marcha soluciones de aprendizaje y desarrollo organizativo para alcanzar sus objetivos estratégicos a través de todo el catálogo de soluciones de aprendizaje de FranklinCovey.

Tras obtener su maestría en Administración de Empresas, Pamela trabajó como analista de diversidad en el Departamento de Defensa de Estados Unidos, y se centró en la planificación del capital humano, la formación en diversidad y el análisis estadístico de la mano de obra. Comenzó su carrera en la recaudación de fondos y la defensa de organizaciones sin ánimo de lucro, y siempre estuvo vinculada a la inclusión y a la voz de los grupos marginados. Pamela vive actualmente en el sur de Florida con su esposo y sus hijos, donde pasan su tiempo libre explorando todo tipo de superhéroes.

Mark Murphy es un consultor experto de FranklinCovey que lleva casi tres décadas impartiendo contenidos con éxito a clientes de todo el mundo.

Gracias a sus experiencias vitales y sus extensos viajes por todo el mundo, Mark es un apasionado de la inclusión y los sesgos, y es un experto en ayudar a la clientela a crear diversidad en sus culturas. Ha ayudado a organizaciones a crear culturas eficaces e integradoras en el sector público, en empresas de la lista Fortune 500 y en el gobierno de Estados Unidos.

Mark es experto en ayudar a la clientela a impulsar el cambio en la cultura. Trabajan en colaboración para desarrollar y ejecutar estrategias que sean acordes a la misión y la visión de la clientela y que ayuden a impulsar un cambio de conducta a gran escala hasta la primera línea. Mark es un experto en desarrollar a líderes y contribuyentes individuales para que las organizaciones puedan cumplir sus objetivos y alcanzar nuevos niveles de eficacia.

Mark creció en Colorado y desde 1994 estableció su hogar en Dallas.

Anne Chow es la directora general de AT&T Negocios. Dirige una organización de más de 30 000 personas responsables de atender a casi tres millones de clientes empresariales en todo el mundo, que representan más de 35 000 millones de dólares en ingresos. Con décadas en el sector, Anne ha liderado numerosas organizaciones mundiales en procesos de grandes transformaciones y ha desarrollado incontables relaciones ejemplares con clientes, accionistas y colegas a lo largo del camino. Se la conoce por ser una pionera en el ámbito profesional y personal y una defensora y catalizadora del cambio en numerosos círculos. Además de crear equipos de primera clase con culturas ganadoras, Anne también es una apasionada de la educación, la diversidad y la inclusión, la promoción de la mujer en la tecnología y la formación de la próxima generación de líderes. Con una maestría en Administración de Empresas con distinción de la escuela de posgrado en Administración SC Johnson de la Universidad de Cornell y una licenciatura en Ciencias y una maestría en Ingeniería Eléctrica de Cornell, Anne también se graduó en la división preuniversitaria de la escuela de música Juilliard. Proveniente de Jersey, Anne vive actualmente en Dallas con su esposo y sus hijas.

Sesgos inconscientes de Pamela Fuller, Anne Chow y Mark Murphy
se terminó de imprimir en el mes de agosto de 2023
en los talleres de Diversidad Gráfica S.A. de C.V.
Privada de Av. 11 #1 Col. El Vergel, Iztapalapa,
C.P. 09880, Ciudad de México.